MURAT

OUVRAGES DU MÊME AUTEUR

L'Anti-Napoléon (Julliard, 1964)
Napoléon Bonaparte : proclamations, ordres du jour, bulletins de la Grande Armée (Paris, 1964)
Nouvelle Histoire de Paris : le Consulat et l'Empire (Hachette, 1970)
Le Mythe de Napoléon (Armand Colin, 1971)
Bibliographie critique des Mémoires sur le Consulat et l'Empire (Droz, 1971 ; rééd. 1991)
Atlas administratif de l'Empire français d'après l'atlas rédigé par ordre du duc de Feltre en 1812 (avec F. de Dainville, Droz, 1973)
Paris et son administration, 1800-1830 (Ville de Paris, 1976)
Napoléon, ou le Mythe du sauveur (Fayard, 1977)
La Vie quotidienne des Français sous Napoléon (Hachette, 1978)
Napoléon et la noblesse d'Empire (Tallandier, 1980 ; rééd. 1986)
Le Grand Empire, 1804-1815 (Albin Michel, 1982)
Fiévée, conseiller secret de Napoléon (Fayard, 1985)
Le Directoire et le Consulat (PUF, « Que sais-je ? », 1991)
L'Histoire de Napoléon par la peinture (avec J.-M. Leri et A. Fierro, Belfond, 1991)
Le Premier Empire (PUF, « Que sais-je ? », 1992)
Napoléon II (Fayard, 1992)
Itinéraire de Napoléon au jour le jour : 1769-1821 (avec L. Garros, nouv. éd. Tallandier, 1992)
Une journée particulière de Napoléon (Lattès, 1993)
Le Sacre de Napoléon (Imprimerie nationale, 1993)
Dictionnaire du Consulat et de l'Empire (avec A. Fierro et A. Palluel, Laffont, « Bouquins », 1995)
La France de la Révolution et de l'Empire (PUF, 1995)
Napoléon, le pouvoir, la nation, la légende (Le Livre de poche, 1997)
Joseph Fouché (Fayard, 1998)

Éditions critiques :

L'Amérique espagnole en 1800 (Calmann-Lévy, 1965)
Œuvres littéraires et écrits militaires de Napoléon (Société encyclopédique, 1967)
Lettres inédites de Cambacérès à Napoléon (Klincksieck, 1973)
Napoléon à Sainte-Hélène (Laffont, « Bouquins », 1981)
Lettres d'amour de Napoléon à Joséphine (Fayard, 1981)
Mémoires de Talleyrand (Imprimerie nationale, 1996)

Direction :

L'Europe de Napoléon (Horvath, 1998)
Dictionnaire Napoléon (Fayard, 1988)
Dictionnaire du Second Empire (Fayard, 1995)

Collaboration :

Napoléon et l'Empire de J. Mistler (Hachette, 1968)
Saint-Hélène terre d'exil (Hachette, 1971)
La Fin de l'Europe napoléonienne (Veyrier, 1990)
Napoléon et le cinéma (Piazzola, 1998)
L'Abécédaire de Napoléon (Flammarion, 1998)

Jean Tulard
de l'Institut

MURAT

Nouvelle édition corrigée et augmentée

LE GRAND LIVRE DU MOIS

Cet ouvrage a paru pour la première fois
aux éditions Hachette en 1983.

AVERTISSEMENT

Le personnage de Murat n'a pas fini de fasciner. Depuis la parution de ce livre en 1983, qui fut aussitôt traduit en italien et en russe (hommage du pays des Cosaques à l'un des meilleurs cavaliers de notre histoire), plusieurs ouvrages ont, à leur tour, esquissé un portrait du roi de Naples tandis que la revue *Cavalier et roi*, publiée par l'association des Amis du musée Murat, a recueilli documents et articles apportant de nouveaux renseignements sur l'organisation du royaume de Naples comme sur les derniers moments du roi.

La réédition de ce *Murat* doit beaucoup à tous ces apports. Que leurs auteurs, et en particulier Louis Bulit, en soient remerciés ainsi que S. A. le prince Murat et sa famille qui ont ouvert largement leurs archives à nos recherches.

PROLOGUE

13 vendémiaire an IV : la Révolution agonise. Mirabeau est mort depuis longtemps ; Marat a péri assassiné ; Robespierre vient de suivre Hébert et Danton sur l'échafaud. Éprouvé par la disette, démoralisé, sans ressort, le faubourg Saint-Antoine s'est laissé désarmer après l'échec des journées de Germinal et de Prairial. Pourtant Paris se soulève à nouveau, mais pour la première fois c'est une insurrection contre-révolutionnaire qui jette les sections modérées de la capitale à l'assaut de la Convention. A l'origine de cette révolte, sans aucun doute, le regret de la monarchie et le dégoût de la Terreur, mais surtout une formidable explosion de mécontentement née de la décision des thermidoriens, des conventionnels qui ont survécu à toutes les purges, de se perpétuer au pouvoir.

Le 5 fructidor an IV, la Convention décrétait en effet que les deux tiers au moins des membres du corps législatif seraient choisis parmi les conventionnels sortants. La décision était soumise, il est vrai, à un référendum en même temps que la nouvelle constitution qui venait d'être élaborée. Mais les résultats de cette consultation furent contestés. Si la constitution réunissait 914 853 oui contre 41 892 non, le décret « des deux tiers », comme on le surnommait, ne l'emportait que par 167 758 voix contre 95 373, sur seulement 263 171 suffrages exprimés. Il n'avait pas été tenu compte dans le dépouillement de nombreux procès-verbaux d'assemblées primaires. Comment, au demeurant, l'énorme disproportion des suffrages entre les deux votes n'aurait-elle pas favorisé l'accusation de trucage ? D'emblée la section de la Fidélité déclarait qu'elle n'accepterait le décret que lorsque « le dépouillement des votes serait bien connu ».

Des manifestations éclataient, le 2 vendémiaire, aux cris d'« à bas les deux tiers ». Le 11 vendémiaire, la section Le Peletier entrait en rébellion.

Pour contenir l'émeute qui gagnait les quartiers de la rive droite de la Seine, la Convention ne pouvait plus compter sur le soutien des faubourgs révolutionnaires : elle les avait désarmés. De son côté, la garde nationale, de recrutement bourgeois, pactisait dans sa majorité avec les insurgés qui ne dissimulaient bientôt plus leurs convictions royalistes. Restait l'armée. Elle n'était plus intervenue à Paris depuis le 14 juillet. On pouvait compter sur les sentiments républicains des hommes de troupe, mais certains de leurs chefs n'étaient pas sûrs.

Les comités de gouvernement décidèrent des

mesures d'exception : ils déléguèrent une partie de leurs pouvoirs à une commission de cinq membres : Letourneur, Merlin de Douai et Daunou qui appartenaient au Comité de salut public, Barras et Collombel qui venaient du Comité de sûreté générale. « Il n'y a rien de mieux à faire, concluait Barras, l'homme fort de cette commission, pour combattre de pareils adversaires que de leur opposer leurs ennemis naturels » ; il parlait des patriotes incarcérés par suite de la réaction qui avait suivi la chute de Robespierre.

Riposte des royalistes : dans la matinée du 12 vendémiaire, la section Le Peletier fait annoncer au son du tambour que les buveurs de sang viennent d'être armés par la Convention. La rumeur s'amplifie. Les terroristes sont de retour. Les boutiques ferment, l'effroi se répand dans les quartiers aisés. Il faut en finir avec « le ramas de brigands » qui siège aux Tuileries. Partout les sections battent le rappel. Du côté de la Convention, les chefs militaires paraissent dépourvus d'énergie. Menou, général en chef de l'armée de l'Intérieur, celui-là même qui avait désarmé le faubourg Saint-Antoine, oublie d'organiser des patrouilles et tarde à appeler les troupes stationnées dans la plaine des Sablons.

Il se décide enfin, sous la pression de la Convention et de la commission des cinq, à lancer, le 12 vendémiaire, une offensive contre la section Le Peletier, mais cette attaque tourne court, Menou concluant avec les sectionnaires un arrangement qui n'en est pas un.

Encouragées, les sections passent à l'offensive. Elles se sont donné un chef en la personne de Danican, ancien gendarme de la reine, dont les convictions royalistes ne sont un mystère pour personne. En face, les forces de la Convention sont peu nombreuses : 6 000 hommes environ, soldats des troupes de ligne, membres de la légion de police et patriotes qui dorment dans les cours et sur les terrasses où ils ont établi des bivouacs. Peu de munitions, pas d'artillerie.

Dans la nuit du 12 au 13 vendémiaire, la commission des cinq destitue Menou et ses adjoints. A 7 heures et demie du matin un décret de la commission des cinq est approuvé par la Convention : « Le général de brigade Barras, représentant du peuple, est nommé général en chef de la force armée de Paris et de l'armée de l'Intérieur. » Barras, désigné depuis minuit, n'a pas attendu cette approbation et s'est déjà adjoint plusieurs officiers dont un jeune général qui végète depuis plusieurs mois à Paris, faute d'avoir rejoint l'armée de l'Ouest où il a été affecté : Bonaparte. Un homme sûr, qui affiche des sentiments républicains. Quel fut son rôle exact ? Décisif, racontera-t-il à Sainte-Hélène ; médiocre, dira Barras dans ses Mémoires. Il est certain en tout cas que Bonaparte a étroitement collaboré avec Barras. Venu de l'artillerie, il n'ignore pas l'importance de quelques pièces bien disposées pour disperser une émeute. Or la Convention manque de canons. Quarante pièces sont encore aux Sablons sous la garde d'une poignée d'hommes, 15, 25 ou 150, on ne sait.

Tandis que l'on fait appel aux canonniers qui figurent dans les rangs de la gendarmerie ou parmi les patriotes rassemblés aux Tuileries, un officier de cavalerie est demandé pour aller au galop chercher les pièces des Sablons.

Le conventionnel Delmas se souvient d'un chef d'escadron du 21e de chasseurs qui avait assuré avec quelques cavaliers la défense de la Convention, en Prairial, lors de l'insurrection populaire contre les députés rendus responsables de la vie chère et de la disette. Or, cet officier est toujours là, fidèle à l'assemblée. Il se nomme d'une voix forte : « Murat », puis, ses instructions reçues, il part à la hâte avec 300 cavaliers. A son arrivée aux Sablons, vers 2 heures du matin, il se heurte à la tête d'une colonne de la section Le Peletier qui vient elle aussi s'emparer du parc d'artillerie. Un instant d'hésitation et tout est perdu. Murat est à cheval, on est en plaine, l'avantage est pour lui. Devant son attitude énergique, les royalistes rebroussent chemin. A 6 heures du matin, les pièces sont aux Tuileries. Quelques heures plus tard, sous le commandement de Bonaparte, elles écrasent les insurgés.

Murat entre dans l'histoire.

PREMIÈRE PARTIE

LA GLOIRE DES ARMES

Ceux qui combattent pour leur propre gloire sont bons et fidèles soldats.

MACHIAVEL,
Sur la première décade de Tite-Live, XLIII.

Sans la nuit du 4 août 1789 qui brisa les barrières sociales de l'Ancien Régime, Murat eût fait un mauvais prêtre ou un bon soldat condamné à rester dans le rang.

Certes la France d'avant 1789 avait connu d'éclatantes ascensions sociales : une société d'ordres n'est pas une société figée. Ne voyait-on pas, à la fin du XVIIIe *siècle, de nouveaux venus fournir les cadres sinon les têtes de l'administration et contrôler la vie économique ? Mais si l'on n'était noble, il était interdit d'espérer un grand commandement, une charge importante, un évêché.*

La fermeture de la noblesse, erreur fatale du règne de Louis XVI, empêchait le rêve ; elle suscita l'indignation ; elle favorisa la prise de conscience des non-nobles. Sieyès se fit le porte-parole des exclus, de cette masse que l'on appelait le tiers état. « Qui oserait dire que le tiers état n'a pas en lui tout ce qu'il faut pour former une nation complète ? Il est l'homme fort et robuste dont un bras est encore enchaîné. Si l'on ôtait l'ordre privilégié, la nation ne serait pas quelque chose de moins mais quelque chose de plus. Ainsi qu'est-ce que le tiers état ? Tout, mais un tout entravé et opprimé. Que serait-il sans l'ordre privilégié ? Tout, mais un tout libre et florissant. Rien ne peut aller sans lui, tout irait infiniment mieux sans les autres. »

Murat est le symbole de ce Tiers conquérant. Il diffère de Bonaparte. Celui-ci est un petit noble, pauvre mais noble ou du moins reconnu comme tel ; les écoles militaires lui sont ouvertes. Murat, en revanche, appartient à une frange sociale qui s'est élevée au-dessus de la paysannerie mais dont l'ascension demeure lente et limitée ; il ne peut rien espérer en raison de la réaction nobiliaire qui marque fâcheusement le règne de Louis XVI.

La Révolution lui ouvre d'énormes possibilités. « Ambitieux », « carriériste », « opportuniste », dira-t-on de lui. Il serait plus exact de le dépeindre comme intelligent, comprenant que l'horizon n'est plus bouché, que les commandements, les honneurs et les richesses lui sont offerts à condition de ne pas laisser passer la chance. Malheur en effet à ceux qui ne sauront la saisir entre 1789 et 1804. L'Empire est le retour à l'ordre, sinon aux ordres : désormais l'on n'avance qu'à l'ancienneté, ou si l'on sort des écoles, ou encore si l'on porte un grand nom. Les ascensions sociales se sont faites avant 1804 ; elles deviennent exceptionnelles après cette date. Aucun conscrit de l'Empire ne trouve dans sa gibecière un bâton de maréchal et le chevalier de la Légion d'honneur ne se confond pas avec le chevalier d'Empire. Parlant d'un certain colonel Eugène dans les Marana, *Balzac écrit qu'il était « un second Murat qui, pour s'être mis trop tard en guerre, n'eut ni grand-duché de Berg, ni royaume de Naples... ». Jusqu'à son accession au duché de Berg, et même après – car il n'eut guère le temps de jouer au grand-duc – Murat n'oubliera pas qu'il a été un soldat de la Révolution. Populaire dans une armée dont les cadres sont en majorité issus des bouleversements de 1792-1799 et dont les effectifs sont des conscrits, des enfants du peuple, il adopte à plusieurs reprises devant Napoléon, notamment lors du mariage d'Eugène de Beauharnais avec une princesse de Bavière, un langage qui se veut celui d'un soldat de l'an II et qui retient l'attention des anciens révolutionnaires. Un langage que peuvent comprendre Lannes et Brune, Masséna et Bernadotte. Murat se plaît à souligner la vraie nature de la monarchie impériale, sanctionnée davantage par le plébiscite que par le sacre, ce sacre où Napoléon a juré avant tout de maintenir la suppression de la féodalité et l'irrévocabilité de la vente des biens nationaux. Il affecte un certain mépris à l'égard des chambellans de l'ancienne noblesse qui se pressent dans les antichambres des Tuileries. Ses liens avec l'ex-jacobin Fouché sont connus et il rencontre la sympathie des vétérans des luttes révolutionnaires.*

Il y avait une place à prendre : faire contrepoids à un Napoléon enclin à jouer de plus en plus les monarques d'Ancien Régime et à séduire plutôt qu'à combattre les cours de la vieille Europe. En 1808, lors du spectaculaire rapprochement entre Talleyrand et Fouché, on put croire que Murat serait ce personnage.

Malheureusement Murat manquait d'envergure politique ; il était trop influençable et dut compter avec son épouse Caroline Bonaparte, obsédée par l'argent et les honneurs, avide de titres et de préséances, et qui contribua à perdre son mari tout en le servant.

Mais ne l'oublions pas, lorsque Murat arrive à Naples, il a la réputation d'un général que nous dirions aujourd'hui « de gauche ». Malgré Brumaire, malgré son mariage, malgré ses richesses et ses compromissions, il reste un homme issu de 1789, un vétéran des guerres de cette Révolution qui entendait donner à l'Europe la liberté et l'égalité.

CHAPITRE PREMIER

Un jeune révolutionnaire

Détruisons d'emblée la légende qui veut que le père de Murat ait été une sorte de grossier cabaretier servant sur des tables de bois sa piquette à des paysans ivres dans le décor sordide d'une auberge de campagne.

Belle occasion de forcer le trait vers le soudard quand on en arrive au portrait du fils.

Celui-ci naît le 25 mars 1767 de Pierre Murat Jordy et de Jeanne Loubières. Il reçoit le baptême dès le lendemain de sa naissance comme l'attestent les registres paroissiaux de La Bastide-Fortunière, aujourd'hui La Bastide-Murat, aux environs de Cahors.

Le nom de Jordy qui suit celui de Murat marque certainement la volonté des parents de Joachim de se distinguer d'une autre branche ou simplement d'homonymes, car les Murat sont très répandus en pays de langue d'oc et de nombreuses communes de l'Allier, de l'Aveyron, du Cantal, de la Corrèze, de la Creuse, du Lot et du Tarn portent encore ce nom. Les toponymistes ont longuement discuté sur l'apparition du mot que l'on datait jadis des invasions arabes du VIIIe siècle. Le sens est clair : muré, fortifié [1]. L'appellation « Murat » a été donnée à un grand nombre de châteaux d'Auvergne. En 1804, quand il redevint de bon ton d'appartenir à la noblesse, M. Murat-Sistrières écrivit à Joachim Murat, alors maréchal d'Empire, pour lui indiquer que sa famille devait certainement descendre des vicomtes de Murat. Telle était en tout cas la prétention des Murat-Sistrières, mais ils n'avaient pu fournir aucune preuve. « En 1416, prétendait Michel-François de Murat-Sistrières, qui allait devenir comte de Murat, après la confiscation de la vicomté de Murat au profit des comtes de Carlat pour cause de félonie, la branche aînée se divisa : Jean Murat resta dans la haute Auvergne où il épousa une Sistrières dont il joignit le nom au sien et le cadet s'établit au lieu appelé depuis Murat-sur-l'Agasse, sur les confins du Quercy et de l'Auvergne et dont le château est depuis longtemps détruit. Elle y exista jusqu'en 1550 ou 1560 qu'elle [*sic*] s'établit au château de Loupiac sur les bords du Lot, près de La Madeleine. Cette branche possédait à cette époque des biens considérables dans le causse de Gramat où elle avait un château qui depuis leur possession avait pris le nom de Murat et vient d'être démoli par M. de Loupiac qui est possesseur actuel des biens de la branche aînée de cette famille. Il paraît donc résulter de ces renseignements que les Murat établis dans ce pays sont des cadets de cette branche et que tous appartiennent à la même souche[2]. »

Murat ne donna pas suite à une telle revendication ; à l'inverse de bon nombre de ses contemporains, on ne le voit guère occupé à rechercher pour sa famille des origines nobiliaires. Comme son vieux compagnon d'armes Lefebvre, il pourrait dire : « Mes ancêtres ? C'est moi qui suis l'ancêtre. »

Ni les minutes des anciens notaires de La Bastide-Fortunière ni les registres paroissiaux ne permettent d'apporter la moindre lumière sur cette filiation ni sur une prétendue ascendance savoisienne des Murat[3]. On n'y voit clair qu'à partir de Pierre Murat, « travailleur » à La Bastide-Fortunière : il aura une fille prénommée Marie en 1686 et un garçon, Guilhaume, en 1692. De l'union de ce dernier avec Marguerite Herbeil naîtront quatre enfants dont Pierre, baptisé le 22 novembre 1721. Ce Pierre épousait en 1746 Jeanne Loubières qui lui apportait en dot « la somme de quatre cens vingt livres, six linseuls toile mescladis, quinse canes toile mescladis, une écuelle, une assiette, une culière d'étain, une brebis garnie, un coffre ». Nous sommes encore loin des richesses entassées plus tard à l'Élysée. Le couple aura onze enfants : Jacquette, Pierre, Étienne, Jean, Perrette, Guilhaumette, Antoinette, André, Madeleine, une seconde Jacquette et Joachim qui fut donc le dernier[4].

D'abord qualifié de « travailleur » dans son acte de mariage, Pierre Murat se dit ensuite « marchand » et « hoste », comprenons aubergiste. Il peut en effet se prétendre marchand dans la mesure où il gère des biens communaux et des bénéfices ecclésiastiques. Ainsi, en 1763, prend-il à bail pour six ans les fruits décimaux du prieuré – cure de La Bastide-Fortunière, puis, en 1770, en association avec Jean-Baptiste Bousquet, ceux du prieuré d'Anglars en Quercy, enfin, en 1786, le four commun de La Bastide. En revanche, dans l'état actuel de nos connaissances, il est difficile d'affirmer avec certitude qu'il aurait géré des propriétés de la famille de Talleyrand [5]. Quelle est la place de l'auberge dans les revenus familiaux ? S'agissait-il plus simplement d'une table d'hôte ? Les éléments de réponse font défaut. Jeanne Loubières, une personne énergique, si l'on en croit le seul portrait que nous ayons d'elle, devait s'occuper des clients – si clients il y eut – tandis que le mari vaquait à ses affaires.

A voir l'esprit d'entreprise de Pierre Murat, on devine une volonté d'ascension sociale caractéristique d'un milieu précis. Songeons au père Grandet, maître tonnelier en 1789, sachant lire, écrire et compter, ce qui lui permet de « faire des affaires ». Le monde des campagnes n'est pas seulement constitué de brassiers, salariés misérables qui vont se louer de ferme en ferme, et de métayers et fermiers, rivés à leur terre par la grâce des baux, se demandant si, les semailles faites et les redevances féodales payées, il leur restera de quoi vivre. On voit se développer dans les petits bourgs et les villages une frange d'artisans ou d'aubergistes, de gérants et de démarcheurs, plus instruits ou plus malins, qui voient bien au-delà de leur clocher.

C'est à ce milieu, déjà sorti de la paysannerie proprement dite, qu'appartient Pierre Murat. Rien n'autorise donc à dire que le futur roi de Naples était issu « des derniers rangs de la société » : son père était bien au-dessus du prolétariat des journaliers et plus instruit que bon nombre de métayers.

Sur la jeunesse de Joachim Murat, le fils de Pierre, ni noble ni croquant, courent également de nombreuses légendes : il aurait été un enfant turbulent et batailleur, aimant les chevaux et la bagarre, sorte de coq de village, faisant régner la terreur parmi les autres gosses de La Bastide-Fortunière. Sa mère songe pourtant à faire de ce fils un prêtre : il devait donc montrer quelques dispositions intellectuelles. Seul élément sûr : après avoir suivi les cours du petit séminaire de Cahors, Joachim part étudier chez les lazaristes de Toulouse. Il aurait été reçu sous-diacre, selon certains biographes qui s'avancent un peu vite.

A-t-il la vocation ? On l'imagine mal tourmenté par des crises mystiques ou plongé dans des méditations religieuses. Entre le rouge et le noir, il choisit le rouge. Mais les conditions dans lesquelles s'est effectué ce choix ne sont pas connues. Rien n'autorise J. Lucas-Dubreton à écrire : « Un matin de février 1788, le régiment de chasseurs à cheval des Ardennes, qui allait tenir garnison à Carcassonne, traversa Toulouse et, des fenêtres du séminaire, Joachim le vit défiler. La tentation fut trop forte : les hommes en habit vert à retroussis blanc, les chevaux, le bruit, le piaffement, l'élan martial, l'évocation de la guerre [...]. Il ne résista point et, le jour même, se présenta au recruteur qui ne le laissa pas languir : faire un curé de ce robuste garçon aux jambes longues, aux bras musclés, portant haut la tête et qui mesure 1,80 m – un cavalier né – ce serait pitié[6] ! » Et l'on ne peut davantage faire confiance à Jules Bertaut : « La fin de l'année scolaire devait le ramener en congé à La Bastide, mais comment partir ? Il a dévoré au jeu l'argent que ses parents lui avaient envoyé pour ses menus plaisirs. Il erre lamentablement dans les rues de Toulouse, cherchant quelque prêteur, quelque bonne âme qui ait pitié de lui lorsque, au détour d'une place, il entend une sonnerie de trompettes, c'est un régiment de cavalerie qui défile, les chasseurs à cheval des Ardennes qui vont tenir garnison à Carcassonne. Quelle magnifique troupe ! Habit vert à retroussis blanc, culotte hongroise, bottes à la hussarde, tout le monde aux fenêtres pour voir passer ces fringants cavaliers. Le cœur de Joachim bat à tout rompre : ces uniformes éclatants, ce piaffement de cheval, ce bruit, ces sonneries de trompettes, c'est comme un appel qui monte vers lui : soldat ! Être soldat ! Du coup sa résolution est prise : il va s'engager. Le soir même il s'est débarrassé de son petit collet de séminariste et, ayant signé son engagement, il est devenu le plus fringant des chasseurs à cheval[7]. »

Que s'est-il passé ? M. Claval a retrouvé dans

les archives des familles Arispure et Traversier, originaires de Rabat-les-Trois-Châteaux, un récit manuscrit touchant la vie de Jean Arispure né en 1765 : « Après avoir fait d'excellentes études au collège de Pamiers, Jean-Mathieu Arispure alla s'asseoir, pendant trois années consécutives, sur les bancs de l'université de Toulouse. Il s'y distingua. Le 8 mars 1787, il soutint devant la faculté des arts une remarquable thèse qui lui fit décerner, avec la note très bien, le grade de licencié ès arts et le titre de maître en philosophie. Quelques jours avant cette solennité, il s'était pris de querelle avec un de ses condisciples qui, comme lui, se destinait à l'état ecclésiastique. Cette dispute ayant dégénéré en un rude pugilat dans la faculté même, il en résulta un tel scandale que l'un des deux écoliers dut quitter l'université. Arispure, probablement parce qu'il était le moins coupable, resta. Celui qui partit s'engagea aussitôt dans un régiment. Il eut dans la suite une fortune singulière. Il mourut roi. C'était Murat[8]. »

L'engagement de Murat eut lieu le 23 février 1787 (et non 1788, comme l'écrit J. Lucas-Dubreton), soit quinze jours avant la date de soutenance de Jean Arispure. Un tel récit mérite donc attention.

Une autre version, non moins plausible, est donnée par un ouvrage paru à Bruxelles en 1821 sous les initiales V. C. de B. Il y est dit que Murat ayant dépensé au-delà de ses moyens s'en fut trouver « un maréchal des logis du régiment des Ardennes nommé La Rocheblin, chargé de recruter pour son corps et qu'il en reçut le prix de l'engagement ». Au régiment qui se rendait d'Auch à Carcassonne et qui faisait étape à Toulouse, il trouva M. de La Roque, de Cahors, qui lui aurait témoigné une vive sympathie.

Ce qui est certain, c'est que Joachim Murat fut affecté dans la compagnie de Carrière (et non de Niel, comme on l'a écrit généralement). Il y fut chasseur à cheval ainsi que l'atteste, en 1789, son livret encore conservé au musée Murat.

Il semble toutefois que la famille du futur maréchal n'ait pas accueilli avec enthousiasme cet engagement qui remettait en cause la destination première du jeune Joachim. Pierre Murat fit jouer ses relations pour obtenir le congé de son fils, preuve qu'il n'appartenait pas à la basse couche de la population. L'intendant du Languedoc écrivit lui-même au maréchal de Ségur, ministre de la Guerre, qui renvoya les demandeurs au commandant du régiment, lequel ne donna pas suite. On ne lâche pas aussi facilement une telle recrue.

Le régiment auquel appartenait Murat avait quitté Toulouse pour Carcassonne où il tint garnison jusqu'au 15 mars 1788. Il partit ensuite pour Schelestadt (Sélestat) où il prit le nom de 12e régiment de chasseurs de Champagne tandis que son colonel, Lezay-Marnésia, devenu maréchal de camp était remplacé par Loménie de Brienne. Murat reçut, à l'occasion de ces changements, un nouveau commandant de compagnie, Dominique-André Niel.

Malgré une hospitalisation de près de deux

mois, Murat semble bien réussir dans la voie qu'il a choisie : son instruction le met au-dessus des autres recrues et son expérience des chevaux se révèle fort utile. Il devient rapidement maréchal des logis. Mais dans cette année qui précède la Révolution, l'armée est traversée par des courants contradictoires : une mutinerie éclate à Schelestadt ; Murat s'y trouve compromis dans des conditions restées obscures (fut-il l'un des meneurs ?) ; en tout cas il est renvoyé[9].

Le voilà donc de retour à La Bastide où l'accueil, on s'en doute, est loin d'être chaleureux. Pierre Murat n'admet pas ce nouvel échec. Il ferme sa bourse. Pour gagner sa vie, Joachim se voit contraint de se placer dans une « épicerie » de Saint-Céré. C'est en apparence l'épisode le moins glorieux de sa vie ; dans la réalité, Murat, à la faveur de ce nouvel emploi, noue des relations avec la clientèle et utilise ses loisirs à parler dans les clubs. Il est bientôt connu à Saint-Céré mais aussi à Cahors et dans les principales localités du Lot. Il a de l'instruction, de l'aisance et un grand pouvoir de séduction. Le canton de Montfaucon dont dépend La Bastide le désigne pour le représenter à la fête de la Fédération à Paris le 14 juillet 1790. Ces fédérés venus de toutes les régions doivent affirmer l'unité de la France. Moment important : le royaume constitué au cours des temps par les mariages, les successions ou les conquêtes, sans autre cohésion que l'autorité du monarque, fait place à la nation, à la volonté librement proclamée de ses habitants d'être français. Quels furent les sentiments de Murat lors de cette imposante cérémonie qui réunit sur le Champ-de-Mars transformé en un colossal amphithéâtre plus de 14 000 députés des gardes nationales ? Pouvait-il se douter, en entendant la messe célébrée par Talleyrand, qu'il deviendrait en 1808 le complice de l'évêque apostat, lequel demanderait ensuite son éviction du trône de Naples ? Fervent patriote, il dut s'associer de cœur au serment prêté par La Fayette au nom des gardes nationaux d'être à jamais fidèle à la Nation, à la Loi et au Roi. Son enthousiasme paraît incontestable : ne va-t-il pas jusqu'à accompagner la bannière du Lot offerte par la municipalité de Paris lors de l'entrée solennelle de cette bannière à Cahors ? Pour la première fois, il découvre la force du sentiment national. Émotion non feinte de la part de ce jeune homme qui prend conscience du changement qui se produit en France.

Malheureusement la ferveur ne suffit pas pour vivre et le commerce de Saint-Céré commençait à se mal porter.

En janvier 1791, s'il faut en croire sa lettre aux administrateurs du Lot, Murat obtint sa réintégration dans un régiment de Sélestat comme simple soldat. Le 5 juillet, il écrit de Toul à son frère Pierre pour lui dire qu'il vient de Mont-Midy, à trois heures de Varennes, où a été arrêté le roi. Il avait été envoyé en députation par ses camarades et prononça devant la municipalité de Toul un grand discours patriotique pour prouver que son régiment n'avait en rien été mêlé à la fuite de

Louis XVI[10]. Peu à peu, son autorité s'impose en effet auprès des autres soldats de son régiment : aussi devient-il de plus en plus ambitieux. C'est ainsi qu'apprenant que l'Assemblée législative a décidé d'entourer le roi d'une garde constitutionnelle, il demande aussitôt à faire partie des trois hommes que doit désigner le département du Lot. Peut-être a-t-il sollicité l'intervention du député Cavaignac. Quoi qu'il en soit, il est nommé, le 8 février 1792, en compagnie de Bessières, futur maréchal et duc d'Istrie. « C'était, écrit Jean Vanel, pour le chasseur des Ardennes, une promotion inespérée. Le jeune homme se trouvait dans un régiment d'élite qui devait remplacer les mousquetaires, les gardes du corps et les gardes françaises. Cet emploi le plaçait à un poste de choix pour suivre les événements de la capitale[11]. »

Mais très vite Murat découvre que la nouvelle garde est peuplée de jeunes royalistes qui, pour la plupart, plutôt que de choisir l'émigration, ont préféré assurer la défense du roi à Paris. Indigné, il quitte la garde constitutionnelle le 4 mars, et pour donner à son geste le retentissement nécessaire, il s'explique longuement dans une lettre qu'il adresse, le 6, aux administrateurs du Directoire du département du Lot : « Quand par une indulgence marquée, vous m'avez nommé garde du roi, je ne m'attendais pas que ce nouveau poste que j'allais occuper dût imposer silence à mon patriotisme ; je ne croyais pas que le titre de garde de Sa Majesté serait celui de mettre un frein à ma façon de penser et de parler un autre langage que celui d'un véritable Français prêt à verser généreusement tout son sang pour le salut et la défense de sa patrie. On a voulu, mais en vain, m'en imposer la dure nécessité. Obligé de feindre pendant quelques jours, j'ai cru qu'il était de la loyauté d'un Français, d'un de vos concitoyens qui, en vous annonçant sa démission aux gardes, va justifier de votre choix et de la pureté de ses sentiments déjà connus. J'ai cru qu'il serait honteux pour moi de rester plus longtemps parmi des jeunes gens la plupart vendus à l'aristocratie, et qui se font un devoir, une gloire de vanter leurs sentiments anti-patriotiques dans cette école militaire, forge où d'habiles maîtres fabriquent à leur façon des instruments propres à les servir[12]. »

Comme il s'y attendait, sa lettre fut transmise par les administrateurs du Lot à la Législative. C'était une accusation sans détour que Murat lançait contre la garde constitutionnelle ; le ton était celui d'un vrai patriote dénonçant un repaire de brigands contre-révolutionnaires. Basire, l'un des députés de la gauche, se saisit de l'affaire pour demander dans la séance du 29 mai la dissolution de la garde constitutionnelle : « Parmi les faits nombreux que je pourrais vous présenter encore, je ne vous en citerai qu'un seul qui a été dénoncé à votre comité de surveillance par le département du Lot et qui peut jeter quelque jour sur les intentions perfides des chefs de ce corps avili. C'est la proposition faite par M. Descours, lieutenant-colonel de la garde à cheval, à M. Murat, au moment où ce dernier donnait sa démission, de joindre les émigrés, en lui disant pour le séduire qu'il envoyait 40 louis au fils de M. Chotard, directeur des postes de la ville de Cahors, jeune homme qui venait de se rendre à Coblentz[13]. »

Couthon appuya la proposition de Basire. Après un débat houleux, le girondin Guadet fit voter par l'Assemblée un décret portant que « la garde soldée actuelle du roi serait licenciée ».

En fait, Murat avait depuis trois mois rejoint son ancien régiment où il avait reçu un accueil enthousiaste. Sa popularité est grande ; elle l'autorise, en raison des circonstances (la guerre a éclaté en avril, le roi est renversé le 10 août), à nourrir de grandes ambitions. Pour un jeune soldat, intelligent et patriote, tout devient désormais possible : « Mon sort paraît bien changé en bonté depuis la Révolution, écrit-il à son frère Pierre, le 19 novembre 1792. Contre le despotisme expirant, j'ai tout souffert ; il est expiré, tout me rit. Je travaille ici auprès du général Santerre à obtenir un cheval. J'ai présenté un mémoire au ministre, un général lui-même doit le faire répondre et ce général va être lui-même ministre. Si cela est, mon sort est des plus heureux. Je suis lieutenant, et si le colonel est fait général, comme il n'y a pas de doute, je suis son aide de camp et capitaine. A mon âge, avec mon courage et mes talents militaires, je puis aller un peu plus loin. Dieu veuille que je ne sois pas frustré dans mon attente[14]. »

N'a-t-on pas songé à faire de lui un député de Cahors à la Convention ? A dire vrai Murat préfère les champs de bataille aux joutes parlementaires : les risques d'y perdre la vie y sont au demeurant moins grands même si l'on peut penser qu'une telle considération n'a certainement pas retenu l'attention de ce bouillant cavalier. Quant à ses amours avec une certaine Mion Bastit (à laquelle il fait allusion dans ses lettres et que son père lui aurait refusée), Murat semble y avoir rapidement renoncé.

Maréchal des logis le 15 mai 1792, sous-lieutenant le 15 octobre de la même année, lieutenant six jours plus tard, il sert en Champagne puis à l'armée du Nord. Le 14 avril 1793, le voilà capitaine aide de camp du général d'Urre, puis chef d'escadron le 1er mai. Il se bat à la frontière du Nord face aux Autrichiens ; il est à Pont-à-Marque, à Lille, il aurait même fait partie de l'offensive française en Hollande si l'on en croit les lettres qu'il adresse à ses parents. Ses états de service pour cette période sont difficiles à établir. Ce qui est sûr, c'est qu'il se qualifie alors de « républicain prononcé » ; son ton est celui d'un patriote exalté qui va jusqu'à transformer son nom de Murat en celui de Marat pour rendre hommage à « l'ami du peuple ». Mais ces gages à la République terroriste semblent quelque peu outrés. Derrière se dissimule une vilaine affaire pour le bouillant aide de camp qui paraît s'être montré fort imprudent.

Remarqué par un personnage équivoque du nom de Landrieux, un ancien clerc qui, après avoir été médecin, avocat et garde national, s'est spécialisé – grâce à la guerre – dans le racolage pour les armées de la République d'épaves et de déclassés [15], Murat se voit confier l'instruction de 300 hussards « braconniers » (*sic*). Il abandonne le général d'Urre dont il était l'aide de camp, pour devenir le chef d'escadron de cette bande hétéroclite devenue, par la grâce du ministre de la Guerre, le 21e de chasseurs. Très vite Murat et Landrieux entrent en conflit : qui sera le véritable commandant de cette troupe ? Deux clans s'affrontent. Landrieux est puissant ; pour déconsidérer son rival il affirme que Murat est un aristocrate qui descend des Murat d'Auvergne. Une telle accusation signifierait la guillotine pour celui qui en est l'objet. Murat se défend comme un beau diable. « On croit, au bureau de la Guerre, écrit-il à ses parents le 30 janvier 1794, que je suis noble. Vous m'enverrez au reçu de la présente mon extrait de baptême, sans cela on pourrait me destituer [16]. »

En bon militaire, Murat n'ignore pas que l'attaque est la meilleure des défenses : il rappelle que Landrieux a fait partie de la domesticité du comte de Provence et il dénonce ses nombreuses absences. Il marque ainsi des points. Landrieux est destitué, arrêté, transféré à Amiens. Refusant de se laisser abattre, il obtient la comparution de Murat devant le comité révolutionnaire d'Amiens. Murat vient en effet à passer dans cette ville venant d'Arras. Landrieux l'apprend et affirme qu'il a quitté son poste sans autorisation, sans doute dans quelque mauvaise intention. Murat se défend avec habileté. Il n'est venu à Amiens que « dans l'absolue nécessité de se procurer un cheval, n'en ayant point trouvé dans les dépôts de Lille et d'Arras ». Il reste prudent, se gardant de trop charger Landrieux, ce qui pourrait paraître suspect. Finalement, son interrogatoire donne satisfaction ; il est libre.

La chute de Robespierre remet pourtant en cause un avenir qu'il espérait brillant. Il a donné trop de gages aux terroristes pour ne pas être inquiété par la réaction thermidorienne qui suit l'exécution de l'Incorruptible. Au même moment, à l'autre bout de la France, Bonaparte, réputé robespierriste, connaît des difficultés identiques. Joachim écrit au Comité de salut public pour se justifier : s'il a pris le nom de Marat, c'est pour se soustraire aux persécutions et, si on le punissait, ne faudrait-il pas punir toute la section parisienne qui a pris le même nom ? Au demeurant, explique Murat, n'a-t-il pas refusé de présider la commission militaire qui a fait guillotiner un officier du régiment dont tout le monde déplore maintenant la perte ? Et n'a-t-il pas eu, preuve de civisme et de courage, un cheval tué sous lui lors de la dernière campagne ? En fait, ce qui le sauve, c'est l'intervention du député du Lot, Cavaignac.

Selon ses nombreux biographes, Murat ne s'en serait pas moins trouvé sans affectation et contraint de traîner à Paris comme d'autres, à la recherche d'un commandement. En réalité il appartient toujours au 21e régiment de chasseurs. Plusieurs documents l'attestent. Il bénéficie même d'un congé de maladie le 25 septembre 1794. N'y voyons aucune éviction puisqu'il est mentionné que sa solde doit lui être payée jusqu'à expiration de ce congé. Sa présence est attestée à Cahors, au cours du mois de décembre [17]. Pourtant on devine chez lui l'amertume et l'inquiétude. Il n'est plus « dans le vent ».

Soudain, la chance paraît à nouveau lui sourire. Le 21 mai 1795, lors de l'insurrection des faubourgs contre la Convention, insurrection qui provoqua la mort du député Féraud dont la tête fut promenée au bout d'une pique, son régiment assure la défense de l'Assemblée et disperse les manifestants. Selon une tradition bien établie, les thermidoriens l'auraient acclamé comme leur sauveur ; l'un d'eux, Delmas, lui aurait même donné l'accolade. Mais on ne trouve rien de tel dans les documents de l'époque [18]. De toute manière, ces beaux discours, si discours il y eut, ne furent pas suivis d'effet. Aucun commandement ne vient le récompenser ; il semble voué à l'obscurité des tâches subalternes. L'ambitieux se laisse aller au découragement. Il aurait confié à Thiébault : « Un régiment est un cul-de-sac, on y est confondu avec les masses et parvînt-on à se distinguer, la jalousie empêcherait que personne y parlât de vous. Thiébault, vous serez général avant que moi, chef d'escadron, je ne sois colonel [19]. »

Survint le 13 vendémiaire. L'étoile de Murat allait désormais se confondre avec celle de Bonaparte.

CHAPITRE II

Première rencontre avec l'Italie

A compter de vendémiaire, la fortune de Murat se trouve liée au destin du général Bonaparte. Ce sont les canons ramenés par Murat des Sablons qui ont permis à Bonaparte d'écraser les forces de Danican lancées à l'assaut de la Convention. Bonaparte récompense Murat par un avancement rapide : chef de brigade le 2 février 1796 avec effet rétroactif au 18 novembre 1793 ; aide de camp du général sur recommandation de Marmont[1]... Rien ne rapproche pourtant Bonaparte de Murat. Ils n'éprouveront guère, leur vie durant, de sympathie l'un pour l'autre : mépris de Bonaparte, officier formé dans les écoles, pour Murat, soldat sorti du rang, de l'artilleur pour le cavalier, du stratège pour le sabreur. Des tempéraments différents et des caractères entiers ainsi qu'une grande susceptibilité de part et d'autre n'amélioreront guère leurs rapports. Chaque fois, Murat devra céder, jusqu'au jour où... Mais n'anticipons pas.

Pour l'instant, Bonaparte n'a pas le choix : marqué comme républicain, il s'entoure d'officiers dont l'ascension s'explique par la Révolution ; anciens camarades de Toulon, comme Junot ou Marmont, et soldats ayant donné des gages aux thermidoriens à l'exemple de Murat. A l'inverse de Moreau et de Pichegru, Bonaparte est un général dont le républicanisme se révèle au-dessus de tout soupçon ; mais, contrairement à Bernadotte, il prend ses distances vis-à-vis du personnel politique jacobin.

Si les oppositions intérieures semblaient provisoirement décapitées après le coup d'État manqué du 13 vendémiaire, la guerre continuait à l'extérieur. L'Espagne, la Hollande et la Prusse se retiraient certes de la coalition formée en 1793 pour écraser la France révolutionnaire, mais restaient l'Autriche et l'Angleterre, cette dernière inaccessible, protégée par la mer où sa flotte régnait sans rivales.

Pour contraindre Vienne à la paix, un plan d'ensemble fut élaboré par Carnot : trois armées devaient marcher sur la capitale autrichienne, l'une par le Main, l'autre par le Danube, la troisième par le Pô et les vallées des Alpes autrichiennes. C'est cette armée dite de diversion que reçut Bonaparte, sur la recommandation de Barras.

Ses aides de camp devaient suivre le nouveau général en chef dans sa campagne : ils avaient noms Junot, alors chef d'escadron, Marmont, chef de bataillon d'artillerie, Le Marois, capitaine du 21e de chasseurs, et Murat, le cavalier, sans oublier Louis Bonaparte, improvisé lieutenant à dix-sept ans.

On connaît mal le rôle de Murat dans les préparatifs de la campagne : il a la responsabilité de la cavalerie, une cavalerie squelettique au demeurant, mais les documents officiels ne font pas mention de lui avant le 15 avril 1796. Ce jour-là, à Dego, il sabre les Autrichiens avec une telle fougue que Bonaparte le signale dans son rapport au Directoire : « L'adjudant général Vignolle, sous-chef d'état-major, et le commandant Murat, mon aide de camp, chef de brigade, ont beaucoup contribué au succès de cette journée[2]. » Le 21 avril, Murat fait preuve du même héroïsme à Mondovi où il ramène au combat la cavalerie française un moment débandée sous l'effet de la panique. Bonaparte lui rend à nouveau hommage dans son rapport au Directoire : « Le 20e régiment de dragons, à la tête duquel a chargé le citoyen Murat, mon aide de camp, chef de brigade, s'est distingué[3]. » Saliceti vante au Directoire « le courage et l'audace » de Murat, « toujours en marche contre l'ennemi ».

La manœuvre de Bonaparte a réussi : les armées sarde et autrichienne qui occupaient le versant intérieur des Alpes et de l'Apennin sont maintenant séparées. A Montenotte et à Dego, les Autrichiens ont été refoulés vers l'est, à Millesimo les Sardes ont été coupés de leurs alliés puis écrasés à Mondovi et poursuivis par les cavaliers de Murat jusqu'à Cherasco, à deux jours d'étapes de Turin. L'armée piémontaise sollicite un armistice. Il est signé à Cherasco le 28 avril. Les Sardes sont hors de combat.

Débuts foudroyants d'une campagne dont on n'attendait pas tant. Soucieux d'en amplifier encore le retentissement, Bonaparte charge ses aides de camp Junot et Murat d'aller porter à Paris les drapeaux pris à l'ennemi ainsi qu'une copie de l'armistice de Cherasco. Cette mission officielle se double d'une autre mission pour Murat, mission que nous révèle la lettre de Bonaparte à Joséphine du 29 avril : « Murat qui te remettra cette lettre t'expliquera, mon adorable amie, ce que j'ai fait, ce que je ferai, ce que je désire. J'ai conclu une suspension d'armes avec le roi de Sardaigne. J'ai, il y a trois jours, expédié Junot avec mon frère, mais ils arriveront après Murat qui passe par Turin. Je t'écrivais par Junot de partir avec lui pour venir me rejoindre, je te prie aujourd'hui de partir avec Murat, de passer par Turin. [...] Je t'envoie par Murat 200 louis dont tu te serviras, si tu en as le besoin[4]... »

On le voit, Murat est devenu l'un des proches du général Bonaparte et même son confident. Par Turin, brûlant les étapes (le Mont-Cenis, Chambéry, Bourg, Chalon...) il gagne donc la capitale où il est reçu et fêté partout d'autant que, grâce à sa célérité, il a devancé Junot parti pourtant avant lui. Moments grisants pour le jeune officier. Le plus difficile demeure : convaincre Joséphine de rejoindre son époux. La vie est douce à Paris, plus douce encore depuis qu'elle est l'épouse d'un général victorieux qui fait l'objet de toutes les conversations ; la rudesse des camps, la guerre et ses aléas, la médiocrité de la société italienne épouvantent Joséphine. Elle charge Murat d'annoncer au général en chef qu'elle est enceinte et qu'elle ne peut en raison de son état de santé se rendre dans la Péninsule. Murat est-il dupe ? Trahit-il la confiance de Bonaparte ? Il reprend seul la route de l'Italie, en voiture cette fois, et non plus à franc étrier, avec le grade de général de brigade en récompense des nouvelles qu'il apportait.

Le cours de ses exploits continue. L'armée piémontaise anéantie, Bonaparte lance l'offensive contre les Autrichiens. C'est Murat qui commande la cavalerie à Borghetto le 30 mai : « Ce général, souligne Bonaparte dans son rapport au Directoire du 1er juin, dégagea lui-même plusieurs chasseurs que l'ennemi était sur le point de faire prisonniers[5]. »

Nouvelle mission de confiance, diplomatique celle-là pour Murat : Bonaparte l'envoie à Gênes, le 15 juin, rappeler à l'ordre le Sénat qui a toléré l'assassinat de Français sur son territoire. Le général s'acquitte à merveille de sa mission. Il sait impressionner la foule comme les notables par sa belle prestance et sa voix chaude qui peut prendre un ton menaçant.

Retour à l'armée : il est de l'expédition de Livourne. Le voilà en Toscane. Mais Bonaparte l'appelle à Mantoue.

La ville défend les vallées du Mincio et de l'Adige, débouchés naturels pour les armées autrichiennes qui descendent en Italie. Tant que les Français ne sont pas maîtres de la place, ils courent le risque d'être attaqués par des renforts envoyés de Vienne. Bonaparte ne peut pousser plus avant ses offensives s'il ne s'est assuré de Mantoue. On songe à Murat pour une attaque surprise du principal bastion, Migliaretto, situé au milieu des marais. Une tentative dans la nuit du 16 juillet échoue. Que s'est-il passé au juste ? Plusieurs versions de cet échec ont été présentées.

Selon Bourrienne [6], Murat aurait renoncé à exécuter l'ordre donné, faute d'effectifs suffisants. Marmont dénonce son manque de mordant. Plus objectif, le journal des opérations de la division Sérurier explique que le niveau des eaux ayant baissé de façon imprévisible, la flottille vint s'immobiliser dans les roseaux, donnant l'éveil à l'ennemi [7]. C'est la version que reprend Bonaparte dans une lettre à Joséphine le 18 juillet [8].

L'épisode serait sans importance puisque Murat réussit, le 18 juillet, à s'emparer, en plein jour, de cette position. Pourtant, par la suite, on affirmera sans preuves que Bonaparte lui tint rigueur du premier échec [9], d'autant que Mantoue reste encore à prendre. Ce qui est certain c'est que Murat sollicite un congé pour s'aller reposer à Brescia. Motif invoqué : une fièvre contractée dans les marais de Mantoue. Dans la réalité, si l'on en croit une lettre de Bonaparte à Joséphine, du 22 juillet, il est la victime d'un mal vénérien attrapé à Milan : « La déesse du bal, Mme Riga, lui a proprement donné une galanterie. Il est furieux, il veut mettre son aventure dans les gazettes [10]. » Pour sauver la face, Murat, à Brescia, prépare les logements de Mme Bonaparte, attendue avec impatience par le général en chef, qui ne peut toutefois aller l'accueillir à Milan. Or, le 30 juillet, le général autrichien Quasdanovich s'empare par surprise de la ville. Voilà Murat capturé puis libéré sur parole, selon certaines sources, ou plus vraisemblablement remis en liberté lorsque le général Sugereau reprend Brescia. Dans le premier cas, il devrait renoncer aux champs de bataille italiens, mais nous le retrouvons pourtant châtiant, le 13 août, les habitants de Casal Maggiore qui avaient massacré des traînards et des déserteurs. D'après J. Chavanon et G. Saint-Yves, il aurait ensuite commandé provisoirement la place de Vérone[11]. Dans l'intervalle, Junot l'aurait remplacé comme chef de la cavalerie avant d'être blessé à Decenzano. Ce qui est sûr, c'est que Murat participe aux opérations du Tyrol contre les Autrichiens de Wurmser. Celui-ci n'a pu débloquer Mantoue toujours assiégée par les Français et a été refoulé après la défaite de Castiglione. Un mois plus tard, il reprend l'offensive avec une deuxième armée, par les vallées de l'Adige et de la Brenta. Les troupes de Bonaparte se portent à sa rencontre. Les premiers affrontements ont lieu en Adige.

Murat s'illustre à Lavis, le 5 septembre, et remplace Dubois tué à la bataille de Roveredo. Le premier corps autrichien est anéanti. Les opérations se transportent dans les gorges de la Brenta : Wurmser est défait à Bassano le 8 septembre.

Poursuivis par la cavalerie de Murat, les Autrichiens s'enferment dans Mantoue dont le siège reprend. Wurmser est une nouvelle fois vaincu aux portes de la ville, à Saint-Georges, le 15 septembre. C'est au cours de cet engagement que Murat est légèrement blessé, au terme d'une campagne de douze jours.

Entre septembre et décembre, Murat ne fait plus parler de lui. Il continue officiellement à commander une brigade de cavalerie sous Kilmaine. Il n'est pas à Arcole, semble-t-il, le 15 novembre, en tout cas Bonaparte ne le mentionne pas dans son rapport ; il serait devenu provisoirement fantassin lors de la campagne de Rivoli. Murat ne fait plus partie de l'entourage de Bonaparte.

Disgrâce, a-t-on dit. La cause en serait des propos imprudents tenus par Murat à propos de Joséphine dont il aurait prétendu avoir fait la conquête à Paris [12]. Gasconnade d'un Méridional trop bavard ? Bonaparte aurait jugé nécessaire de tenir Murat à l'écart pendant le séjour italien de la bien-aimée. De toute manière, il s'irritait des bonnes fortunes de son ancien aide de camp. Celui-ci n'affichait-il pas une liaison avec la comtesse Gherardi dont Stendhal devait vanter la beauté [13] ?

On a parlé de motifs politiques : la quête par Murat, toujours aussi ambitieux, d'un soutien auprès de Barras qu'il avait revu lors de sa mission à Paris. Dans une lettre du 9 décembre, il se propose pour la garde que Barras est en train de former. Il y attaque l'entourage de Bonaparte jugé trop complaisant envers les ci-devant nobles italiens. Or, les rapports entre Barras et Bonaparte tendaient à se refroidir et le général aurait pris ombrage des démarches de Murat. A plus forte raison les dénonciations de Murat, s'il les a connues, ont dû provoquer sa colère.

Mais peut-être faut-il tout simplement invoquer la blessure du général.

Le 20 décembre il est affecté à la division Rey pour y commander la cavalerie. Les Autrichiens tentent un quatrième et dernier effort pour débloquer Mantoue. La rencontre décisive se déroule au débouché de la vallée de l'Adige, sur le plateau de Rivoli. La division Rey a pour mission de couper la retraite des Autrichiens. Alvinzi battu, Mantoue capitule le 2 février.

Maître de l'Italie du Nord, assuré de ses arrières en Italie centrale, Bonaparte peut enfin marcher sur Vienne. Murat quitte Rey pour la division Joubert puis celle de Dugua[14]. En définitive il est attaché au commandement de l'avant-garde et de la cavalerie de la division Bernadotte.

Aux Français, l'Empereur oppose son meilleur général, l'archiduc Charles. Bonaparte force le passage de la Piave puis celui du Tagliamento le 16 mars. Cette fois Murat prend part au combat décisif. Le 19 mars il est à Gradisca dont il s'empare. Bernadotte vante ses mérites à Bonaparte[15]. Bousculé, l'archiduc Charles manque de soldats. Les troupes de Bonaparte sont à moins de 100 km de Vienne lorsque les Autrichiens sollicitent un armistice, le 7 avril. La campagne d'Italie est terminée.

Au cours de ce premier contact avec un pays qu'il sera appelé à revoir, Murat n'a guère été confronté aux problèmes qui secouent la Péninsule. Il n'a connu que la rudesse des champs de bataille et le confort des alcôves : il en rapporte une blessure honorable et le souvenir cuisant laissé par une belle.

Mais il a révélé aussi ses qualités qui sont celles du cavalier : courage et endurance, souplesse et panache. Son contact avec les réalités de la guerre hors de France est finalement positif, comme est positive son appartenance à l'état-major de cette armée d'Italie que l'on ne manquera pas d'opposer à celle d'Allemagne. S'il avait servi sous Moreau, son destin eût-il été le même ? Bonaparte ne cessera en effet de privilégier ceux qui ont combattu avec lui dans la Péninsule. Murat appartient à la poignée de fidèles, mais il ne sait pas encore que lui seul, parmi les fidèles, deviendra le beau-frère de son général en chef.

CHAPITRE III

L'aventure égyptienne

Dès la première campagne d'Italie, les rapports auraient été tendus entre Bonaparte et Murat. Plusieurs biographes du futur roi de Naples ont cru pouvoir mettre en lumière une période de disgrâce, période au cours de laquelle le commandant en chef de l'armée d'Italie aurait écarté son meilleur cavalier. Le terme de disgrâce paraît, on l'a vu, bien excessif. Bonaparte ne semble pas avoir retiré sa confiance à Murat. Quelle meilleure preuve de cette confiance que la mission qu'il lui confie en Valteline, les opérations terminées ?

Conséquence prévisible de l'expansion des idées révolutionnaires, les Valtelins viennent en effet de se soulever contre la domination économique des Grisons et demandent leur rattachement à la République cisalpine que Bonaparte entend fonder à Milan avec les territoires enlevés à l'Autriche. A leur tour, « les ligues grises », ainsi appelait-on les Grisons, réclament la médiation de Bonaparte. L'affaire est d'importance : la Valteline assure le contrôle des hautes vallées du Rhin et du Danube[1]. Le 9 septembre 1797, Bonaparte intime l'ordre aux belligérants de cesser les hostilités. Il déclare que « l'absence de gouvernement, l'affluence d'un grand nombre de bandits et de réfugiés de tous les pays troublent la tranquillité de la Valteline ». En conséquence, le général Murat est envoyé avec une colonne mobile sur les frontières du pays : il a reçu mission de s'entendre avec les députés de Chiavenna, Sondrio et Bormio afin de rétablir l'ordre. L'intervention de Murat fait impression : son énergie lui vaut les compliments de Bonaparte : « Je suis satisfait de ce que vous avez fait dans la Valteline[2]. » Le calme revenu, les Grisons négligent d'envoyer des députés à Milan pour y discuter du statut de la Valteline. Bonaparte en prend prétexte, le 11 octobre, pour annexer purement et simplement cette dernière à la République cisalpine. La peur d'une nouvelle intervention de Murat étouffe les protestations. En trouvant le ton juste, lors de cette intervention, Murat avait montré des qualités de diplomate, il devait en tirer quelque fierté. Mais il avait surtout été amené à réfléchir sur les querelles nationales qui secouaient alors l'Europe, une expérience qui ne devait pas être perdue.

De retour en Italie, il reçoit une nouvelle preuve de la confiance de Bonaparte : le général l'envoie en avant-garde à Rastadt où va se discuter le sort de la rive gauche du Rhin[3]. Sa cession à la France ne peut être valable qu'après ratification par un congrès appelé à se réunir à Rastadt. C'est un nouveau problème que découvre Murat : celui des frontières naturelles. La rive gauche est revendiquée par la France comme limite imposée par la nature. Mais l'empereur d'Allemagne entend défendre les droits des princes possessionnés. Toujours cette question des nations qui agite l'Europe, au moins depuis 1789.

Murat reprend le chemin de l'Italie, à la fin de janvier 1798, après un bref séjour à Paris. Pourquoi l'Italie à nouveau ? C'est que Berthier, qui assure le commandement en chef de l'armée d'Italie, manque cruellement de généraux. Mais à travers une lettre de Bonaparte au même Berthier, le 24 janvier 1798, on découvre aussi une histoire de femme : à Paris, « l'héroïne de Brescia », ainsi que la désigne Bonaparte, et nous comprenons qu'il s'agit très vraisemblablement de la Gherardi, est venue relancer Murat et a fait quelque peu scandale[4]. De là une légère irritation de Bonaparte : sa pudibonderie – qui le met à part parmi les généraux de la Révolution à cette époque – en est affectée. Mais cet agacement devant les frasques de Murat n'implique pas une disgrâce.

Celui-ci est d'ailleurs aussitôt sollicité pour aller rétablir l'ordre à Rome. L'incident qui donna naissance à cette intervention demeure mal connu[5]. Fut-il monté par les patriotes italiens qui, songeant à l'unité de la Péninsule, préconisaient une marche sur Rome ? Quel fut le rôle exact de Joseph Bonaparte, nommé ambassadeur auprès du Saint-Siège et qui menait grand train au palais Corsini ? Faut-il y voir l'irritation du petit peuple de Rome contre l'arrogance française ? Toujours est-il que quelques agitateurs ayant provoqué une bagarre, le 28 décembre 1797, et s'étant réfugiés à l'ambassade de France, la police pontificale les y poursuivit. Le général Duphot, venu calmer la foule, reçut une balle dans la poitrine. Sa mort offrait le prétexte souhaité par le Directoire pour détrôner le pape et fonder une République romaine sur le modèle cisalpin. Les troupes françaises envahirent les États pontificaux. C'est au Capitole, en présence de Berthier et de Murat, que fut proclamée, le 15 février 1798, sur fond de pillages et d'exactions, la République romaine, cependant que le pape prenait le chemin de la captivité ; il devait mourir à Valence le 29 août 1799.

Cette fois, Murat se trouve confronté à un problème que les opérations de la première campagne d'Italie lui avaient plus ou moins caché : celui de l'unité de la Péninsule. Ce système des républiques sœurs, la Cisalpine hier, Rome aujourd'hui, Naples demain, peut-il être considéré comme le prélude à cette fusion en un seul État dont on n'a cessé d'agiter l'idée depuis Machiavel ? Bien qu'occupé à réprimer les soulèvements de paysans dans la campagne romaine, à Castel Gandolfo, Albano et Velletri, Murat n'en recueille pas moins les échos de l'agitation. A-t-il noué dès cette époque des contacts avec les patriotes ?

Ceux-ci ont dû vite déchanter. Le Directoire s'empressa d'envoyer une commission civile formée de Daunou, Monge et Florent, avec mission de donner à la nouvelle république une constitution. Du coup les espoirs d'union avec la Cisalpine se trouvaient anéantis. La confusion fut bientôt totale. Masséna devait remplacer Berthier dont la présence était nécessaire à Milan. Mais les soldats de la garnison refusèrent de reconnaître l'autorité de Masséna jugé trop « jacobin » et pillard invétéré. Ils se soulevèrent. A la mutinerie des troupes s'ajouta une insurrection populaire dirigée contre les Français. Au milieu des désordres qui ensanglantaient la ville, la commission civile, débordée, prit la décision de remplacer Masséna par Gouvion-Saint-Cyr et de mettre fin, par des mesures énergiques, au pillage, principale origine du soulèvement du petit peuple.

Quelle leçon retira Murat de ces événements ? Nous l'ignorons. Il sera par la suite fasciné par Rome qui lui paraîtra une proie facile, vue de Naples. Illusion provoquée par les pillages de février 1798 ?

Pour l'instant il considère qu'il perd son temps en Italie. Devenu général, il a quitté le « sérail » des aides de camp de Bonaparte et la fortune semble s'éloigner.

C'est dans cet état d'esprit qu'il apprend la formation d'une grande expédition sous le commandement de son ancien chef. A-t-il intrigué auprès de Barras pour en faire partie ? Joséphine est-elle intervenue ? Rien ne permet de l'affirmer. S'il est désigné, c'est parce qu'il appartient à l'*équipe* de Bonaparte que celui-ci reconstitue.

Le 11 mars 1798 Alexandre Berthier prévient Murat : « D'après les ordres du Directoire exécutif, vous voudrez bien, citoyen général, partir sur-le-champ, en poste, pour vous rendre à Milan, où, dans le cas où je n'y serais pas, vous trouverez à l'état-major de nouveaux ordres. Il s'agit d'un objet important, lequel exige que vous ne différiez pas votre départ[6]. »

A Milan, Murat trouve de nouvelles instructions : il doit gagner sans retard Gênes où il sera placé sous les ordres du général Baraguey d'Hilliers. Il commandera les 14e et 18e régiments de dragons dans « la grande expédition » dont la destination demeure inconnue. Murat est d'ailleurs invité à garder le secret[7].

A Gênes embarquent Baraguey d'Hilliers, Vial et Veaux, le 28 avril 1798 ; le 1er mai, ils sont en vue d'Hyères lorsque parvient un contrordre ; la guerre menace de reprendre ; il faut retourner à Gênes. Finalement, le 17 mai, on reprend la mer pour rejoindre le convoi général. Bonaparte annonçait la jonction par aviso, le 23 mai[8]. Murat reste sur l'*Artémise*, loin de l'*Orient*, le navire de Bonaparte. Il en aurait conçu quelque amertume.

Le 9 juin, la flotte est en vue de Malte où elle peut apercevoir les navires du convoi de Civita-Vecchia qui l'ont précédée. L'île refusant de ravitailler en eau les Français, un prétexte est trouvé pour s'emparer de Malte. Mais il faut se garder de donner l'éveil avant l'assaut.

Ici se situerait un épisode qui trahit le caractère impulsif de Murat, lui, le cavalier, contraint de faire les cent pas sur le pont d'un navire. D'après

Lavalette[9], qui est le seul à rapporter cet incident : « Comme nous n'étions pas loin de l'île de Malte, le général Murat força le capitaine à lui donner une barque pour qu'il descendît jusqu'aux défenses extérieures de la cité Valette. C'était une imprudence. Il en fit une seconde. Tout en croisant devant Malte, le seul vaisseau de haut bord qui fût en la possession de l'ordre arriva sur nous pour rentrer dans le port. Murat voulait que ce bâtiment maltais passât sous le vent de la frégate. C'était contre les usages de la marine, mais le capitaine de vaisseau, troublé par cette inconcevable prétention et intimidé à la vue du drapeau tricolore, obéit au mouvement sans hésiter, pour entrer dans le port ; mais à son arrivée, il jeta l'alarme partout, et la ville, qui aurait pu être prise à l'improviste, se trouva en état de défense quand nous débarquâmes. »

En fait, Malte ne devait pas opposer beaucoup de résistance. Dans la chute de la forteresse, Murat ne joue pas un grand rôle ; on ne saurait s'en étonner ; que pourrait faire ici la cavalerie ? Mais c'est l'occasion pour le bouillant général de retrouver son chef pendant le moment où la flotte relâche dans le port de La Valette. Cependant, l'accueil de Bonaparte demeure froid. Murat, qui aime être aimé, s'inquiète, croit à une disgrâce, veut repartir pour la France. Deux lettres traduisent son désarroi. A son père il se plaint de sa santé éprouvée déjà par la chaleur. Ce qui est inattendu pour un Méridional[10]. A Barras, il parle de la froideur de Bonaparte : « Je pense que Berthier ne me pardonnera jamais d'avoir dit des vérités à son égard. J'ai lieu de croire que c'est ce dernier qui cherche à aigrir le général Bonaparte contre moi. Daignez donc, mon brave Barras, mon soutien, me faire obtenir un ordre pour une autre destination [11]. » En fait il se sent ulcéré d'ignorer la destination exacte de l'expédition tout en la devinant.

Moment de dépression vite surmonté. Le 1er juillet, c'est l'Égypte qu'il découvre au large d'Alexandrie. S'il ne participe pas, semble-t-il, à la prise de la ville, il intervient à partir du 4 juillet. A la cavalerie maintenant de jouer. La brigade de Murat, composée des 14e et 15e régiments de dragons, est affectée à la division que commande le général Dugua qui reçoit mission, le 5, de partir pour Rosette en passant par Aboukir dont Murat et Damas s'emparent facilement, le 6 juillet [12].

Nouvelles instructions, le 7, pour Dugua : « Arrivé à Rosette et escorté par les quatre chaloupes canonnières et la demi-galère, vous pourrez faire embarquer une partie de votre troupe et faire marcher l'autre partie sur la rive, et remonter ainsi de suite jusque vis-à-vis de Damanhour [13]. » Le 9, dans son journal, Laugier, l'un des membres de l'expédition, note que « les généraux Murat et Verdier, qui assurent l'avant-garde de la division, sont partis à la pointe du jour pour El-Rahmânieh avec presque tous les dragons [14] ». Le gros de l'armée suit en dépit des souffrances provoquées par la chaleur. Beaucoup ont servi en Italie et regrettent cette heureuse époque. La fronde couve, d'autant qu'il faut tenir compte des harcèlements incessants des Bédouins qui massacrent les retardataires et les estafettes. Le 17 juillet, la division Dugua est à Kafr-Akmas ; elle rejoint, le 18, les divisions Bon et Vial à Wardan.

L'épuisement est général : « La route, écrit Belliard, est la plus fatigante que nous ayons faite à cause des sables qu'il faut traverser ; et si, le matin, le temps n'eût pas été très couvert par un brouillard épais qui nous fit espérer la pluie, je crois qu'on ne serait parvenu à son but qu'en perdant beaucoup de monde. » Cette marche sur Le Caire laissera un pénible souvenir. Sans vraiment combattre, sauf à Chobrakhit, l'armée française est en train de fondre sous le soleil égyptien. Enfin, le 21 juillet, entre Le Caire et les Pyramides se produit l'affrontement décisif.

Murat découvre l'adversaire : chevaux richement équipés, uniformes aux couleurs chatoyantes, cimeterres ou lances de bambou ornées d'une houppe de soie noire, voici la cavalerie des mamelouks.

Nouvelle imprudence de Murat, dont le chef de brigade Laugier nous a laissé le récit. « De très bon matin et aussitôt que la division se mit en marche, le général Murat, avec un dragon seul, ayant désiré aller jusqu'à un point où il pourrait reconnaître l'ennemi, je le joignis, le suivis. Nous poussâmes notre reconnaissance jusqu'à une portée de canon du camp des mamelouks ; nous vîmes très distinctement leurs tentes, nous les vîmes se mettre à cheval en bataille devant. Nous avancions encore lorsqu'une quarantaine d'entre eux partit de leur gauche et se dirigea vers nous ; je proposai au général Murat de gagner un bois voisin au pas ; j'espérais faire croire à l'ennemi, en allant ainsi doucement, que nous cherchions à l'attirer vers ce bois où notre troupe était masquée ; cela réussit vraisemblablement car ce détachement, arrivé à portée de fusil de nous, fit demi-tour et fut rejoindre un gros de mamelouks[15]. »

Lors de la bataille proprement dite, Murat, qui se trouvait avec Bonaparte, n'eut pas à supporter l'assaut de l'adversaire.

A l'issue de la victoire, la route du Caire est ouverte. Murat y pénètre à la suite du général en chef. La déroute des mamelouks rejetés vers la Syrie et le Sud laisse la Basse-Égypte aux Français.

Le coup de théâtre d'Aboukir remet en cause cette victoire. Après la destruction de sa flotte par Nelson, le 1er août 1798, Bonaparte se trouve prisonnier de sa conquête.

Une conquête qu'il lui faut organiser à la suite de l'effondrement de l'ancienne administration. Kléber reçoit le commandement de la province d'Alexandrie, Belliard est placé à la tête de la province de Gizeh et Murat doit pacifier la région de Kelioub avec 25 cavaliers, un canon de 3 et le 3e bataillon de la 75e. Il s'y emploie de son mieux.

Mais Bonaparte veut en finir avec Ibrahim Bey, qui s'était arrêté, après sa défaite des Pyramides, à Belbeis, à dix lieues du Caire. Ainsi serait soumis l'ensemble du delta du Nil. Murat est prévenu, le 4 août : « Montez le plus promptement possible

50 hommes de cavalerie que vous avez à pied. En requérant les chevaux, requérez les selles afin qu'ils puissent servir de suite. [...] Envoyez un espion à Belbeis. Je suis assuré qu'Ibrahim n'y est plus[16]. » Murat confirme les renseignements recueillis et la poursuite commence. Ibrahim est rattrapé à Salheyeh, le 11 août 1798 ; Murat se multiplie, charge et charge encore, les mamelouks sont enfoncés mais Ibrahim parvient à fuir en Syrie.

Murat revient à Kelioub pour y achever l'organisation de la province et surtout remonter la cavalerie. Il faut contenir les pillards. Une opération combinée entre Murat et Lanusse est organisée pour mettre un terme à ces attaques qui empêchent une bonne rentrée des contributions.

Le 27 septembre, Murat s'embarque sur le Nil avec 500 soldats. Le général Lanusse le rejoint à Banha Zel. Un rapport de Murat daté du 1er octobre décrit la suite des opérations : « Le 7, à 4 heures du soir, le général Lanusse me joignit à Benha-el-Acel, amenant avec lui le 3e bataillon de la 25e demi-brigade et un détachement de 120 hommes de la 75e, nous partîmes sur-le-champ. Le lendemain, à la pointe du jour, nous étions débarqués sur une prairie qui se trouve à un demi-quart de lieue de Mit-Gamar. Ici nous apprîmes que les Arabes étaient la veille aux environs de Dondeyt ; nous nous mîmes de suite en mouvement pour marcher sur ce village. Le général Lanusse, à la tête de sa colonne, passa sur la gauche ; je me portai sur la droite ; ayant reconnu qu'il était impossible de faire suivre la pièce de canon à cause des canaux que nous avions à traverser, nous la laissâmes à l'embouchure du canal de Dondeyt avec la djerme qui porte les quatre petites pièces. Dans cet ordre, nous cernâmes le pays ; mais les Arabes, nous ayant aperçus, se retirèrent sur Mit-el-Faroun où, à la faveur de deux pièces de canon de calibre 4, ils comptaient nous combattre avec avantage : leur espoir fut déçu. Nous marchâmes dans l'ordre précité sur ce village et, malgré une assez vive résistance, nous nous emparâmes de cette position, et les pièces d'artillerie restèrent en notre pouvoir.

« Après ce combat, l'ennemi se retira en assez bon ordre sur une élévation que les gens du pays appellent la montagne de Tell, dont le pied est inondé par le débordement du Nil. Malgré cet obstacle, nos soldats bravèrent l'élément liquide, et, dans un clin d'œil, la montagne vit flotter sur son sommet les drapeaux de la grande nation. Les Arabes avaient leurs troupeaux et leurs bagages dans une plaine qui se trouve à une demi-lieue en avant de la montagne de Tell ; ils gagnèrent cette partie, les uns à la nage, les autres dans l'eau jusqu'aux aisselles ; nous hésitâmes un moment à les suivre ; la troupe était fatiguée et les fuyards nous avaient fait connaître le danger qu'il y avait dans ce nouveau passage ; mais l'ardeur républicaine, qui ne calcule point les périls, triompha de ce nouvel obstacle ; nous les poursuivîmes. Le général Lanusse sur la gauche et moi sur la droite, nous marchâmes pendant une demi-lieue dans l'eau et dans la boue. Ces féroces ennemis de l'humanité, étonnés d'une marche aussi rapide dans des endroits impraticables, et affaiblis par le nombre d'hommes que nous leur avions déjà tués, prirent la fuite, laissant leur camp, leurs bagages et d'immenses troupeaux à notre disposition. La troupe ne s'amusa point à ramasser la dépouille de l'ennemi. Nous continuâmes à le poursuivre ; des obstacles se présentèrent encore ; ils furent franchis comme les premiers. Les Arabes entièrement en déroute se retirèrent sur le village nommé El-Hawaber, dans la province de Mansourah ; nous étions décidés à ne point leur donner de relâche, lorsqu'une digue rompue et la chute du jour arrêtèrent notre marche.

« Nous passâmes la nuit dans cette position.

« Le 9, après avoir reconnu qu'il nous était impossible de les poursuivre à cause de la crue des eaux, nous nous retirâmes, ramassant les moutons et autres bestiaux que nous avions pris la veille ; nous n'avons pu en ramener qu'environ 5 000, tant chameaux que moutons ou ânes ; nous avons été obligés d'en faire tuer au moins autant, ne pouvant les faire suivre. Environ 100 Arabes sont restés sur le champ de bataille, une quantité prodigieuse s'est noyée ou enfouie dans les marais, dans laquelle beaucoup de femmes. De ce rassemblement, il ne s'est sauvé qu'environ 50 hommes avec quelques chameaux.

« Nous sommes rentrés à Mit-Gamar à 8 heures du soir, fatigués comme nous ne l'avons jamais été. Les soldats sont sans souliers et sans culottes, ils les ont laissés dans les marais ; jamais marche ne fut aussi pénible ni aussi hardie[17]... »

Bonaparte jugea pourtant les résultats de l'expédition insuffisants. « Il paraît, écrivait-il à Murat, le 4 octobre, que vous avez fait beaucoup de mal aux Arabes de Derne, mais pas encore autant que ces coquins le méritaient[18]... »

Avant même d'avoir reçu de nouvelles instructions, Murat s'était une deuxième fois porté contre les pillards. « Je suis parti, indiquait-il à Bonaparte le 5, dans la nuit du 11 au 12 vendémiaire [*du 2 au 3 octobre*] avec le général Lanusse et suis arrivé à El-Mandarah où j'ai appris que leur camp est à deux lieues et demie dans l'intérieur des terres et au milieu des eaux. Alors, sans hésiter, n'écoutant que le cri de la vengeance, nous avons marché droit à ces brigands ; les mêmes obstacles se sont présentés, ils ont tous été surmontés avec le même courage et, après une marche de deux heures et demie dans les eaux et marais jusqu'à la ceinture, nous nous sommes emparés de leur camp, de leurs nombreux troupeaux, tentes, équipages, ânes et quelques chameaux et un jeune cheval. Quelques Arabes, qui n'ont pu éviter la poursuite de nos ardents tirailleurs, ont été tués. Je n'ai eu personne de tué ni de blessé, ces lâches assassins prenant la fuite au seul nom des Français. Je puis vous assurer que maintenant la terreur est parmi ces brigands[19]... »

Réponse de Bonaparte : « Tant que vous n'en

aurez pas tué ou fait prisonniers 5 ou 600, ces gens-là ne seront pas soumis. »

Les succès de Murat restaient en effet incomplets : refoulées et dispersées, les bandes arabes se reconstituaient presque aussitôt et grâce à quelques coups de main contre des villages, reformaient les troupeaux que les Français leur avaient enlevés. « Les Arabes, écrivait Bonaparte au Directoire, sont à l'Égypte ce que les Barbets sont au comté de Nice, avec cette grande différence qu'au lieu de vivre dans les montagnes, ils sont tous à cheval et vivent au milieu des déserts. Ils pillent également les Turcs, les Égyptiens et les Européens. Leur férocité est égale à la vie misérable qu'ils mènent exposés des jours entiers dans des sables brûlants, à l'ardeur du soleil, sans eau pour s'abreuver. Ils sont sans pitié et sans foi. C'est le spectacle de l'homme sauvage le plus hideux qu'il soit possible de se figurer[20]. »

Murat risquait de s'épuiser dans ce type d'escarmouche où son goût du panache ne pouvait se donner libre cours. Heureusement pour lui, les opérations prennent une ampleur nouvelle à la suite de la rupture des relations entre la France et Constantinople. Le désastre de la flotte française à Aboukir détermina la Porte, jusque-là cantonnée dans une attitude prudente, à déclarer la guerre à la France, le 9 septembre 1798. Le manifeste turc dénonçait l'invasion de l'Égypte comme la preuve flagrante des intentions hostiles du Directoire. Pour prévenir une offensive et sortir de l'impasse où il se trouvait, Bonaparte décida d'attaquer la Syrie que gouvernait, au nom du sultan mais de façon très indépendante Ahmad Pacha, surnommé Djazzar le boucher en raison de sa cruauté. C'était le plus sûr moyen de mettre l'Égypte à l'abri d'une attaque par la terre. Dans sa relation de la campagne, Berthier explique que Bonaparte « jugea que si la Porte cédait aux suggestions de ses ennemis naturels [*Russie et Angleterre*], il y aurait une opération combinée contre l'Égypte et qu'il serait attaqué par mer et par la Syrie. Il n'y avait pas un moment à perdre pour prendre un parti. Marcher en Syrie, détruire les préparatifs de l'expédition contre l'Égypte dans le cas où la Porte se serait unie aux ennemis de la France ; lui rendre au contraire la nomination du pacha de Syrie et son autorité primitive dans cette province, si elle restait l'amie de la République ; revenir en Égypte aussitôt après pour battre l'expédition par mer, expédition qui, vu les obstacles qu'opposait la saison, ne pouvait avoir lieu avant le mois de messidor [*juin*] : tel est le plan auquel Bonaparte s'arrête et qu'il va exécuter[21] ».

Murat est de l'expédition.

En préliminaire, il est envoyé avec une petite colonne, le 10 janvier, pacifier l'une de ces tribus arabes qui, établies entre Le Caire et la mer Rouge, pouvaient couper les communications de l'armée française avec l'Égypte lorsque Bonaparte s'enfoncerait en Syrie.

Le manque d'eau empêcha Murat d'obtenir les résultats escomptés. Quatre jours après son retour au Caire, il dut repartir détruire le camp des Arabes Haouytat. « Il obligera, disaient les instructions, tous les villages qui auraient des bestiaux à ces Arabes de les livrer ; il se fera désigner les deux villages qui appartiennent au cheik des Haouytat ; il prendra tous les bestiaux, brûlera la maison du cheik des Haouytat et lui fera tout le mal possible[22]... »

Le 23 janvier, nouvelle mission de destruction d'un village. Murat excelle de plus en plus dans ces raids de représailles sans pourtant parvenir à purger le pays de ses pillards.

Enfin, le 10 février 1799, il quitte Le Caire dont il a pu goûter pendant une brève période les délices pour prendre avec Bonaparte la route de la Syrie. Une nouvelle fois il est à l'avant-garde, sous les ordres de Kléber. Le fort d'El Arish tombé, un désert franchi, et voici Gaza que défend l'armée d'Abdallah. En l'apercevant, Murat, raconte Doguereau dans son journal, fit déployer sa cavalerie en bataille, en arrière du ravin. Intimidés, Turcs et Arabes se replient, laissant Gaza aux mains des Français. Le 2 mars, les troupes de Bonaparte investissent Ramleh ; le 3, elles sont en vue de Jaffa. Murat ne fut pas de la prise de la ville ni de l'exécution des prisonniers turcs. La cavalerie se contenta de protéger les alentours pour prévenir l'arrivée d'une armée de secours.

La chute de Jaffa assurait à l'armée un important matériel de guerre et d'abondants approvisionnements. La progression reprit malgré l'apparition de la peste. A Kakoun, le 15 mars, Murat chargeait en tête avec ses cavaliers, mais le combat tourna court ; Djezar se déroba. Il attendait les Français à Saint-Jean-d'Acre.

Comme l'écrit Jean Lucas-Dubreton, « le siège n'est pas l'affaire d'un cavalier ». Selon le même auteur, Murat aurait fait dresser sa tente sur une éminence dominant la ville. « Là, il retrouve un peu de la bonne vie du Caire : tapis épais, tabac parfumé, vin de Smyrne, il reprend goût aux douceurs orientales, se couche déshabillé, et comme on le met en garde contre une pareille imprudence, il répond avec rondeur : "Je monterai à cheval en chemise. Ainsi mes hommes me distingueront mieux dans l'obscurité[23]". »

Bonaparte l'envoie reconnaître les environs de Safed, ancienne forteresse du Temple, mais, pressé de retrouver les voluptés de l'Orient, Murat rentre trop vite au camp, sans remarquer l'armée de secours envoyée par le pacha de Damas qui est en train de franchir le Jourdain à Benat-Yacoub. « Je n'ai absolument rencontré personne, pas même un Arabe ; cela nous a paru d'autant plus surprenant qu'ils infestent en grand nombre tous ces pays ; on m'a assuré qu'à la nouvelle de mon arrivée à Ramah et de ma marche sur Safed, ils avaient tous passé le pont et s'étaient retirés épars dans les montagnes vers Damas ; hier au soir, j'y ai effectivement aperçu plusieurs feux[24]. » Naïf Murat. C'était l'armée de secours. Mais il faut dégager en partie sa responsabilité. Bonaparte lui donna trop tôt l'ordre de rentrer après avoir abandonné la garde du château au cheik Mustapha et à une compagnie de maugrabins[25]. Dans le même temps il envoyait Junot à Nazareth. L'effet de surprise fut total pour les Français qui se trouvèrent pris à revers au moment où ils lançaient un nouvel assaut contre Saint-Jean-d'Acre alors que Junot, trop avancé, était encerclé à Nazareth.

Tandis que Kléber recevait mission de dégager ce dernier, Murat reprenait, dans la nuit du 13 au 14 avril, le chemin de Safed, libérait la forteresse, s'emparait du camp ennemi, volait au secours de Junot, prenant Tibériade au passage, et arrivait au moment même où Kléber, le 16 avril, au Mont-Thabor, dispersait mamelouks, janissaires et Arabes.

Jacques Miot, commissaire des guerres, a laissé dans ses *Mémoires*[26], un vivant récit de cette suite d'exploits dont les lieux s'appellent Cana, Nazareth, Mont-Thabor... Exploits, le mot n'est pas trop fort, puisque Chateaubriand lui-même s'exclame dans ses *Mémoires d'outre-tombe* : « Dans ce lieu des miracles, Kléber et Murat renouvelèrent les faits d'armes de Tancrède et de Renaud : ils dispersèrent les populations de Syrie, s'emparèrent du camp du pacha de Damas, jetèrent un regard sur le Jourdain, sur la mer de Galilée et prirent possession de l'ancienne Béthulie[27]. »

Les exploits ne suffisent pas pour faire tomber Saint-Jean-d'Acre. Ravitaillée par les Anglais, la citadelle résiste aux assauts des Français dont les pertes prennent un tour inquiétant. La décision de lever le siège devient définitive le 20 mai. Si Bonaparte a rêvé de s'emparer de Constantinople, il doit maintenant rebrousser chemin. Berthier donne l'ordre de marche : « La cavalerie du général Murat ira se former au-delà de la petite rivière face à Acre ; elle y sera à 8 heures du soir. Le général Murat placera des postes le long de la rivière jusqu'au moulin de Cherdam et enverra à la même heure cent hommes à cheval se placer cinquante pas en avant du camp actuel du général Reynier sur sa droite ; ces cent hommes suivront les mouvements de la division du général Kléber. Le général Murat ne se mettra en marche avec toute sa cavalerie et ne fera évacuer tous ses postes qu'à onze heures du soir[28] ».

De Miot à Desgenettes, de Lavalette à Bourrienne, de Doguereau à Millet, nombreux sont les témoignages sur l'atmosphère de démoralisation qui entoura la retraite de l'armée : une armée qui allait à pied, laissant les chevaux aux malades.

A l'approche du Caire, Murat retrouve ses missions habituelles : il va décimer, le 11 juin, un village, Geziret-el-Bily, qui s'est mal comporté en l'absence de Bonaparte.

Celui-ci n'a guère le temps de souffler après son retour dans la capitale égyptienne, le 14. A peine a-t-il réparti la cavalerie de l'armée en deux brigades : Davout avec le 22ᵉ de chasseurs, les 15ᵉ et 20ᵉ de dragons, Murat avec le 7ᵉ de hussards, les 3ᵉ et 14ᵉ de dragons, qu'il faut reprendre l'offensive. Le 11 juillet, Marmont prévient en effet Bonaparte que, conformément à ses prévisions, une flotte ennemie est en vue d'Alexandrie.

Murat reçoit l'ordre de se rendre au plus vite à Gizeh pour se mettre à la disposition de Bonaparte. La concentration des forces françaises s'opère à El-Rahmânieh. Cependant c'est à Aboukir que débarquent les Turcs sans que Marmont ait pu s'opposer à eux. A Murat le soin de recueillir par des raids de reconnaissance des renseignements sur les forces ennemies.

Les Turcs, après leur débarquement, restent sur la défensive en dépit de l'importance de leurs forces. Il faut donc les attaquer : c'est la solution que choisit Bonaparte. Murat aura l'avant-garde une nouvelle fois.

Dans la nuit du 24 au 25 juillet, Bonaparte aurait fait appeler Murat. Selon Miot, « ils s'entretinrent du combat qui devait se donner le lendemain, et dans cette conversation, Bonaparte s'écria : "Cette bataille va décider du sort du monde !" Le général Murat, étonné, et dont les idées étaient entièrement fixées sur l'importante affaire que le soleil allait bientôt éclairer, lui répondit : "Au moins du sort de l'armée, mais ce qui doit vous rassurer, mon général, c'est qu'il n'y a pas un soldat qui ne sente la nécessité de vaincre et nous vaincrons. L'ennemi n'a pas de cavalerie ; la nôtre est brave, et je vous réponds que, si jamais infanterie doit être chargée par de la cavalerie, les Turcs le seront par la mienne[29]." »

Promesse tenue. La relation de Berthier nous éclaire sur le rôle décisif de Murat. « Le général, qui suivait tous les mouvements, qui commandait l'avant-garde, qui était constamment aux tirailleurs et qui a montré dans cette journée autant de sang-froid que de talent, saisit le moment où le général Lannes lançait sur la redoute les bataillons de la 22e légère et de la 69e pour ordonner à une escouade de charger et de traverser toutes les positions de l'ennemi jusque sur le fossé du fort d'Aboukir. Ce mouvement est fait avec tant d'impétuosité et d'à-propos qu'au moment où la redoute est forcée, cet escadron se trouvait déjà là pour couper à l'ennemi toute retraite dans le fort. La déroute est complète. L'ennemi en désordre et frappé de terreur trouve partout la baïonnette et la mort[30]. » D'après certaines versions de la bataille, c'est Murat lui-même qui aurait capturé le chef de l'armée turque Mustapha Pacha. « A l'instant où le général français venait pour l'arrêter, Mustapha lui tira un coup de pistolet dont la balle l'atteignit au-dessus de la mâchoire inférieure mais ne le blessa que légèrement. Murat, d'un coup de sabre, lui abattit deux doigts de la main droite, et, le faisant saisir par deux soldats, l'envoya au quartier général[31]. »

Dans une lettre à son père, du 28 juillet, Murat évoque cette blessure : « Vous saurez qu'un Turc, et les Turcs ne sont pas ordinairement très galants, m'a fait la gentillesse de me traverser la mâchoire d'un coup de pistolet. C'est vraiment un coup unique et extrêmement heureux, car la balle qui est entrée par un côté, à côté de l'oreille, est sortie directement à côté de l'autre, n'a offensé ni mâchoire, ni langue, ni cassé aucune dent. On m'assure que je ne serai nullement défiguré. Ainsi, dites donc à ces belles, s'il en existe, que Murat, pour ne plus être aussi beau, n'en sera pas moins brave à l'amour. On me fait espérer que dans quinze jours je serai parfaitement en état de reparaître en campagne[32]. »

Récompense du courage ainsi déployé, Bonaparte offre à la brigade de Murat deux canons anglais pris à l'ennemi et propose son chef au grade de général de division. Murat devient le point de mire de l'armée et de la population civile. On trouve jusque dans la chronique de Nakoula-El-Turk un écho de sa renommée.

Murat avait simplement relevé la petite phrase de Bonaparte à la veille d'Aboukir (« cette bataille va décider du sort du monde ») sans en comprendre le sens. Le général en chef songeait déjà au retour, quand Murat ne rêvait que de charger les Turcs. Restait à choisir le moment opportun pour ce retour.

Dans la soirée du 17 août 1799, Bonaparte reçut une lettre de Ganteaume qui l'avertissait que les bâtiments ennemis avaient cessé de croiser au large d'Alexandrie et d'Aboukir. Quelques ultimes décisions sont prises les 19 et 20 août. Le 21, Murat reçoit l'ordre d'embarquer pour la France. A la hâte, il avertit Dugua, sous les ordres duquel il avait servi, et le charge de régler les dettes qu'il laisse derrière lui[33]. Le lendemain, Bonaparte prévenait officiellement Kléber qu'il lui abandonnait le commandement. Il n'emmenait avec lui, outre Monge et Berthollet, qu'une poignée de fidèles, Berthier, Lannes, Marmont et Murat. Celui-ci avait donc retrouvé l'entière confiance de son chef, s'il avait cru la perdre à l'époque où la flotte mouillait à Malte. Il comprend alors ce qu'avait voulu dire Bonaparte dans la nuit qui précéda Aboukir et il découvre que, plus que jamais, la suite de sa carrière est liée à la fortune du général en chef de l'armée d'Égypte.

CHAPITRE IV

Brumaire ou les premiers signes de la fortune

Le 9 octobre 1799, la frégate *La Carrère* arrive en vue de Fréjus, au terme de quarante-cinq jours d'une navigation sans incidents. A son bord Lannes, Marmont et Murat, soulagés d'avoir échappé à la flotte anglaise. Le général Bonaparte est sur *La Muiron* qu'accompagne *La Carrère*. Pas question d'imposer aux deux navires la quarantaine en vigueur pour tout vaisseau venant d'Orient ; qui pourrait se permettre de retenir ainsi le vainqueur d'Aboukir alors que la situation semble exiger un retour immédiat ? « Nous aimons mieux la peste que les Autrichiens », scandent les habitants de Fréjus. La popularité de Bonaparte est en effet énorme, à considérer les manifestations d'enthousiasme dont il est l'objet à Avignon ou à Nevers.

A Paris, fêtes et réceptions se succèdent. Elles dissimulent la partie politique serrée qui se joue alors. Conversations et pourparlers mettent en présence généraux et hommes politiques : Bernadotte, Sérurier et les officiers de la garnison de Paris, Talleyrand, Fouché, Rœderer, Sieyès et

Roger Ducos, deux des directeurs sont ainsi reçus par Bonaparte, lequel dîne avec deux autres directeurs, son ancien protecteur Barras, l'homme fort du régime, et Gohier, beaucoup plus effacé mais que l'on ne peut négliger. Il faut, reconnaissent tous les interlocuteurs, sortir de l'impasse où la République se trouve acculée par le fonctionnement défectueux d'une constitution rédigée à la hâte par les thermidoriens en 1795. Mais comment ? Et pour établir quel régime ? Ici les opinions divergent. Le plus précis et le plus cohérent est Sieyès qui propose un coup d'État parlementaire aboutissant au renversement du Directoire et à la mise en place d'une nouvelle constitution dont il a déjà rédigé le texte, une constitution qui garantirait les conquêtes de la Révolution. Pour réussir, il importe d'intimider les deux conseils, Cinq-Cents et Anciens, qui forment le pouvoir législatif, et de tenir en respect les généraux jacobins toujours sourcilleux sur la légalité républicaine. Sieyès a donc besoin d'un sabre. Pourquoi pas Bonaparte ? Celui-ci, après plusieurs jours d'hésitation, se laisse gagner par les idées de Sieyès, probablement le 1er novembre.

Un plan est minutieusement établi : Sieyès fera le vide à la tête de l'exécutif, en remettant sa démission ainsi que celle de deux autres directeurs, afin de paralyser le fonctionnement de la Constitution et de contraindre les conseils non à une révision de la Constitution, légalement impossible avant un délai de neuf ans, mais à la proclamation d'une nouvelle constitution reflétant les idées de Sieyès. A Bonaparte revient le soin, en laissant traîner son sabre, de contenir les faubourgs parisiens, suspects de sympathies jacobines, et d'impressionner les députés récalcitrants.

Le 9 novembre, journée plus connue sous sa date révolutionnaire du 18 Brumaire, Bonaparte est nommé commandant de la place de Paris.

La garnison comprenait un peu plus de 7 000 hommes, trois demi-brigades d'infanterie, les 6e, 79e et 96e, les 8e et 9e de dragons, le 21e de chasseurs avec quelques détachements d'artillerie et le dépôt de la 9e légère. S'y ajoutaient les grenadiers assurant la garde du Directoire et des conseils, les compagnies de vétérans et près de 200 gendarmes [1].

Murat et les officiers formant l'entourage de Bonaparte avaient déjà reçu mission de gagner au général, avant même sa nomination, officiers et soldats de la garnison. Ce fut sans difficultés. Solde en retard, nourriture médiocre, équipements insuffisants, les hommes ne cessaient de pester contre un gouvernement bavard et mauvais payeur. Bonaparte leur apparaissait comme le sauveur. Il était des leurs et comprenait leurs problèmes. Notons que le 9e de dragons, le plus intrépide, avait pour colonel Sébastiani, et que Murat avait conservé des liens avec le 21e de chasseurs, son unité d'origine. Des généraux comme Sérurier, Macdonald ou Lefebvre venaient même offrir spontanément leurs services à Bonaparte.

Aussitôt nommé au commandement de la place, Bonaparte répartit ses troupes jusque-là concentrées au Luxembourg et aux Tuileries[2]. Tandis qu'il maintenait Lefebvre auprès de lui et envoyait Macdonald à Versailles, il confiait à Lannes le gouvernement des Tuileries, à Berruyer celui des Invalides, et à Murat, avec les chasseurs du 21e, la garde du Palais-Bourbon. Un ordre du jour placardé dans les rues de Paris avertissait les habitants de la nomination de Bonaparte, lequel lançait une double proclamation au peuple et à l'armée.

Ainsi, au soir du 18 Brumaire, le levier militaire est en place. Bonaparte peut compter sur la fidélité des Murat, Lannes et autres Macdonald. Dans le même temps, Sieyès et Roger Ducos ont remis leur démission de directeurs. Barras, convaincu par Talleyrand, les a imités après quelques hésitations. Les deux récalcitrants, Gohier et Moulin, qui n'ont rien compris, sont sous bonne garde. Il n'y a plus de Directoire. Le vide de l'exécutif frappe de caducité la Constitution. Les conseils sont transférés hors de Paris, à Saint-Cloud (moyen sûr d'éviter les manifestations populaires) pour être informés de la situation. La première partie du coup d'État a été exécutée sans difficultés.

Restait à convaincre les conseils. La tâche paraissait si facile que « le sort de la deuxième journée fut abandonné au hasard des inspirations individuelles, à l'indication des circonstances, à la fatalité propice, à l'impulsion donnée qui paraissait devoir tout emporter... » « Ce fut, note A. Vandal, une grave imprudence. Tandis que Bonaparte se reposait à tort sur les parlementaires du soin d'achever le succès par des expédients de séance et de tribune, les parlementaires commettaient une égale erreur en se fiant uniquement au prestige du chef militaire, à son ascendant sur les troupes, à sa puissance de fascination, pour contenir et mater les dissidences[3]. »

On sait ce qu'il advint, le 19 Brumaire. Bonaparte fut peu convaincant devant les Anciens, pourtant acquis au complot dans leur majorité.

Les Cinq-Cents, où figurait un groupe important de jacobins, s'étaient étonnés de devoir siéger hors de Paris, au château de Saint-Cloud ; ils s'étaient inquiétés aussi des mouvements de troupes qui, dès le matin, avaient conduit une partie de la garnison, dont l'unité que commandait Murat, sur les lieux mêmes des débats.

Devant eux, Bonaparte ne sait pas trouver les mots rassurants. L'Assemblée est surexcitée ; elle accueille fort mal le général. Les cris de « A bas le dictateur ! A bas le tyran ! » retentissent. On en vient aux mains dans les travées. Bonaparte est entouré, pressé, bousculé par les députés. Pas de poignards levés mais des coups de poing, des habits déchirés, la violence physique à mains nues. Devant le danger, les officiers qui forment l'escorte de Bonaparte, dont Murat, interviennent et dégagent leur chef tandis que retentit parmi les députés le cri de « hors-la-loi ! ». La confusion est à son comble. Lucien Bonaparte en tire habilement parti pour retarder le vote de la mise hors la loi de son frère que demandent avec de plus en plus d'insistance les membres du conseil qui ne sont pas du complot et ne goûtent guère l'intrusion de militaires dans le lieu de leurs débats. Il dépose finalement ses insignes de président et de représentant pour gagner du temps.

A l'extérieur, Murat, Leclerc, Sérurier sont partout, excitant les soldats : « Les députés ont voulu assassiner votre général ! » Survient Lucien qui harangue les grenadiers qui gardent le Corps législatif. « Le président du conseil des Cinq-Cents vous déclare que l'immense majorité de ce conseil est pour le moment sous la terreur de quelques représentants à stylets qui assiègent la tribune, présentent la mort à leurs collègues et enlèvent les délibérations les plus affreuses. Je vous déclare que ces audacieux brigands, sans doute soldés par l'Angleterre, se sont mis en rébellion contre le conseil des Anciens et ont osé parler de mettre hors la loi le général chargé de l'exécution de son décret. Je vous déclare que ce petit nombre de furieux se sont mis eux-mêmes hors la loi par leurs attentats contre la liberté de ce conseil. [...] Je confie aux guerriers le soin de délivrer la majorité de leurs représentants. Généraux, et vous soldats, et vous tous, citoyens, vous ne reconnaîtrez pour législateurs en France que ceux qui vont se rendre auprès de moi. Quant à ceux qui persisteront à rester dans l'Orangerie, que la force les expulse [4] ! »

Derrière les grenadiers se fait sentir la poussée des hommes de Lefebvre ; la ligne des troupes frémit mais hésite encore tant est grand le respect de la légalité. Soudain les officiers lèvent leur sabre, les tambours battent la charge. C'est Murat qui surgit ; il a formé une colonne de grenadiers et commande qu'on le suive. Il entraîne les hommes au pas de charge ; il force les portes de l'Assemblée, se dirige vers la tribune sous les injures des députés et déclare d'une voix forte : « Citoyens, vous êtes dissous ! » La formule est reprise par les officiers qui l'entourent tandis que les tambours couvrent de leur roulement les imprécations des députés. Un nouveau groupe de grenadiers, sous le commandement de Leclerc, a rejoint Murat. « Grenadiers en avant ! », s'écrie l'un des officiers et Murat de reprendre plus crûment : « Foutez-moi tout ce monde-là dehors ! » Les baïonnettes ont vite raison de la timide résistance des représentants du peuple.

Dans le coup d'État de Brumaire, Murat a joué un rôle décisif. Un moment d'hésitation, comme au 13 Vendémiaire, et tout était perdu. Il a su entraîner les grenadiers un peu intimidés par le prestige – tout relatif – des élus de la nation, et balayer les opposants, sans se soucier des cris de « hors-la-loi ! » Il a chargé comme sur un champ de bataille et c'est cette charge, où il a été secondé par Leclerc et Lefebvre, qui fut déterminante quand le stratège de l'opération se contentait de se labourer le visage avec les ongles, brisé par le désespoir et l'angoisse.

Mais Bonaparte s'est vite ressaisi. Paradoxalement, c'est lui qui devient, en raison de cette intervention non prévue des troupes, le véritable maître du jeu, reléguant Sieyès dans la coulisse.

L'heure des récompenses a sonné. Murat est nommé, le 30 novembre 1799, commandant en chef et inspecteur de la garde des consuls. Il obtient plus encore : la main de Caroline, sœur du Premier consul. Il entre ainsi dans la famille Bonaparte.

C'est à Monbello en effet que Murat avait rencontré pour la première fois Marie-Annonciade Bonaparte, née à Ajaccio le 25 mars 1782, et rebaptisée par son frère Napoléon Caroline, en souvenir, dit-on, d'une jeune fille de Valence dont il s'était épris. La nouvelle Caroline avait suivi sa famille dans ses tribulations corses puis méridionales. « Elle aida, autant que le lui permettait son jeune âge, sa mère et ses sœurs dans les menues occupations de leur chétif ménage. Il n'y avait point de place, au milieu de ces soins vulgaires, pour l'instruction et l'éducation ; la signora Letizia, au reste, était bien incapable de les donner, n'en ayant elle-même pas plus qu'il ne lui en fallait, et la vie de ses trois filles le prouve surabondamment[5]. »

Vendémiaire, en raison de la fortune subite de leur frère, permit aux filles Bonaparte de sortir de la médiocrité à laquelle elles semblaient vouées.

A la fin du mois de mai 1797, Mme Bonaparte, soucieuse de faire accepter au général en chef de l'armée d'Italie le mariage de sa fille Élisa avec un petit officier corse sans grande envergure, Bacciochi, était partie pour l'Italie, malgré les incertitudes du voyage, et avait rejoint son fils à Monbello, le 1er juin. Élisa, Pauline et Caroline étaient du voyage. C'est là que furent décidés les mariages de Pauline avec Leclerc et d'Élisa avec Bacciochi.

Autour du général Bonaparte gravitait dans ce château des environs de Milan – ancienne propriété des Arconati – une véritable cour formée d'ambassadeurs, d'hommes politiques italiens et de généraux français.

Caroline s'y fit remarquer. Elle était alors dans tout l'éclat de ses quinze ans : « De jolis bras, nous dit-on, de petites mains exquises de forme et de blancheur, de petits pieds *ritondotti*, une peau éblouissante, de belles dents, des épaules très blanches, mais trop rondes, la taille menaçant de devenir un peu forte [*mais ce n'était pas alors un défaut, relisons* Lamiel *de Stendhal*] [6]... » Elle était vive, enjouée, séductrice... Pourquoi se laissa-t-elle impressionner par Joachim plutôt que par d'autres officiers ? Les mystères du cœur échappent toujours – hélas – aux historiens, contrairement aux mécanismes de l'économie ou aux hiérarchies des sociétés. Il semble que les deux jeunes gens aient assez vite filé le parfait amour au point que Bonaparte, pour sauver, s'il n'était pas trop tard, la vertu de sa sœur, aurait envoyé Murat en Suisse pacifier – on l'a vu – la Valteline. La mission était donc un moyen commode d'éloigner un encombrant soupirant, si l'on en croit certains biographes malintentionnés.

Quant à Caroline, elle prit le chemin de Rome où Joseph, son frère aîné, venait d'être nommé ambassadeur auprès de la papauté. Une ambassade qu'écourta la mort dramatique du général

Duphot. Caroline dut se réfugier avec Joseph à Florence puis regagner Paris. Dans de telles conditions, on peut penser que son éducation laissait à désirer. Il fallut la mettre en pension chez Mme Campan, dont l'enseignement était réputé. Elle y retrouva Hortense, la fille de Joséphine. Les relations furent franchement mauvaises. Écoutons le témoignage d'Hortense : « Je comptais beaucoup me lier avec Caroline Bonaparte, à peu près du même âge que moi et d'un caractère que je ne doutais pas devoir convenir au mien. Si l'intimité n'exista pas entre nous, ce fut la faute du général. Il me proposait trop souvent comme modèle à sa sœur et faisait trop valoir mes faibles talents à ses yeux. Mais ce qui l'affligea surtout, ce fut de la mettre avec moi chez Mme Campan. Vainement je m'efforçai de lui persuader que rien n'était plus heureux que la vie occupée de Saint-Germain, que les plaisirs qu'on y goûtait valaient bien ceux de Paris. J'avais de la peine à la convaincre. Caroline connaissait déjà le monde et s'y plaisait. Enfin, malgré ses pleurs, il fallut obéir au général. Je pris beaucoup de soins pour lui rendre supportables les premiers moments de son arrivée. J'expliquais le retard de ses études en le rejetant sur ses longs voyages. Je faisais valoir ce qu'elle savait. Je retouchais ses dessins pour qu'elle pût obtenir un prix. Jamais pourtant je ne gagnai son cœur. Son éloignement pour moi la porta même à d'injustes plaintes. Elle m'accusa auprès du général de briller sans cesse à ses dépens et d'être la cause de petites humiliations que lui faisaient éprouver nos compagnes. Sensible à un procédé que j'étais loin d'avoir mérité, je voulus m'en expliquer avec elle. Sa franchise me désarma, elle convint de ses torts, me confia qu'elle aimait le colonel Murat, et qu'elle avait employé tous les moyens de retourner à Paris. Sa confiance me toucha ; dès ce moment, l'union se rétablit entre nous [7]. » En réalité l'hostilité de Caroline ne devait pas désarmer ; elle fut la principale adversaire du clan Beauharnais.

Une brève sortie pour le retour d'Égypte du général Bonaparte permit à Caroline de revoir Murat, mais elle dut reprendre, deux jours avant le coup d'État, le chemin du pensionnat. Dans la nuit du 19 brumaire, des grenadiers vinrent réveiller les pensionnaires de Mme Campan. Murat faisait ainsi prévenir sa bien-aimée de la réussite de l'opération. Ce fut l'embrasement, si l'on en croit les contemporains : le cœur de Caroline n'aurait plus battu que pour le beau cavalier, devenu le principal lieutenant de son frère.

Murat hésitait à demander sa main. « Il ne pouvait s'empêcher de penser que, si sa demande n'était pas agréée, sa situation deviendrait difficile et gênante vis-à-vis du Premier consul, et il ne voulait s'avancer qu'à coup sûr. Dans sa perplexité, il était allé trouver M. Collot [*un financier*] qui était de bon conseil en toutes choses et que l'intimité de ses relations avec Bonaparte avait initié dans tous les secrets de sa famille. M. Collot l'encouragea dans son projet et l'engagea fort à aller au plus tôt – car il y avait d'autres prétendants – présenter lui-même officiellement sa demande au Premier consul[8]. » Ce que fit Murat.

Bonaparte commença par éluder. Lannes avait fait une demande identique et le Premier consul l'eût préféré comme beau-frère. Mais le général venait de se séparer de sa femme et Bonaparte ne pouvait se défendre d'une curieuse aversion à l'égard des divorcés. Songeait-il à donner la main de Caroline à Moreau encore célibataire ? C'est possible. On a même parlé d'Augereau. Quoi qu'il en soit, il réunit un conseil de famille le soir même de la demande de Murat. Joséphine défendit vigoureusement la cause de ce dernier, rappelant la bataille d'Aboukir où il s'était illustré et son intervention lors du 19 brumaire. La dette de Bonaparte envers lui était grande. Rentré dans son cabinet de travail, le Premier consul aurait confié à son secrétaire Bourrienne : « Toute réflexion faite, Murat convient à ma sœur, et puis on ne dira pas que je suis fier, que je cherche de grandes alliances. Si j'avais donné ma sœur à un noble, tous vos jacobins auraient crié à la contre-révolution. D'ailleurs je suis bien aise que ma femme se soit intéressée à ce mariage-là, vous en devinez les raisons[9]... » Avait-il cru un moment aux racontars sur une liaison entre Joséphine et Murat lors de la mission de ce dernier à Paris en 1796 ? Il semble que Joséphine ait surtout cherché à s'assurer un allié contre le clan des Bonaparte.

Le contrat fut passé devant les notaires Pérignon et Raguideau le 18 janvier 1800. D'un côté Joachim Murat et sa mère appelée Jeanne Loubières, de l'autre Marie Letitie Ramolini (*sic*) demeurant rue d'Érancis et parlant pour « Marie-Annonciate Bonaparte, mineure », Napoleone (*sic*) Bonaparte, Premier consul de la République française, Joseph Bonaparte, ancien ministre plénipotentiaire de la République française à Rome, Lucien Bonaparte, ministre de l'Intérieur, et Louis Bonaparte, chef de brigade, « tous les quatre frères de ladite dame Annonciate Bonaparte[10] ».

Il était stipulé à l'article I qu'il n'y aurait aucune communauté de biens entre les futurs époux. « Par suite du précédent article, chacun jouira séparément et à divis des biens de toute nature qui lui appartiennent et lui appartiendront à quelque titre que ce soit, la future épouse demeurant irrévocablement autorisée à faire tous les actes d'administration et généralement tout ce que les femmes séparées de biens ont le droit de faire. »

La dot de la jeune épouse était de 40 000 francs, ce qui paraît peu, mais les espérances étaient si grandes... La présence des témoins l'atteste : tous les Bonaparte, Joséphine, Fesch, et pour Murat Bessières, plus tard duc d'Istrie, mentionné comme cousin du futur époux dans le contrat.

Le lendemain, Joachim, tout à sa joie, écrit à son frère : « Je m'empresse de t'annoncer, mon cher frère, que je pars pour une terre du consul Bonaparte où je dois épouser demain sa sœur. Le contrat a été passé et signé hier soir. Fais-le savoir à mes sœurs. Je ferai en sorte de venir dans quelque temps d'ici vous voir. Dis bien surtout à ma mère que je meurs d'envie de la voir et de l'embrasser bien tendrement. Dis-lui que ma femme se fait une fête de la connaître et de lui donner le doux nom de mère. Adieu. Demain je serai le plus heureux des hommes ; demain je posséderai la plus aimée des femmes[11]. »

Le mariage eut lieu dans le temple décadaire du canton de Plailly, en Seine-et-Marne. Les témoins de Murat étaient Bernadotte et Calmelet, homme de loi, ceux de Caroline, Louis Bonaparte et le général Leclerc. En raison des circonstances, le mariage religieux ne fut célébré que le 4 janvier 1802, en même temps que celui de Louis et Hortense, par le cardinal Caprara, dans l'intimité.

On a dit que Murat n'avait épousé Caroline que pour mieux lier son sort à la fortune du Premier consul. Pure calomnie. Ses lettres prouvent qu'il était, en 1799, amoureux fou de sa « chère petite Caroline ». Passion partagée, on l'a vu. Les feux de la passion s'éteindront par la suite : pour l'instant les flammes atteignent une belle altitude.

Murat quitte son logement de la rue des Citoyennes (l'actuelle rue Madame) et vient s'installer aux Tuileries. Dans le même temps, il acquiert une maison de campagne aux environs de Paris, grâce à une largesse du Premier consul qui compense ainsi la dot un peu étriquée de Caroline. Murat se prépare à y filer le parfait amour avec sa compagne. Un voyage de noces est même prévu dans le Lot. Mais la guerre reprend ses droits. C'est à nouveau l'Italie.

CHAPITRE V

L'expérience italienne

Le coup d'État de Brumaire n'avait pas mis fin à la guerre extérieure. La situation restait préoccupante. Alors que l'Angleterre conservait la maîtrise de la mer, deux armées autrichiennes menaçaient la France. La première, en Allemagne, faisait peser un péril redoutable sur la frontière rhénane ; la seconde, en Italie, entreprenait déjà de passer les Alpes et ses avant-gardes atteignaient Nice. Donnant à Moreau le commandement de ses meilleures troupes, soit plus de 100 000 hommes, Bonaparte chargea son rival en gloire militaire de contenir les Autrichiens sur le Rhin. A l'armée d'Italie, il opposa dans un premier temps Masséna, qui venait de remporter l'éclatante victoire de Zurich en septembre, avec pour mission de fixer les forces ennemies devant Gênes le plus longtemps possible pour permettre à Bonaparte de lever une troisième armée, dite armée de réserve, qui viendrait prendre les Autrichiens à revers.

Murat fut nommé, le 20 avril 1800, lieutenant

du général en chef de cette armée forte de 6 divisions. Il assurait le commandement de la cavalerie.

C'est à Dijon qu'il se rendit aussitôt pour opérer les premières concentrations. La situation était dramatique : pour former l'armée de réserve, il avait fallu vider les dépôts, rappeler des troupes stationnées dans les départements de l'Ouest, créer de toutes pièces une légion italienne. L'artillerie était insuffisante, la cavalerie s'annonçait médiocre. Les premiers rapports de Murat sont pessimistes. Bonaparte se plaindra à Berthier, général en chef, que Murat n'ait prévu ni commissaires des guerres ni chefs d'administration « de sorte qu'on ne sait comment vivre [1] », mais Murat ne pouvait faire mieux dans l'état d'improvisation où fut constituée l'armée de réserve.

Et pourtant cette armée, échelonnée de Chalon à Lyon, prend forme. Il est temps, d'ailleurs, car le général autrichien Mélas passe à l'offensive.

Le 12 mai, Murat assiste le Premier consul lors de la revue des troupes. Entre le 15 et le 23 mai, l'armée franchit le Saint-Bernard dans des conditions épouvantables. Impossible de faire passer l'artillerie, à l'exception d'une dizaine de canons, la route étant contrôlée par le fort de Bard quasi imprenable. La cavalerie, avec Kellermann à sa tête et Duvignau en arrière-garde, éprouva les pires difficultés pour emprunter le sentier qui permettait d'échapper au feu des assiégés du fort.

Une fois entrée au Piémont, la cavalerie retrouve toute son importance, d'autant que l'artillerie est restée bloquée dans les Alpes. Murat occupe Santhia, pénètre le 27 mai dans Verceil et s'empare de Novare, le 29. Le général Festenberg s'était replié derrière le Tessin qu'il entendait défendre. Sa puissance de feu rendait la traversée difficile. Néanmoins, Murat parvient, avec la complicité des habitants qui lui fournissent quelques barques soustraites aux réquisitions autrichiennes, à forcer le passage, à Galliate, le 31. Murat rend compte, de Buffalora, au Premier consul : « Je m'empresse de vous annoncer, citoyen général, que l'avant-garde de l'armée a effectué hier le passage du Tessin, en avant de Turbigo, et qu'elle a complètement battu l'ennemi dans ce village. Ce matin elle a marché sur Buffalora où elle se réunira, étant obligée de passer toutes les troupes sur de petites barques ; néanmoins, dès que j'aurai un peu de cavalerie, je marcherai sur Milan. Comme je présume que mon mouvement, c'est-à-dire le passage du Tessin, aura forcé l'ennemi à abandonner ses positions sur Varèse, Arona et Sesto, je vous adresse avec confiance ma lettre à Varèse, persuadé que votre avant-garde a dû y arriver hier au soir ou ce matin. Je vous ai déjà écrit trois ou quatre fois, il me tarde beaucoup de vous donner la main. L'ennemi est en pleine retraite sur Milan, on croit même sur Pavie ; alors il est sûr qu'il se jette derrière le Pô. Salut et fraternité[2]. »

Le 2 juin Murat est à Milan qu'il occupe sans combat avec l'appui des divisions Monnier et Boudet. Y retrouve-t-il ses anciennes amies ? Bien que jeune marié, il semble avoir goûté à Milan les délices que l'on désigne sous le nom de « repos du guerrier ».

Si Bonaparte s'est emparé sans coup férir de Milan, il lui faut maintenant prendre Mélas à revers, en libérant Gênes. Murat reçoit mission d'empêcher l'arrivée de renforts autrichiens en s'assurant le contrôle des deux rives du Pô. Outre la cavalerie, il dispose de la division d'infanterie commandée par Boudet. Il manque toutefois d'artillerie, celle-ci ayant été arrêtée au Saint-Gothard. De durs combats en vue de Plaisance qu'occupe l'Autrichien Mosel lui permettent de se rendre maître de la rive gauche, le 5 juin. Reste Plaisance sur l'autre berge. Murat se décide, le 6 juin, à attaquer la forteresse avant que la garnison de Plaisance n'ait reçu des renforts. Une vingtaine de petits bateaux assurent le passage du fleuve. Avec Boudet, Murat s'empare de la ville et brise une offensive autrichienne venue de Parme. « Je vous ai annoncé, écrit-il à Berthier, que 6 à 700 hommes, partis à marche forcée d'Ancône, se portaient sur Plaisance, et qu'ils étaient destinés à faire la garnison de la citadelle. Eh bien ! mon général, à peine les postes étaient-ils établis, à peine avions-nous eu le temps de reconnaître la ville, qu'on est venu m'annoncer que ma grand-garde, placée sur la route de Parme, était attaquée.

« Je suis aussitôt monté à cheval ; j'ai fait avertir les généraux ; en un clin d'œil, tout le monde a été à son poste. Je me suis mis à la tête des deux bataillons de la 59e demi-brigade, et avec le général Boudet, les grenadiers en tête, commandés par l'adjudant général Dalton, la colonne a été formée en masse et au pas de charge. Nous nous sommes portés sur l'ennemi qui, déjà, faisait replier ma grande garde avec ses canons, j'ai fait détacher quelques tirailleurs sur mes flancs. La fusillade est devenue générale ; leur premier coup de canon m'a enlevé quatre hommes. Ce coup, loin de déconcerter les braves grenadiers de la 59e, n'a fait qu'irriter leur courage ; ils se sont précipités sur les colonnes ennemies, qui ont pris aussitôt la fuite, mais ses canons soutenaient leur retraite. La nuit les favorisait. Voyant enfin qu'ils allaient m'échapper, j'ai ordonné au brave 11e de hussards de les charger. Le brave chef d'escadron Ismert a exécuté son mouvement avec tant d'impétuosité que l'ennemi a été entièrement culbuté ; nous les avons tous fait prisonniers, pris leurs deux pièces de canon, les caissons attelés et un drapeau. Tout ce qui n'a pas été pris est perdu dans les vignes, je les ferai ramasser demain par des patrouilles. Parmi les prisonniers sont 22 officiers et un major. Je rentre à l'instant, mes postes sont établis ; le plus grand ordre règne ici [3]. » Lauriston confirme à Bonaparte l'éclat de cette victoire : « J'ai trouvé le général Murat maître de Plaisance, à la suite d'une journée des plus brillantes [4]. » « Le succès, notent J. Chavanon et G. Saint-Yves, est le plus brillant qu'ait remporté Murat pendant la seconde campagne d'Italie et lui est bien personnel puisque, comme aux précédents combats, il commande en chef [5]. » Pourtant les rapports entre Murat et Napoléon demeurent froids. Napoléon s'obstine à le considérer comme un simple exécutant qui doit rendre compte à Berthier, général en chef de l'armée de réserve. Derrière ce dédain, il y a peut-être de l'irritation devant les nouvelles frasques milanaises de Murat ; un refus aussi de reconnaître chez un autre une initiative heureuse ; tout doit être décidé par le Premier consul.

Le 8 juin, Murat est invité à regagner le gros de l'armée de réserve où il continue à assurer le commandement de la cavalerie. Ses instructions sont les suivantes : « Le général Murat et le général Duhesme, qui, à eux deux, ont 10 000 hommes, suivraient le mouvement de la division Lannes. Ainsi vous presseriez Mélas avec ce corps d'armée. Le général Moncey, avec les Italiens, aurait un corps au-delà de l'Oglio. Un corps bloquerait la citadelle de Milan. Un troisième corps, pour la défense du Tessin, longerait la rive gauche du Pô, toujours à la hauteur de l'armée, ce qui faciliterait les moyens de passer d'une rive à l'autre et enfin, en cas que l'ennemi passât le Pô, ce corps d'armée fuirait devant lui, se réunirait avec tout ce qu'il pourrait y avoir de troupes arrivées à Milan, pour défendre le Tessin. Je serai bientôt à Pavie ; nous nous concerterons ensemble pour ce mouvement[6]. »

C'est que Bonaparte est à la recherche de Mélas. L'affrontement se produit dans des conditions défavorables pour les Français, le 14 juin à Marengo. « J'essayerais en vain, si vous n'en aviez été témoin, de vous peindre la bravoure et l'intrépidité de toute la cavalerie, écrit Murat à Berthier.

Il n'y a pas eu d'escadron qui n'ait eu à soutenir, dans la journée, plusieurs charges de cavalerie ; toutes ont été reçues et données avec le plus grand succès.

« Le général Kellermann, placé à la gauche, a soutenu la retraite de la division Victor avec le plus grand courage ; le général Champeaux, à la droite, se comportait avec la même intrépidité ; au centre, le général Duvignau, de sa personne, n'imitant point ses camarades, et sous prétexte de maladie [*il aurait été en réalité blessé*] avait abandonné sa brigade qui s'est, du reste, parfaitement bien battue. Je dois surtout vous parler du général Kellermann, qui, par une charge faite à propos, a su fixer la victoire encore flottante et vous faire 5 à 6 000 prisonniers ; du chef de brigade Bessières qui, en chargeant à la tête de ses grenadiers, a montré autant de bravoure que de sang-froid, de l'adjudant général César Berthier, qui a été partout également brave, intelligent et actif ; il n'a cessé de rendre les plus grands services dans cette journée et dans toute la campagne [*Murat n'oublie pas qu'il écrit à son frère*].

« La cavalerie a beaucoup souffert ; je dois des éloges à tout le monde. La cavalerie a pris plusieurs drapeaux et plusieurs canons. J'ai eu dans cette journée environ 800 hommes et chevaux hors de combat[7]. » De Murat, Berthier dit à Bonaparte dans son rapport : « Il a eu ses habits criblés de balles. » Mais la bataille eût été perdue sans l'arrivée de Desaix.

Si Murat n'a pas joué un rôle prépondérant à

Marengo, sa réputation ne cesse pourtant de grandir. L'adjudant Brossier écrit dans le journal de la campagne de l'armée de réserve qu'« il a acquis de nouveaux droits à l'admiration générale ». Même en faisant la part d'exagération propre à de tels témoignages, reste que Murat s'impose comme l'un des plus brillants et des plus courageux cavaliers des armées de Bonaparte. Ne reçut-il pas un sabre d'honneur, le 21 juin 1800 ?

Sans doute espérait-il mieux. Un commandement important, par exemple. Mais Bonaparte le boude, peut-être pour les raisons énoncées plus haut. Il semble vouloir tenir à l'écart cet encombrant beau-frère, redouter de le voir s'élever sur le même plan que lui, jalouser un courage physique qui suscite l'admiration du soldat. Finalement, Murat est nommé le 2 août commandant d'une division de grenadiers installée aux portes de Paris. C'est peu. Du moins fait-il contre mauvaise fortune bon cœur. Ses lettres le montrent soucieux du choix de l'emplacement du camp à établir aux alentours de Beauvais. Il réclame une ambulance, un ordonnateur en chef, un directeur des postes, des officiers du génie. Il présente des observations sur l'organisation de cette division destinée à devenir un corps d'élite. Les observations qu'il développe sont intéressantes : nécessité pour chaque compagnie d'avoir un drapeau par bataillon (« ce drapeau est indispensable au camp pour les manœuvres, il l'est encore plus dans l'action, il ranime le courage du soldat fatigué de combattre et quelquefois parvient à fixer la victoire incertaine lorsqu'il est porté par quelques braves dans les rangs ennemis ») ; présence utile d'une musique pour « charmer au repos l'oisiveté du soldat » et l'entraîner lors de l'assaut ; importance enfin du bonnet à poil car, conclut-il, « quel est l'ennemi assez maître de son moral pour ne pas être ébranlé à l'approche d'un corps nombreux de grenadiers que le bonnet grandit d'un pied et lui donne l'air le plus militaire possible[8] ? » On le voit, Murat n'ignore rien des lois de la guerre psychologique.

Le paiement de l'arriéré de la solde traîne, il s'en plaint. Les hommes qui arrivent de Paris sont pour la moitié rongés par des maladies vénériennes, il y a des déserteurs et l'encadrement en officiers et sous-officiers est insuffisant ; nouvelles protestations. Le commissaire aux revues n'a pas encore pris ses fonctions, et Murat de déplorer les désordres de la comptabilité. « Le froid commence à se faire sentir, écrit-il le 23 octobre 1800 ; il serait conséquemment dangereux de laisser les troupes plus longtemps aussi peu vêtues[9]. » Bref, Murat, le bouillant sabreur, se transforme en un administrateur soucieux du bien-être et de la bonne organisation de ses troupes.

En réalité, Murat regarde du côté de la nouvelle armée de réserve en voie de constitution à Dijon depuis que les négociations semblent rompues avec l'Autriche et que la guerre paraît devoir reprendre dans la péninsule italienne. Mais Bonaparte affecte de faire la sourde oreille et Joseph recommande Bernadotte pour le commandement de cette armée. Une telle trahison indigne Murat qui écrit le 13 novembre 1800 à son beau-frère : « Je ne verrai jamais passer tranquillement le pouvoir dans les mains d'un homme qui, au 18 brumaire, était avec ceux qui ont voté la mise hors la loi de ta famille [10] ».

Il obtient gain de cause et se trouve appelé, le 20 novembre, au commandement du corps d'observation. C'est encore insuffisant pour lui. Le corps d'observation du Midi, formé le 27 novembre, sur ordre daté du 20, est destiné à agir en Italie mais il ne fait pas partie de l'armée d'Italie proprement dite. Il constitue un commandement séparé confié à un lieutenant général. Le mot est lâché. Murat ne peut admettre une position subalterne : il doit être général en chef ou placé directement sous les ordres du Premier consul. « Le beau-frère du consul Bonaparte, écrit le 27 novembre Murat à son illustre parent, souffre à tout moment de s'entendre dire : "*votre* armée va rendre de grands services, *votre* armée est fort belle", et cependant on sait qu'il n'est pas général en chef, mais depuis longtemps on l'avait annoncé comme tel. Il n'est pas ici à son aise, daignez l'en retirer le plus tôt possible [11]. »

En attendant, il faut prendre toutes les dispositions nécessaires pour une nouvelle intervention en Italie. Les rigueurs de l'hiver promettent un passage des Alpes particulièrement difficile. Reille est envoyé reconnaître la route du Petit-Saint-Bernard. Arrivé à Genève le 12 décembre, Murat prend des mesures immédiates. Situation difficile, si l'on en juge par sa correspondance avec Paris : les désertions se multiplient, comme précédemment, l'artillerie est embourbée et pratiquement inutilisable ; quant à la solde, elle est comme à l'ordinaire en retard.

Tant bien que mal, Murat parvient à faire franchir les Alpes par ses troupes et rejoint à Milan le général Brune qui commande, lui, l'armée d'Italie, et à l'autorité duquel il entend se soustraire. De là, ses attaques contre le général en chef. Elles se font précises dans la lettre du 1er janvier 1800 où Murat félicite son beau-frère d'avoir échappé à l'attentat de la rue Saint-Nicaise : « Brune a entièrement perdu la tête, il croit devoir être empoisonné à chaque instant, il dit qu'il a de grands ennemis à Paris et que le coup doit partir de là. [...] Il ne commande pas l'armée, chaque général fait à peu près ce qu'il veut, car si on avait passé le Mincio en même temps que le général Dupont et que, parce que la division Delmas n'était pas prête, il n'eût pas donné contre ordre et exposé la division Dupont à être noyée, le général Bellegarde, qui avait pris le change sur l'endroit du passage, eût été forcé de se retirer dans Mantoue avec son armée. [...] Brune ne me donne aucun ordre, je suis ici en attendant les vôtres ; il dit n'avoir aucune destination à me donner, c'est ce que me mande Reille qui est auprès de lui[12]... »

A l'évidence Murat brûle de prendre la place de Brune ou d'acquérir son autonomie. Dans sa lettre du 9 janvier, la flatterie dissimule le mécontentement d'être laissé au second plan : « Je partirai dans quatre jours pour Bologne où mes troupes seront rendues le 30 ; je marcherai de là sur Ancône. J'eusse cependant bien désiré avoir des instructions sur la nature et l'étendue de mon commandement et sur la manière d'y exister. Mon commissaire-ordonnateur n'a pas le sol à sa disposition. Si le pape ou le roi de Naples demandent la paix ou voulaient envoyer un ambassadeur à Lunéville, que dois-je faire [13] ? »

La réponse de Bonaparte arrive enfin ; elle est datée du 13 : « Le corps d'observation fait partie de l'armée d'Italie. Vous devez donc correspondre avec le général en chef et lui rendre compte de toutes vos opérations. » Bonaparte atténue toutefois la sécheresse de cet ordre par un « je vous salue en ami ». Il ajoute en post-scriptum, de sa main : « Faites-vous aimer et n'ayez aucune prétention. » Il excuse également l'impatience et l'irritation de son beau-frère en lui confirmant que Caroline accouchera dans deux jours mais qu'il n'a pas à s'inquiéter.

Pourtant, avec une maladresse qui trahit aussi une incontestable sincérité, Murat revient à l'assaut : « Brune, écrit-il à Bonaparte, m'accable d'égards, il ne fait que me payer de retour, et n'allez pas croire, sur ce que je vais écrire, que j'ai été capable de commettre la moindre indiscrétion sur ses opérations, sur ses principes. Je ne cesse de le louer. Cependant, je dois vous parler de la marche lente et inhabile de l'armée, qui ne va à la victoire que parce qu'elle est encore guidée par votre génie. Elle signale tous ses mouvements par des fautes nouvelles, elle se livre aux plus affreux pillages, tout le pays depuis l'Adda jusqu'à la Brenta est perdu. » Suit un abrégé des opérations de l'armée d'Italie qui est avant tout un réquisitoire contre Brune. Il se termine par cette remarque pleine de naïveté : « Je ne sais si votre intention est de disséminer le corps d'observation et de le rendre par ce moyen de toute nullité ; je vous prie de me donner une réponse par mon courrier ; je suis le seul général sur le compte duquel on garde le silence, et sur qui vous comptez le moins, vous me l'avez prouvé en me refusant le grade de général en chef. Cette idée fera longtemps mon tourment ; mes camarades, qui voient moins bien sans doute, me jugent différemment ; tous, jusqu'à Marmont, ont dit à Vicence, en présence de Reille : "Que n'avons-nous Murat, il mènerait Bellegarde plus rondement que cela[14]." »

Notons toutefois que les reproches de Murat ne sont pas dépourvus de fondement : les mouvements de Brune sont moins brillants qu'à Bergen et le général se révèle un redoutable pillard, il le confirmera par la suite en trafiquant sur les licences d'exportation dans les villes de la Hanse. Alors que Moreau portait les coups décisifs à Hohenlinden, le 3 décembre 1800, Brune, qui devait franchir le Mincio, protégé sur sa droite par Murat, avait traîné en longueur par la faute de Macdonald rendu incapable par le mauvais temps de prendre les Autrichiens à revers[15].

Bon gré mal gré, Murat doit exécuter les ordres.

Il marche sur Bologne, première étape avant Ancône : la ville est occupée par le général Monnier. De là il fonce sur Florence à la demande de Miollis qui craint une manœuvre de diversion de l'armée napolitaine en Toscane. Murat entre dans la ville le 20 janvier 1802. Il apprend la prise d'Ancône par le général Paulet.

A Florence, il doit régler les relations du gouvernement français avec la Toscane, Rome et Naples. Il va faire son apprentissage de négociateur et s'initier aux subtilités redoutables des diplomates italiens.

En Toscane la situation est claire, du moins en apparence. Son souverain, le grand-duc Ferdinand III, s'est en effet retiré en Autriche. L'administration, aux mains de modérés comme Chiarenti, se débat pourtant dans les méandres d'une crise économique due à la fuite de la classe aisée. Devant la menace de troubles sociaux, Murat prend la situation en main et lance une vigoureuse proclamation destinée à rassurer les Toscans : « Peuples de la Toscane, je suis appelé en Toscane pour en prendre le commandement. Je m'empresse d'annoncer aux Toscans que mes premiers soins seront dirigés vers le rétablissement du bon ordre et de la tranquillité, qui ont été momentanément troublés dans ce pays, le plus beau du monde !...

« Toscans ! Vous avez été de tous les temps distingués des autres peuples de l'Italie par la douceur et la bonté de votre caractère, les malveillants en ont profité pour vous égarer, eh bien ! revenez de votre erreur, vous avez été la victime de votre bonne foi, abandonnez les chefs perfides qui vous conduisent à votre perte, il en est temps encore, rentrez au plus tôt dans vos chaumières, reprenez-y le cours de vos occupations, que les jours de paix renaissent partout [16]. » Cette proclamation obtient son plein effet : Florence reste calme.

Du côté de Rome, même ton apaisant. Il s'agit de rassurer le pape en justifiant l'occupation d'Ancône. La lettre de Murat au pape est un chef-d'œuvre d'habileté : « J'ai eu l'honneur de faire connaître à Sa Sainteté, par une proclamation au peuple romain, que j'avais ordre de mon gouvernement de marcher sur Ancône et de m'emparer de cette place, et que je n'avais aucune vue hostile sur ses États. Aujourd'hui un corps de mes troupes est en marche pour aller occuper Ancône qui, aux termes de l'armistice [*signé avec les Autrichiens à Trévise*], doit lui être cédé.

« En réitérant à Sa Sainteté les sentiments pacifiques de mon gouvernement envers ses États, je ne puis m'empêcher de lui déclarer que la marche de l'armée napolitaine en Toscane et son séjour dans les États de Rome peut d'un moment à l'autre me forcer à traverser ses États, si le roi de Naples ne s'empresse pas à venir à un accommodement avec la République française et provisoirement avec moi. Qu'au reste, Votre Sainteté soit donc sans inquiétude sur la marche de mes troupes, soit en Toscane, soit dans la Romagne, les ordres les plus sévères sont donnés pour que les propriétés soient respectées et le libre exercice de la religion [17]. »

Reste le problème de Naples. Le royaume napolitain est l'allié de l'Autriche et, à ce titre, il est intervenu en Toscane pour exercer une pression sur l'arrière de l'armée d'Italie. Les Bourbons de Naples bénéficient de la sympathie du tsar qui a envoyé un ambassadeur extraordinaire, le général Levachof, porter des décorations au roi des Deux-Siciles. Geste symbolique et qui entend dissuader la France d'intervenir à nouveau comme à l'époque du Directoire où elle transformait Naples en République Parthénopéenne. Habilement, Murat intercepte Levachof à Bologne et multiplie à son endroit les égards : bal masqué, illuminations, spectacles, grands dîners. Il « retourne » complètement l'envoyé russe qui se met à faire l'éloge de Murat et de la France.

Avec Naples, les négociations s'ouvrent par l'intermédiaire d'un émigré français, le comte de Damas, qui a laissé de fort intéressants souvenirs. Un armistice serait accepté du côté napolitain ; Murat fait savoir à Napoléon, dans une lettre du 24 janvier, les conditions qu'il a posées : la principale est l'évacuation du territoire romain ; tous les Français détenus dans les prisons napolitaines devront être libérés, les ports du royaume seront ouverts aux navires de la République consulaire [18].

Les négociations traînent, Damas ayant demandé des modifications au projet d'armistice et Murat les ayant refusées.

A Ancône, il reçoit, le 13 février, de nouvelles instructions de Talleyrand. Il semble que l'on se méfiait à Paris des initiatives de Murat. Mais, dans le même temps, lui est enfin accordé ce titre de commandant en chef qu'il réclamait, tandis que le corps d'observation prend le nom d'armée d'observation du Midi. Ce n'est pas que Murat ait enfin forcé la main à son beau-frère, mais – alors que la paix de Lunéville vient d'être signée et que Naples demeure le seul adversaire continental –, il importe d'en imposer à la cour des Deux-Siciles.

Murat, fortifié ainsi dans son autorité, ne pourra conclure un accord avec Naples que sur les bases suivantes :

1. Évacuation des États romains par l'armée napolitaine, Ancône restant en revanche aux Français.

2. Fermeture des ports napolitains aux bâtiments anglais et turcs ; embargo sur ceux qui s'y trouvent déjà.

3. Libération immédiate de tous les Français faits prisonniers en revenant d'Égypte.

Si ces conditions – les mêmes que celles qu'avait déjà formulées Murat – n'étaient pas remplies, l'armée d'observation du Midi déferlerait sur Naples. Désormais isolé par le retournement russe et le retrait autrichien, le gouvernement napolitain cède. Le chevalier Micheroux, ancien ministre plénipotentiaire du roi de Naples à Venise, arrive à Foligno dans la nuit du 17 au 18 février. Le 18, l'armistice était signé. L'embargo sur les bâtiments anglais ne fut mentionné que dans les clauses secrètes moyennant le paiement de 1 500 000 francs destinés à la caisse de l'armée.

Murat exultait lorsque tout fut remis en question par une lettre de Bonaparte qui n'entendait considérer cet armistice que comme provisoire. Embarras de Murat qui dut, le 27 mars, le dénoncer et en proposer un autre avec, comme nouvelle condition, l'occupation du golfe de Tarente dont le Premier consul voulait faire une base pour la reconquête de l'Égypte. La réponse de Micheroux traduisit le mécontentement du roi des Deux-Siciles : « S.M. ne pouvait point s'attendre qu'on exigeât d'elle de se compromettre absolument envers deux grandes puissances, ses anciennes alliées, de mettre à la disposition des troupes françaises quatre provinces de son royaume, d'entretenir à ses frais ces mêmes troupes et de renoncer non seulement aux jouissances de la paix avec l'étranger, mais à celles que devait lui procurer le rétablissement de la tranquillité extérieure[19]. »

Néanmoins, sous la pression du tsar de plus en plus francophile et devant le mouvement des troupes françaises reprenant le chemin des États romains, Naples céda une nouvelle fois. Preuve de faiblesse qui ne passera pas inaperçue. Le 29 mars était signée la paix de Florence, définitive celle-là. Murat en fit suivre l'annonce d'une proclamation à l'armée d'observation du Midi, qui prend un singulier relief lorsqu'on sait que le général montera dans quelque huit années sur le trône de Naples : « Vous allez entrer paisiblement sur le territoire que vous vouliez envahir, vous allez occuper des cités napolitaines ; la concorde, la confiance, l'amitié vous en ouvrent les portes, vous les maintiendrez à l'abri de l'influence et des efforts du cabinet de Saint-James ; vous y montrerez dans votre conduite la modération, la noblesse, la générosité qui conviennent au caractère national. Honorez un gouvernement devenu l'ami du gouvernement français, respectez la religion, les mœurs, les préjugés mêmes, s'il faut, du peuple parmi lequel vous allez vivre ; songez toujours qu'il est digne de vous d'être l'exemple du monde, mais que vous n'êtes pas chargés d'en être les réformateurs. »

Murat ne peut prévoir que ce sont ses futurs sujets qu'il entend ainsi protéger. Pourtant cette déclaration pèsera lourd par la suite, lui assurant la sympathie du petit peuple napolitain.

Un problème n'était pas résolu : la tension entre la France et le Saint-Siège demeurait, en raison de la présence des troupes françaises sur le territoire pontifical. Toutefois, Bonaparte avait trop besoin du pape pour assurer la paix religieuse en France et ne pouvait se permettre aucune violence, aucune proclamation hostile à la religion. Murat reçut des instructions très strictes pour respecter les biens et les personnes des sujets du pape. Était-ce bien nécessaire ? Murat venait de montrer un évident souci de modération envers Naples. L'envoyé de Pie VII, Mgr Caleppi, reçut de lui un accueil empressé. Invité à Rome, Murat arrivait dans la Ville éternelle peu après. Il eut trois entrevues avec le souverain pontife. L'ancien séminariste redécouvre les splendeurs et les beautés de la religion. « Quatre jours de gloire, d'encens auxquels il s'arrache avec peine, ravi de tout le monde, de Consalvi avec lequel il est sur le pied de l'amitié, de Caleppi qui a su le captiver, du pape qu'il présente ainsi à Bonaparte : c'est un bon homme et s'il vous faut un pape, je vous assure que c'est celui qui convient aux circonstances[20]. » De plus le butin est profitable : pour prix de l'évacuation française, 100 000 écus à la caisse de l'armée et un camée pour Caroline. Pourquoi Murat serait-il moins rapace que les autres généraux ?

Les accords passés avec le pape et la paix signée avec les Bourbons de Naples, Florence et l'Étrurie reprennent la première place dans les préoccupations de Murat. Celui-ci y commande en chef. A l'exemple des autres généraux, il y lève, le 6 mars, une contribution de guerre de 2 millions. Une contribution identique est levée sur le duché d'Urbino, la marche d'Ancône et le territoire de Perugia. En fait le rendement sera médiocre, en raison de l'épuisement des provinces occupées. Insatiable et impatient, Murat veut occuper l'île d'Elbe. Il annonce son intention, dès le 8 mars, au général Lavalette, gouverneur militaire et civil de Livourne. Mais les forces qui devaient venir de Livourne pour renforcer l'expédition se révoltèrent : la rumeur avait couru qu'elles allaient être embarquées pour l'Égypte, l'île d'Elbe n'étant qu'un prétexte. Murat dut alors sévir avec la dernière fermeté : les habitants de Livourne furent frappés d'une énorme contribution de guerre pour avoir fait preuve de solidarité avec les mutins (c'était surtout un moyen commode de faire rentrer de l'argent) et les principaux rebelles connurent les rigueurs de la détention dans la citadelle de Turin.

Finalement, dans la nuit du 30 avril au 1er mai, Marcotte réussissait à débarquer dans l'île. Mais Porto-Ferraio, assiégé sur terre et sur mer, résista jusqu'en novembre.

Les troubles de Livourne révélaient que la Toscane pouvait devenir très vite la proie de nouveaux désordres. Murat accusait les réfugiés politiques napolitains et romains de préparer une insurrection en liaison avec les républicains toscans[21]. Il les fit expulser, le 19 avril, ce qui lui sera reproché. En fait, il saura par la suite faire oublier ces mesures et retourner à son profit les patriotes italiens peu rancuniers. D'ailleurs, dans le même temps, Moncey prenait des mesures identiques en Italie du Nord et recevait l'approbation de Bonaparte.

Heureuse époque pour Murat que celle où il règne en proconsul sur la Toscane. Une curieuse lettre d'Alquier, le négociateur de la paix de Florence, fait allusion, le 9 avril, aux « succès galants » du général[22]. L'arrivée de Caroline et de son fils, Achille, le 6 mai, semble devoir y mettre fin. « Je suis le plus heureux des hommes, écrit Murat à sa mère. J'ai près de moi ma Caroline et mon joli Achille[23]. » Cet enthousiasme ne dura que fort peu. Après un séjour des deux époux à Pise où le général alla prendre les eaux, Caroline, qui s'ennuyait, partit pour Venise avec le diplomate Cacault, un redoutable séducteur. La fugue fit jaser. Bonaparte dut sévir mais, à la surprise générale, sa colère tomba sur l'infortuné Joachim (qui d'ailleurs, on l'a vu, n'était pas un petit saint) et non sur Caroline.

Bref orage : le 27 juillet 1801, Murat est nommé général en chef commandant l'armée d'observation du Midi et les troupes stationnées dans la Cisalpine. Son quartier général est à Milan.

Sans doute faut-il y voir la récompense des services rendus. En dépit des difficultés matérielles (retard dans le paiement de la solde et munitions insuffisantes) et des instructions parfois contradictoires du Premier consul (« l'ignorance où vous me laissez peut tous les jours me faire commettre quelques erreurs. Un mot, une idée de votre part serait la règle de ma conduite », écrit Murat à son beau-frère, le 4 mai 1801), le général a rempli au mieux sa mission : Naples a dû capituler sans que le rapprochement esquissé par Bonaparte avec Rome ait été compromis. Le port de Tarente s'arme, prêt à devenir une base essentielle pour la nouvelle expédition d'Égypte que médite Bonaparte.

De surcroît, la présence de Murat à Florence ne se justifie plus depuis que la Toscane a été érigée en royaume au profit de l'infant de Parme et de son épouse, fille du roi d'Espagne. « Le roi, écrivait Murat au ministre de la Guerre, le 4 août 1801, doit arriver dans six ou sept jours. Il fera son entréesept solennelle dans la capitale. Il y sera reçu avec toute la pompe qu'il sera possible de déployer. La plus grande partie des habitants de la Toscane voit avec satisfaction l'arrivée de ce nouveau prince. Le peuple avait vu avec peine, sous Ferdinand, la noblesse prendre un ascendant préjudiciable à ses intérêts, il espère de Louis Ier plus de justice et d'impartialité, et ses vœux appellent dans le conseil d'État et dans les places importantes les hommes sages qui firent, sous Léopold, la gloire et le bonheur de la Toscane et qui, sous Ferdinand, furent presque tous ou négligés ou disgraciés [24]. »

En réalité, la situation reste sombre en Italie. Le port de Livourne est bloqué par la flotte anglaise ; Porto-Ferraio continue de résister et les relations avec l'île d'Elbe sont de plus en plus difficiles ; Naples entretient, selon la formule de Murat, « des dispositions peu amicales à notre égard » ; enfin le roi d'Étrurie adopte un comportement que Murat juge pour le moins désinvolte à son endroit. Déjà se manifestent les premiers signes de la folie qui l'emportera. Plus grave encore : en Cisalpine où il vient de s'installer le 20 août, le nouveau général en chef se plaint de la corruption et de l'impéritie des hommes en place. Il réclame un changement de l'état-major mis en place par Berthier. La zizanie s'instaure entre les généraux français.

Murat ayant manifesté le désir de se rendre en France, un ordre de Bonaparte le cloue à Milan. Il s'agit de préparer l'assemblée des délégués de la République cisalpine, chargée d'approuver la nouvelle constitution. L'idée venait de Melzi.

Le comte Francesco Melzi D'Eril avait appartenu, sous la domination autrichienne, à l'administration de Milan. Remarqué par Bonaparte lors de la première campagne d'Italie, il était devenu son homme de confiance. « L'étendue de son savoir, sa connaissance des hommes et le sens qu'il avait de leur maniement, son intelligence ordonnatrice et souple, son réalisme de Lombard le classaient parmi les meilleures têtes d'Italie[25]. »

Pour siège de l'assemblée – 491 députés au total –, Melzi avait suggéré Lyon. Mais il fallait préparer les élections et envoyer les députés en France. Murat procéda avec habileté, donnant une apparence de liberté aux différents scrutins et utilisant le clergé, grâce aux liens qu'il avait su établir avec l'archevêque de Milan, Visconti, pour convaincre les récalcitrants. Le passage du Mont-Cenis – dans l'autre sens cette fois – fut à nouveau fort difficile. On était en décembre. Le député de Mantoue périt dans le voyage ; Visconti mourut en arrivant à Lyon. Mais la Consulte fut en définitive une réussite, clôturée, le 26 janvier 1802, par une initiative de Bonaparte : de la République cisalpine, on passait à une République italienne, riche de promesses quant à l'avenir de la Péninsule.

La Consulte fut l'occasion pour Murat de prendre conscience de l'espoir qu'avait fait lever l'intervention française en Italie : l'impossible unité, rêvée depuis César Borgia, semblait devoir bientôt prendre corps.

Murat y songe-t-il déjà, alors que la paix avec l'Angleterre le condamne aux loisirs forcés ? C'est peu probable. Il entre pourtant en conflit avec Melzi, devenu vice-président de la nouvelle république et qui, lui, y pense sûrement. En fait il s'agit plus entre les deux hommes d'une lutte d'influence que d'un combat idéologique. Murat multiplie les plaintes contre son rival auprès du Premier consul. Qui exercera le pouvoir en l'absence de Bonaparte ?

Dans une lettre du 13 décembre 1802, Murat dresse un véritable réquisitoire contre Melzi, à la manière de celui qu'il prononçait auparavant contre Brune. On y découvre un homme ombrageux, jaloux de son autorité, ne pouvant supporter la moindre rivalité. Il affirme dans une autre lettre, à la même date et toujours à Bonaparte : « Je suis très bien en apparence avec Melzi, je m'efforce de lui faire entendre qu'il faut que son administration suive l'impulsion de votre gouvernement. Il me répond en me disant : "Ici l'esprit public est tout ; il serait impossible de le faire marcher aussi rapidement qu'en France." Et pourquoi va-t-il aussi vite en sens contraire[26] ? » L'insinuation est particulièrement perfide.

Murat n'hésite pas au demeurant à faire surveiller Melzi par un certain Lechi, frère de la belle comtesse Gherardi que l'on dit maîtresse du général. Ainsi est découverte une affaire dans laquelle Murat chercha à faire impliquer Melzi. Au commencement de 1803, le capitaine Ceroni, qui appartenait à l'armée italienne, avait écrit quelques vers contre la domination française, obstacle, selon lui, à l'unité italienne. Il dénonçait « le brigand », comprenons Bonaparte, qui, couvert de sang royal, crie « la liberté ou la mort » mais n'est en réalité qu'un tyran qui confisque la liberté et apporte la mort. Les vers de Ceroni furent lus et approuvés par un membre du Corps législatif, Cicognan, proche de Melzi, et imprimés avec l'accord de Melzi, ce que ce dernier démentit dans une lettre à Bonaparte du 21 mars. Exploitant l'affaire, Murat lança une série d'accusations contre son rival, le dénonçant comme suspect de collusion avec « cette classe d'hommes qui ne veulent que la révolution » ou même avec les Autrichiens, attaque reprise plusieurs fois [27]. En juillet 1803 encore, Murat affirme que Melzi aurait reçu à sa table un certain Marescotti, banquier à Bologne et soupçonné de financer une conspiration contre les Français.

Murat était-il sincère ? Ou voulait-il seulement abattre un rival pour devenir lui-même une sorte de proconsul italien ? Les deux hypothèses peuvent être également retenues : Murat se méfiait de Melzi que son passé au service de l'Autriche pouvait rendre suspect, mais il amplifiait quelques renseignements douteux pour se débarrasser, avec une maladroite mauvaise foi, d'un homme dont l'autorité éclipsait la sienne. C'est un trait du caractère de Murat que de vouloir avoir seul la confiance du Premier consul.

Les rapports entre Melzi et Murat auraient fini par s'envenimer sans l'adresse de Caroline qui évita les ruptures et, pour apaiser les tensions, invita même Melzi à être le parrain de son troisième enfant, Lucien (une fille, Letizia, était née en 1802). Rentrée à Paris, elle s'efforça d'y négocier le retour de son mari.

L'heure n'a pas encore sonné pour Murat dans la Péninsule, mais au cours de ces années passées à Florence et à Milan, années que ses biographes ont trop négligées, il a acquis, au contact des diplomates et des hommes politiques, une réelle expérience des affaires italiennes. Une expérience qui lui sera fort utile lorsqu'il reviendra, cette fois à l'extrémité de la Péninsule, dans ce royaume de Naples dont il ne cesse pour l'instant de dénoncer les intrigues.

CHAPITRE VI

Les honneurs et l'argent

Murat revient à Paris en août 1803. Entre ce retour et la reprise de la guerre continentale en 1805, honneurs et argent affluent. On a dit que Caroline était à l'origine de cette prodigieuse ascension et de cette immense fortune. Avisée et avide, intelligente et intrigante, elle savait habilement capter la faveur de son frère. Napoléon dira d'elle à Sainte-Hélène : « Il y avait chez Caroline de l'étoffe, beaucoup de caractère et une ambition désordonnée... » Et d'ajouter ce mot profond : « Elle était née reine. [...] Elle n'avait pas comme nous connu le simple particulier. Elle, Pauline, Jérôme étaient encore des enfants que j'étais le premier homme de France, aussi ne se sont-ils jamais cru d'autre état que celui dont ils ont joui au temps de ma puissance[1]. »

Marie-Annonciade Caroline vient à peine d'avoir vingt ans au moment où son frère est proclamé consul à vie. Adulée, choyée, courtisée, elle oublie sans peine ses origines modestes et les privations qui suivirent le départ de Corse, pour se laisser emporter par l'argent facile et la pluie d'honneurs qui tombe sur sa famille. Elle rêve pour son mari d'un grand destin. Elle a probablement songé à lui pour la vice-présidence de la République italienne, une vice-présidence qui pourrait rapidement se transformer en présidence.

Murat se laisse entraîner. Son goût du faste est antérieur à son mariage mais Caroline a contribué à l'exacerber : grands travaux dans la propriété de Villiers acquise en juin 1800 par Caroline et où fut installé un superbe théâtre ; achat de la terre de La Motte-Saint-Heraye dans les Deux-Sèvres, en décembre 1801, pour la somme de 470 000 francs ; acquisition pour 500 000 francs, le 12 janvier 1802, de l'hôtel Thelusson, bâti par Ledoux en 1780 rue de la Victoire, et qui avait appartenu à un ancien associé de Necker.

L'hôtel Thelusson est une véritable résidence princière. « Les voitures passant sous la grande arcade de la rue de Provence déposent les visiteurs devant la terrasse décorée de statues, d'orangers, de corbeilles de fleurs, d'où l'on descend par un double escalier vers le jardin, et vont se ranger devant les remises donnant sur la rue de la Victoire. L'intérieur est somptueux : après la rotonde aux tapis d'Aubusson, le salon à six croisées meublé de velours bleu, orné d'un lustre à trente-six branches, de consoles dorées, de statues à candélabres ; puis le salon vert, le salon de stuc, le salon amarante, la chambre de Caroline tendue de velours vert, la salle de bains en forme de tente, le boudoir de taffetas violet, l'appartement de

Murat, gris, à franges rouges ; plus seize chambres au premier et vingt-deux au second[2]. » Un luxe insolent, tapageur, reflet de la nouvelle société ; un luxe voulu par Bonaparte lui-même pour servir le prestige du régime et faire travailler le commerce et l'industrie. Nouvelle acquisition : le château de Neuilly construit en 1751 par d'Argenson. Murat réunit son parc à celui de Villiers pour former un domaine somptueux[3].

Fêtes et réceptions se succèdent. Murat se singularise par les tenues extravagantes et la profusion de sa table. Il peut se le permettre, il est riche. En Italie, il touchait 380 000 francs de traitement.

De retour en France, il est nommé président du collège électoral du Lot[4] dont il devient député, le 17 août 1804. Son ascension ne s'arrête pas à cet emploi subalterne et relativement obscur sous un régime peu porté vers les assemblées parlementaires. Le 15 janvier 1804, il obtient le poste de gouverneur de Paris : 400 000 francs et un rôle important. Il y remplace Junot dont les débordements ont fini par excéder Bonaparte[5]. Sous son autorité, les forces militaires en garnison dans la capitale assurent, au même titre que la police, le maintien de l'ordre et la sécurité des personnes. A la capitale s'ajoute l'ensemble de la première division militaire : Seine-et-Marne, Loiret, Eure-et-Loir, Oise, Seine-et-Oise, Aisne. On voit Murat caracoler dans les rues de Paris ou dans les départements voisins, entouré de son chef d'état-major, César Berthier, du général Broussier, commandant les troupes de la garnison, et d'une pléiade d'aides de camp, Lanusse, Flahaut, Exelmans et Beaumont. Il est populaire dans les faubourgs (où l'on a oublié qu'il joua un rôle dans leur désarmement) : il plaît par son panache, ses origines, son passé de soldat sorti du rang. Il en joue d'ailleurs. Thiébault parle de « ses manières franches, affables, amicales, qui allaient à merveille à son caractère chevaleresque », de sa magnifique prestance, « de sa figure si agréable et presque toujours riante [6] ». Pourtant Dumas qui le vit, enfant, chez son père, n'a pas laissé de lui un portrait très chaleureux. « Murat et Brune déjeunaient à la maison. [...] Je me rappelle que je suivais des yeux un immense cerf-volant, lorsque mon père m'appela, me mit le sabre de Brune entre les jambes et le chapeau de Murat sur la tête, et, me faisant faire en galopant le tour de la table : ''Mon enfant, me dit-il, n'oublie pas plus aujourd'hui que tu as fait le tour de cette table, le sabre de Brune entre les jambes et le chapeau de Murat sur la tête, que tu n'oublieras que tu as embrassé hier Mme de Montesson, veuve du duc d'Orléans, petit-fils du régent''. » Ce déjeuner avait pour but de recommander Alexandre et sa mère à Brune et Murat, le général Dumas se doutant qu'il allait mourir bientôt. Murat « tout refroidi » ne fit rien, si l'on en croit Dumas, ou presque rien pour permettre à la veuve de toucher une pension. Mais que pouvait-il faire pour vaincre l'hostilité de Bonaparte [7] ?

En réalité, la popularité de Murat est surtout grande auprès des Parisiens, qu'éblouissent son faste, ce goût de la mise en scène qui le caractérise.

Caracolant sur de superbes montures, il est au premier rang dans les parades militaires du Carrousel qui attirent une foule nombreuse et qu'ont évoquées Balzac et Sainte-Beuve.

C'est dans ce ciel serein, à peine assombri par la rupture de la paix d'Amiens et la reprise de la guerre, qu'éclate le coup de tonnerre de la conspiration de Cadoudal.

En octobre 1803, plusieurs chouans sont arrêtés dans la capitale, traduits devant une commission militaire et condamnés à mort. Au moment d'être fusillé, l'un d'eux, Querelle, pour sauver sa vie, fait des révélations. Cadoudal est à Paris, entouré de 100 à 150 officiers, avec l'intention d'assassiner Bonaparte. L'affaire prend tournure quand un certain Bouvet de Lozier, inculpé à la suite des déclarations de Querelle, tente de se pendre dans sa cellule. Sauvé, mais encore sous le choc, il avoue que les principaux chefs de la conjuration sont, en dehors de Cadoudal, les généraux Moreau et Pichegru. Le plan est simple. Pichegru travaillera les assemblées, Moreau l'armée, tandis que des agitateurs provoqueront des désordres dans Paris. Au même moment, une attaque de vive force sera dirigée contre le Premier consul. Celui-ci disparu, un prince venu de l'étranger proclamera le rétablissement des Bourbons.

La découverte de la conspiration survient au moment où la police est en complète désorganisation par suite de la suppression du ministère de

Fouché et de son rattachement au Grand Juge. Du coup la police militaire se trouve appelée à jouer un rôle de premier plan [8] : contrôle des barrières, patrouilles de nuit... C'est sur elle que repose la répression du complot. Pour stimuler les énergies, Murat lance le 17 février 1804 un vigoureux ordre du jour où il dénonce Cadoudal, mais aussi ce Moreau dont Bonaparte avait voulu faire l'époux de Caroline ; « un homme qui compte encore dans nos rangs », avoue Murat. Et de poursuivre : « Notre gloire périssait avec la liberté. [...] Dans cette circonstance si affligeante pour le cœur du Premier consul, nous, soldats de la patrie, nous serons les premiers à lui faire un bouclier de nos corps et nous vaincrons autour de lui les ennemis de la France et les siens [9]. »

Mais les troupes sont-elles sûres ? L'arrestation de Moreau, qui est aussi populaire dans l'armée que Bonaparte, provoque des « murmures ». On affirme que le Premier consul veut perdre Moreau par jalousie. Murat multiplie les contacts et les parades, son prestige restant intact. Il n'en est pas moins considéré comme le beau-frère de Bonaparte, ce qui limite l'efficacité de cette action psychologique dont il a compris l'importance. Heureusement l'arrestation de Pichegru, dans des conditions mouvementées, puis celle de Cadoudal viennent confirmer la réalité de la conspiration et désarmer les préventions. L'ordre du jour de Murat, en date du 13 mars 1804, félicite les troupes pour leur loyauté [10].

Dans l'échec de Cadoudal, la part de Murat

doit être soulignée. A aucun moment il n'a trahi la confiance du Premier consul ; il a été d'une fidélité à toute épreuve. Il va toutefois montrer les limites de cette fidélité dans l'affaire du duc d'Enghien.

Tous les acteurs de cette tragédie qui met un point final à la conjuration ont tenu à se disculper de l'exécution du duc. Tous sauf Napoléon qui, à Sainte-Hélène, prendra ses responsabilités et justifiera la condamnation à mort du prince.

On connaît les faits : dans les interrogatoires des conjurés revenait constamment l'allusion à un prince français qui devait gagner Paris pour y coordonner l'action des conspirateurs. Quel était ce prince ? Était-ce Louis de Bourbon-Condé, duc d'Enghien ? Il se trouvait alors à Ettenheim sur le territoire du margrave de Bade, à proximité de la frontière française. Des rapports signalant de mystérieux voyages du duc d'Enghien contribuèrent à renforcer les soupçons de Bonaparte. Au cours d'un conseil des ministres, la décision fut prise de faire enlever le duc en territoire étranger. Le général Ordener reçut le commandement de l'opération, cependant que Caulaincourt était chargé de présenter des explications au margrave de Bade.

Arrêté le 15 mars, Enghien arrivait le 20 au château de Vincennes. Le même jour, Réal, l'un des principaux chefs de la police, chargé de l'enquête sur le complot, avertissait Murat : « Général, d'après les ordres du Premier consul, le duc d'Enghien doit être conduit au château de Vincennes, où les dispositions sont faites pour le recevoir ; il arrivera probablement cette nuit à cette destination. Je vous prie de faire les dispositions qu'exige la sûreté de ce détenu, tant à Vincennes que sur la route de Meaux, par laquelle il vient. Le Premier consul a ordonné que le nom de ce détenu et tout ce qui lui serait relatif fût tenu très secret. En conséquence l'officier chargé de sa garde ne doit le faire connaître à qui que ce soit. Il voyage sous le nom de Plessis. Je vous invite à donner, de votre côté, les instructions nécessaires pour que les intentions du Premier consul soient remplies [11]. »

Cette lettre était probablement accompagnée ou fut suivie de l'arrêté du Premier consul qui prévoyait que le duc serait traduit devant une commission militaire de sept membres nommés par le général gouverneur de Paris, c'est-à-dire Murat. Elle avait pour mission de le juger en tant qu'auteur de « complots tramés contre la sûreté intérieure et extérieure de la République ».

Murat était-il au courant de l'enlèvement ? C'est probable mais non certain. Nous savons par Agar, son confident, qui publia en 1824 des *Mémoires historiques sur la catastrophe du duc d'Enghien*, qu'au reçu de l'arrêté instituant une commission militaire dont il devait désigner les membres, Murat réagit violemment. « Il venait de déjeuner et parut très agité. [...] Ses officiers lui demandèrent la cause de son trouble. "C'est une tache qu'on veut mettre à mon habit ; mais je jure par Dieu qu'elle n'y sera pas." Il demanda sa voiture et courut à la Malmaison. Il ne put triompher des obsessions dont on entourait le Premier consul et revint plus agité. » Agar raconte que, d'après Murat, l'explication aurait été orageuse et que Bonaparte aurait menacé de le « renvoyer dans les montagnes du Quercy ». Murat maintint, malgré les sollicitations de son chef d'état-major César Berthier, frère du ministre de la Guerre, son refus de nommer la commission militaire. Berthier lui-même, venu voir Murat, ne put le convaincre. « Non, je ne nommerai pas la commission militaire ; que Bonaparte la nomme s'il le veut. » La colère du Premier consul fut grande, mais il se décida finalement à désigner lui-même les membres de la commission : Hullin pour la présidence, le colonel du 1er cuirassiers, celui du 18e de cavalerie, l'un des deux colonels de la garde de Paris, celui de la 4e légère et ceux de la 18e de ligne et de la 96e. Comme accusateur : l'adjudant-major de la gendarmerie d'élite. C'est pourtant Murat qui signa en définitive le projet d'arrêté portant nomination de la commission militaire ; la chose lui fut présentée par Berthier, toujours selon Agar, comme une formalité. Agar a-t-il voulu blanchir Murat ? Celui-ci était mort en 1823 et n'avait plus rien à craindre. Il est donc possible que le récit de son confident soit au moins exact dans ses grandes lignes et qu'il ait eu quelques scrupules à se trouver mêlé à la formation de la commission militaire qui condamna à mort le duc d'Enghien.

Il exécute ensuite les instructions de son beau-frère, l'invitant à ordonner à 20 gendarmes d'élite à cheval, 20 gendarmes d'élite à pied et un piquet de 60 hommes des différents corps de la garnison, sous les ordres d'un capitaine, de se rendre à Vincennes « pour y faire garnison et exécuter la sentence ». Les ordres de Bonaparte étaient clairs : « Faites entendre aux membres de la commission qu'il faut terminer dans la nuit et ordonnez que la sentence si, comme je n'en peux douter, elle porte condamnation à mort, soit sur-le-champ exécutée et le condamné enterré dans une des cours du fort[12]. » Murat n'eut en fait aucune part dans la condamnation ni dans l'exécution du duc d'Enghien. Pasquier rapporte dans ses *Mémoires* un mot de Savary qui répartit ainsi les responsabilités : « C'est bien Caulaincourt qui a fait enlever le duc d'Enghien, mais c'est Murat qui l'a fait juger et c'est moi qui l'ai fait exécuter[13]. »

En définitive, Murat s'est contenté d'obéir aux instructions reçues de son beau-frère pour la formation d'une commission militaire. Il est possible qu'il les ait désapprouvées, mais, en dehors du récit d'Agar, nous n'en avons aucune preuve formelle. Rien, d'un autre côté, ne permet d'affirmer non plus, comme le feront certains pamphlétaires à partir de 1815, qu'il ait incité le Premier consul à la sévérité. Il se contente d'obéir aux ordres sans faire montre de zèle, remplissant son devoir de soldat. Certes, il n'a pas désapprouvé l'exécution du duc ; mais il n'a eu aucune initiative dans cette affaire, à l'inverse d'un Talleyrand ou d'un Savary.

« Nous avions voulu faire un roi, nous avons fait un empereur », ironisait Cadoudal. De l'échec de la conspiration de l'an XII devait en effet sortir la proclamation de l'Empire. La conjuration avait ému l'opinion ; la propagande bonapartiste sut habilement exploiter cette émotion pour montrer la nécessité d'asseoir le pouvoir du Premier consul sur des bases stables. Le principe de l'hérédité, jusque-là repoussé comme monarchique, fut admis et consacré par le plébiscite du 6 novembre 1804 où à peine 2 569 non s'opposèrent à 3 572 329 oui.

La Constitution dite de l'an XII confie le gouvernement de la République à un empereur qui prend le titre d'empereur des Français. La dignité impériale est héréditaire dans la descendance directe, naturelle et légitime de Napoléon Bonaparte, de mâle en mâle, par ordre de primogéniture. A défaut d'héritier naturel et légitime de Napoléon, la dignité impériale est dévolue à Joseph puis, dans l'ordre, à Louis. Les femmes sont exclues et, par conséquent, Murat, époux de Caroline, ne peut espérer un jour le rôle de prince consort.

Le titre III de la Constitution règle le statut de la famille impériale dont les membres portent le nom de *princes français*. Est également prévu l'établissement de grands dignitaires : Grand Électeur, Archichancelier, Architrésorier, Connétable, Grand Amiral, et de grands officiers dont les maréchaux d'Empire.

Déjà maréchal d'Empire le 20 mai 1804, Murat

devient Grand Amiral le 1er février 1805. La Constitution énumère ses pouvoirs : il préside la cour martiale qui juge les officiers de la marine, reçoit les comptes de la caisse des invalides et le serment des membres du conseil des prises et des capitaines de frégate... Il préside également le collège électoral de Marseille. Le 2 février 1805, le voilà grand aigle de la Légion d'honneur et chef de la douzième cohorte [14]. Sa fortune ne cesse de s'accroître. L'empereur débourse 900 000 francs à la fin du mois de mars 1805 pour lui permettre d'acheter avec Caroline le palais de l'Élysée, vendu comme bien national sous la Révolution, et qui avait abrité des bals, des concerts et même un restaurant. Murat en entreprend la réfection pour y loger son épouse et ses trois enfants Achille, Letizia et Lucien. Louise naîtra en 1805. Il va y abriter des meubles du meilleur choix venus de chez Jacob, la veuve Marcion et Bellangé. Ce sont surtout ses tableaux qui méritent de retenir l'attention et révèlent, selon l'expression de Paul Marmottan qui retrouva un inventaire, un homme aux goûts raffinés. Raphaël et Carlo Doici, Poussin et Bassano figurent au catalogue de la collection Murat [15]. Une collection commencée en Italie, probablement à Florence en 1801 : il y acquit plusieurs toiles et mosaïques. Dans ses choix il bénéficia des conseils de Xavier Fabre, un élève de David, fixé dans la ville des Médicis, et de ceux du diplomate Cacault, qui suscita des choix judicieux tout en faisant la cour à Caroline. A Milan, en 1802 et en 1803, Murat poursuivit ses enrichissements. D'après P. Marmottan, « les tableaux de maîtres n'étaient pas alors très chers ». En ventôse an IX, le pape lui offrit un Raphaël de grande valeur[16].

L'intérêt de Murat se portait aussi sur les tableaux modernes : Martin Drolling, Franque, Mme Chaudet, l'épouse du sculpteur, Mallet et Melling.

La plupart des toiles seront abritées dans cet Élysée qui fut celui du comte d'Évreux et de Mme de Pompadour, de Beaujon et de la duchesse de Bourbon.

C'est que l'argent ne cesse d'affluer : 20 000 francs comme grand aigle, 333 000 francs comme Grand Amiral, 36 000 francs comme sénateur, 40 000 francs comme maréchal, 60 000 francs comme gouverneur de Paris, 181 000 francs d'indemnités diverses, sans compter les 240 000 francs de traitement de Caroline sur la cassette impériale et les multiples gratifications, dont au moins 330 000 francs pour l'achat de l'Elysée qui coûta en réalité 900 000 francs, en guise de cadeau pour la naissance de Louise-Julie-Caroline[17]. Bon prince, Murat n'oublie pas ses amis, ses parents, ses compatriotes : il recommande Pierre-Adrien Murat comme aspirant de marine (le malheureux mourra à Trafalgar), accepte de présider par intérim la distribution des prix de l'école centrale du Lot, indique Delpon de Figeac au ministre de l'Intérieur pour un poste de sous-préfet et propose comme chancelier de la douzième cohorte de la Légion d'honneur le fidèle Agar [18].

« Murat acceptait toutes les missions et s'efforçait à toutes les besognes : député, c'était lui qui enlevait le voile de la statue érigée à Napoléon législateur dans la salle des séances du Corps législatif ; grand officier de l'Empire, lui qui, le jour du couronnement, précédait immédiatement l'Impératrice, portant dévotement sa couronne sur un coussin ; gouverneur de Paris, lui qui, le jour de la fête à l'Hôtel de Ville, recevait Leurs Majestés avec les compliments appropriés, d'abord à la descente du Pont-Neuf, puis au perron de la Grève ; maréchal, lui qui se mêlait le premier d'organiser cette fête fastueuse offerte à Joséphine par les maréchaux d'Empire dans la salle de l'Opéra. Il se multipliait, l'on ne voyait que lui, l'on n'entendait que son nom [19].... »

Murat est alors, du moins le croit-il, au sommet des honneurs. Mais sa bonne fortune va le conduire plus haut encore.

CHAPITRE VII

Austerlitz

Depuis 1792, l'adversaire principal demeurait l'Angleterre. Amiens n'avait été qu'une trêve. Tant que la France serait à Anvers, menacerait de reconstituer un nouvel empire colonial et affirmerait sa volonté d'hégémonie sur le continent, Londres se refuserait à désarmer.

Après la rupture de 1803, Napoléon décide de porter la bataille en Angleterre. Pour cela, il rassemble au camp de Boulogne une armée de 200 000 hommes et constitue une flottille de 1 700 chalands. Le rôle principal revient à la marine. Napoléon doit être maître pendant six heures de la Manche. Hélas ! cette marine ne se révélera pas à la hauteur de ses espérances.

Par ailleurs, la cavalerie de Saint-Georges, entendons l'or anglais, ne reste pas inactive. Un accord est conclu le 11 avril 1805 avec la Russie : c'est l'Angleterre qui assurera les frais de la campagne. Après le couronnement de Napoléon à Milan, Vienne s'alarme ; François II se joint à l'alliance anglo-russe. Seule la Prusse reste dans une expectative prudente.

Le 19 septembre 1805, croyant Napoléon immobilisé à Boulogne, les forces autrichiennes attaquent la Bavière, alliée de la France. En réalité, Napoléon a prévu cette offensive et dicté, au cours du mois d'août, le plan de la campagne de 1805 où tout a été réglé. En vingt jours, la Grande Armée fera mouvement sans problème de Boulogne sur Mayence.

Pour reconnaître le terrain, l'Empereur envoie Bertrand et Murat en mission d'espionnage. Sous le nom de colonel Beaumont, Murat doit reconnaître les possibilités offertes par la place forte de Wurtzbourg, les routes qui l'unissent à Mayence et au Danube, puis Bamberg, la frontière de Bohême, Nuremberg, Ratisbonne et Passau, Ulm et les débouchés de la Forêt-Noire. Parti le 25 août 1805, Murat est de retour le 10 septembre. Il adresse aussitôt un long rapport : « Sire, j'ai parcouru les différents points que Votre Majesté m'avait ordonné de visiter, j'ai tâché d'en saisir l'ensemble, et, quoique courant la poste, je crois avoir réussi à connaître les différents rapports qui les lient les uns aux autres ; enfin, j'espère fournir les divers renseignements que vous serez dans le cas de me demander, tant sur les distances, les localités, les positions, la nature et l'état des routes, les ressources, que sur les communications qui existent entre les points principaux. J'ai aussi des notes sur les rivières principales ainsi que pour les débouchés de la Bohême et du Tyrol... » Suivent les chiffres des principales garnisons autrichiennes, les mouvements de troupes, les rumeurs de guerre et l'état des approvisionnements[1]. Quel bon espion ! Il a tout vu et bien vu. Ses indications sont précises et précieuses ; elles permettront à Napoléon de manœuvrer sans difficultés le moment venu sur un terrain reconnu à l'avance.

En son absence, Napoléon a décidé de lui confier le commandement des troupes cantonnées sur la ligne du Rhin, que viendront renforcer les corps de la Grande Armée au fur et à mesure de leur arrivée. « Lieutenant de l'Empereur, commandant en son absence », tel est son titre ; quant à son quartier général, il est établi à Strasbourg.

Murat réunit autour de lui une équipe : un commissaire ordonnateur, Daure, qui servit en Égypte puis à Saint-Domingue, parfait connaisseur des ressources de l'Allemagne où il a participé à six campagnes (Murat peut-il se douter que Daure deviendra un jour l'amant de Caroline ?), le général Milhaud, un dur à cuire, le capitaine Galdemar qui fut son condisciple au collège de Cahors, le chef de bataillon Latuile pour les relevés de cartes, Colbert, ancien aide de camp de Junot. Agar, le fidèle des fidèles, sera auprès de Murat pendant toute la campagne.

On peut suivre à travers les lettres de Murat publiées dans le recueil d'Alombert et Colin, *La Campagne de 1805*, puis dans la correspondance de Murat éditée par Paul Le Brethon, l'extraordinaire activité déployée à Strasbourg par le « lieutenant de l'Empereur ». Sa mission est double :

équiper l'armée et préparer les étapes vers l'Allemagne ; renseigner Napoléon sur les mouvements autrichiens. C'est ce que lui rappelle son beau-frère dans sa lettre du 18 septembre : « Passez la revue des divisions de cavalerie à mesure qu'elles arrivent. [...] Assurez-vous de quelques Suisses, de quelques Allemands et Prussiens pour pouvoir vous servir d'espions ; un bon chef d'espionnage vous sera aussi très nécessaire[2]. »

A la fin de septembre, la réserve de cavalerie placée sous le commandement direct de Murat est prête. Elle se compose ainsi[3] :

Cavalerie de Murat	Hommes	Chevaux	Pièces d'artillerie
La division de grosse cavalerie (Nansouty)	3 225	2 732	3
La division de grosse cavalerie (d'Hautpoul)	1 713	1 674	3
1re division de dragons à cheval (Klein)	2 773	2 362	2
2e division (Walther)	2 744	2152	3
3e division (Beaumont)	2 352	2 140	3
4e division (Bourcier)	2 569	2 281	3
Division de dragons à pied (Baraguey d'Hilliers)	5 686	–	10
Total	21 062	13 341	27

Il s'agit d'une élite, de la plus belle cavalerie dont disposera Napoléon pendant ses campagnes. La désertion est plus rare dans les rangs des cavaliers que dans ceux des fantassins ; la cohésion y apparaît presque sans défauts, d'autant que les chevaux, toujours choisis un peu lourds et fort dociles, ne nécessitent pas les talents équestres qu'exige un pur-sang ; notons enfin un esprit de corps développé et un courage sans faille. Dans la campagne de 1805, la cavalerie est l'âme du combat ; elle le sera encore en 1806-1807. Plus tard, en 1813, on comprendra le rôle décisif des cavaliers au moment précis où ils feront défaut.

Le 26 septembre 1805, Napoléon passe en revue les troupes ; le 29, Murat quitte Strasbourg avec la cavalerie et franchit le Rhin. La réserve a pour objectif de tromper les Autrichiens sur les intentions de l'Empereur ; elle doit fixer leur attention sur les débouchés de la Forêt-Noire en leur laissant croire par leur déploiement que c'est la voie choisie par Napoléon alors que les corps d'armée de Bernadotte, Marmont, Soult, Davout, Lannes, Ney et Augereau occupent les rives du Danube pour venir surprendre l'adversaire. La réserve de cavalerie a également pour mission de protéger cette marche. Les premiers combats sérieux pour Murat ont lieu le 7 octobre près de Donauwörth puis à Wertingen, le 8. Dans ce dernier engagement, la victoire de Murat est éclatante : 2 000 prisonniers, 6 canons et 6 drapeaux enlevés à l'ennemi[4]. Les Autrichiens sont balayés par les charges de cavalerie emmenées par le colonel Maupetit, puis par Murat lui-même après la blessure mortelle de Maupetit. « Si je meurs, ne laissez pas ignorer à Sa Majesté que mon régiment a chargé en criant : "Vive l'empereur". » telles sont les dernières paroles de Maupetit.

Excellent cavalier, Murat est-il aussi bon stratège ? Le 10 octobre, Napoléon lui confie le commandement de l'aile droite de la Grande Armée.

C'est mécontenter Ney et Lannes, furieux d'être placés sous l'autorité d'un maréchal dont ils méprisent les qualités militaires. A peine Murat a-t-il pris ses dispositions qu'il se heurte à la mauvaise volonté de Ney. Celui-ci lui reproche de sacrifier les forces du général Dupont en les laissant sur la rive gauche du Rhin. A plusieurs reprises, Ney revient sur la situation difficile de Dupont. Murat ne veut rien entendre. Ce sera la défaite d'Haslach. Napoléon en fait tomber la responsabilité sur Ney qui, de colère de voir Dupont abandonné, avait imprudemment engagé un détachement. Le conflit entre Murat et Ney en sortirait exacerbé si, le 14 octobre, vainqueur à Elchingen, Ney ne s'apaisait. Bataille décisive qui contraint enfin le général autrichien Mack, coupé de l'archiduc Ferdinand, le vaincu d'Elchingen, à s'enfermer dans Ulm puis à y capituler. Seul l'archiduc Ferdinand, qui s'est jeté sur la route de la Bohême par Albeck, a pu échapper au coup de filet impérial avec 2 divisions.

Sur ordre de Napoléon, Murat se lance à sa poursuite, prend Nerestetten puis Herbrechtingen, raflant 3 000 prisonniers, des centaines de caissons et de chevaux. Alors que les Autrichiens, sous le commandement de Werneck, essaient de faire retraite vers la Bohême pour rejoindre les Russes, Murat se porte sur Nordlingen afin de leur couper toute chance de fuite. Il les surprend à Neresheim, leur enlevant une centaine d'hommes, deux drapeaux et un canon, précipitant par ses coups de boutoir la capitulation du général

Werneck. Mais celui que veut Murat c'est l'archiduc Ferdinand. La poursuite reprend. A Gunzenhausen l'arrière-garde autrichienne est surprise et tente une diversion en offrant de discuter une nouvelle fois, à Nuremberg. Ferdinand parvient encore à s'échapper.

La poursuite s'arrêta là. Le corps de Ferdinand détruit, à l'exception de quelques centaines de cavaliers qui avaient pu le suivre, et Mack ayant capitulé à Ulm, le 20 octobre, elle devenait sans objet. « En cinq jours, Murat avec sa cavalerie et son infanterie avait franchi 160 kilomètres, dont 95 les deux derniers jours, en combattant sans cesse[5]. » Le dixième *Bulletin de la Grande Armée* lui rendra un hommage mérité : « On est rempli d'étonnement lorsqu'on considère la marche du prince Murat depuis Albeck jusqu'à Nuremberg. Quoique se battant toujours, il est parvenu à gagner de vitesse l'ennemi qui avait deux marches sur lui. Le résultat de cette prodigieuse activité a été la prise de 16 000 hommes, 50 canons... Dix-huit généraux ont posé les armes[6]. »

La campagne de Bavière est terminée : en route pour Vienne. La réserve de cavalerie était entre Neustadt et Aussig ; elle prend la route de Munich, atteint Mühldorf, remplace le pont coupé par un pont volant. Dès le 27 octobre, Murat a franchi les affluents du Danube puis l'Inn et la Salzach, repoussant ce qui reste de l'armée autrichienne. L'ennemi est chassé de Braunau, qui devient le dépôt général de l'armée, bousculé à Ried, défait à Seding. Rien ne paraît résister aux

Français. La quête de renseignements est fructueuse. Le 30 octobre, Murat avertit Napoléon : « Il est très positif que les empereurs d'Allemagne et de Russie étaient avant-hier à Wels et qu'ils sont repartis subitement pour Vienne. Le maître de poste m'assure aussi que les Russes occupent encore Lambach ; le général Merfeld y était encore hier. [...] L'ennemi qui a été chassé de Ried a passé ici dans la nuit et dans le plus grand désordre : il a été forcé de laisser sur la route une quinzaine de voitures chargées de farine. [...] Il est très vrai que les empereurs d'Allemagne et de Russie avaient le projet d'arriver à Braunau ; leurs courriers étaient déjà arrivés à Haag, mais la nouvelle de la destruction de l'armée de l'archiduc Ferdinand les a décidés à repartir sur-le-champ pour Vienne[7]... »

La démoralisation gagne l'ennemi ; c'est du moins le sentiment que retire Murat des régions traversées : « L'empereur d'Allemagne, écrit-il à Napoléon, le 1er novembre, n'a connu positivement les revers de ses armées et les malheurs de ses sujets qu'à Welz. Il a paru surtout alarmé des plaintes qui lui ont été adressées de toutes parts sur les désordres commis par les Russes, dont les excès ont partout semé la terreur. A leur approche, toutes les maisons ont été abandonnées, hommes et femmes, tout est allé se cacher dans les bois. L'empereur est parti de Welz il y a trois jours, le chagrin dans le cœur et presque sans avoir proféré une parole. »

La cavalerie reprend la poursuite et vers le

4 novembre aperçoit les Russes. Appuyé par le corps de Lannes, Murat se heurte enfin à des corps d'arrière-garde qu'il refoule sur Amstetten. Les combats sont particulièrement durs. Murat en rend compte à l'Empereur, les 5 et 6 novembre :

« *Oed, le 14 brumaire, an XIV, à 11 h 15 du soir.*

« Sire, l'ennemi a été rencontré à une lieue en avant de Strenberg et a été chassé successivement de toutes ses positions jusque sur les hauteurs d'Amstetten. Nous lui avons pris environ 1 500 hommes parmi lesquels se trouvent 150 ou 200 Russes et 25 ou 30 officiers. Le corps que j'ai l'honneur de commander a eu affaire à toute l'armée russe commandée par le général Koutousov en personne. Jamais on ne s'est battu, de part et d'autre, avec plus d'opiniâtreté. Mais enfin les Russes ont été contraints de céder à la valeur des grenadiers commandés par le général Oudinot, qui couchent ce soir sur le champ de bataille, tandis que l'ennemi est en pleine déroute. On estime qu'il a eu 3 ou 400 hommes tués. Il est impossible d'être plus brave que le général Oudinot. Il a chargé à la tête des hussards et a combattu à la tête des grenadiers. J'ai beaucoup à me louer de tous mes aides de camp et de tous les officiers de mon état-major. M. Lagrange a reçu une balle dans la cuisse. M. Exelmans, après avoir eu un cheval tué sous lui, a marché à pied jusqu'à la fin du combat à la tête des grenadiers. Je ne dois pas oublier de dire à Votre Majesté que le général Belliard s'est trouvé constamment à côté du général Oudinot. J'aurai l'honneur de faire connaître demain à Votre Majesté les noms des autres braves qui se sont particulièrement distingués, ainsi que les détails de cette belle journée [8]. »

Une deuxième lettre, le lendemain, complète ce premier envoi :

« *Au quartier général d'Amstetten, le 15 brumaire, an XIV, à 10 h 30.*

« Sire, l'ennemi a évacué dans la nuit Amstetten comme je l'avais prévu. Nos troupes légères qui, après le combat, étaient restées en face de ses vedettes l'ont suivi pas à pas, l'ont harcelé sans cesse et sont entrées dans la ville, comme il en sortait. Ce matin, à 7 heures, toute la division de grenadiers du général Oudinot est venue prendre position en avant d'Amstetten.

« [...] 30 000 Russes étaient encore hier ici. Leur général en chef Koutousov les commandait en personne dans le combat. Ils ont fait leur retraite dans le plus grand désordre.

« J'ai envoyé aux avant-postes la lettre de M. le maréchal Berthier contenant votre réponse à l'empereur d'Allemagne. Je n'ai pas cru devoir attendre l'officier parlementaire que j'avais laissé à Ems. Je n'aurais pu, sous aucun prétexte, me déterminer à l'envoyer par cet officier [9]. »

Absorbé par le combat d'Amstetten, Murat n'avait pu adresser la veille à l'Empereur les nouvelles qu'il attendait. Celui-ci s'en irrita, et au lieu d'éloges, Murat reçut des critiques. Il en conçut quelque amertume, amertume que traduit sa lettre du 6 au soir :

« Sire, la lettre que je reçois de M. le maréchal Berthier est bien peu encourageante ; elle semble m'apporter de votre part des reproches sur la journée d'hier, au lieu des témoignages de satisfaction que j'aurais été heureux de pouvoir rendre aux troupes qui ont combattu si glorieusement. Votre Majesté passera sans doute sur le champ de bataille ; il lui sera facile de juger que cette affaire a été une des plus sérieuses qui aient eu lieu depuis l'ouverture de la campagne. Sire, je serais bien malheureux si j'avais agi contre vos intentions et si j'avais pu vous déplaire, lorsque je n'ai qu'un seul désir, celui de servir Votre Majesté [10]. »

Napoléon répondit aussitôt : « Je ne sais où vous avez été chercher que j'ai été mécontent du combat d'Amstetten ; je l'ai été de ce que vous ne m'aviez pas écrit [11]... » Nuage passager, vite dissipé. Toutefois Napoléon s'inquiète toujours du comportement de Murat. Malgré les conseils de prudence, celui-ci fonce sur Vienne. Il veut être le premier à y entrer. Mais il s'avance trop vite, au point que le corps de Mortier, qu'il refuse d'attendre, manque d'être anéanti par Koutousov. Le 11 novembre, l'Empereur doit une nouvelle fois le réprimander, et cette fois, le reproche est plus sérieux : « Mon cousin, je ne puis approuver votre manière de marcher ; vous allez comme un étourdi et vous ne pesez point les ordres que je vous fais donner. Les Russes, au lieu de couvrir Vienne, ont repassé le Danube à Krems. Cette circonstance extraordinaire aurait dû vous faire comprendre que vous ne pouviez agir sans de nouvelles instructions ; cela en valait sans doute la peine. Sans savoir quels projets peut avoir l'ennemi, ni connaître quelles étaient mes volontés dans ce nouvel ordre de choses, vous allez enfourner mon armée sur Vienne. Vous avez cependant reçu l'ordre, que vous a transmis le maréchal Berthier, de suivre les Russes l'épée dans les reins. C'est une singulière manière de les poursuivre que de s'en éloigner à marches forcées. Ces ordres vous avaient même été donnés depuis que vous m'aviez rendu compte qu'ils se dirigeaient sur Krems. Je cherche en vain des raisons pour expliquer votre conduite. Je viens de faire connaître au maréchal Soult qu'il ne devait point exécuter le mouvement que vous avez ordonné. Il sera obligé de faire une contremarche pour se diriger sur Mautern. Envoyez des reconnaissances, occupez Stadt-Tulln et d'autres points sur le Danube. Le maréchal Davout se porte sur Vienne par Lilienfeld ; il sera ce soir à Moedling. Restez à Burkersdorf et le maréchal Davout à Moedling jusqu'à de nouveaux ordres. Il est probable que l'intention de l'ennemi est de couper les ponts du Danube à Vienne. Ainsi les Russes pourront faire ce qu'ils voudront du corps du maréchal Mortier ; je crains qu'il ne soit fort exposé, ce qui ne serait pas arrivé si vous aviez exécuté mes ordres. Avec la mesure que j'avais prise, d'avoir une grande quantité de bateaux, non seulement j'étais à l'abri d'un pareil événement, mais j'avais l'espérance bien fondée d'enlever une partie du corps russe. Mais vous m'avez fait perdre deux jours et n'avez consulté que la gloriole d'entrer à Vienne. Il n'y a de gloire que là où il y a du danger ; il n'y en a pas à entrer dans une capitale sans défense, surtout après la victoire du maréchal Davout, qui a battu et pris le reste du corps du général Kienmayer que commandait le général Merveldt[12]... »

Le 12 novembre, Napoléon se radoucit : « Je reçois enfin des nouvelles du maréchal Mortier, elles ne sont point aussi mauvaises que je l'avais craint[13]. »

Murat, le lendemain, s'empare de Vienne, après avoir évité par une ruse digne d'un Gascon la destruction du pont de Tabor, essentiel pour le passage des troupes. On amusa les Autrichiens, et notamment le prince d'Auersperg, avec de prétendues négociations de paix tandis que les grenadiers français franchissaient le pont. Le jour même, sans une perte, Murat et Lannes étaient maîtres de la capitale dont le commandement fut confié au général Hulin.

Belliard a laissé dans son journal un bon récit de la prise de Vienne :

« *20 brumaire, an XIV* [11 novembre 1805]. – Le corps d'armée partit à 7 heures du matin et se posa sur Vienne : un régiment de cavalerie autrichienne, qu'on avait laissé pour fermer la marche de l'armée autrichienne, formait pour ainsi dire notre avant-garde.

« A Ried, deux députés de la ville de Vienne se présentèrent au prince et lui annoncèrent qu'une députation des états de l'Autriche l'attendait à Burkersdorf pour prendre ses ordres. S.A.S. après avoir conféré avec les deux députés les renvoya à la députation générale et le corps d'armée continua son mouvement. A Burkersdorf, le prince reçut les députés des états, conféra longtemps avec eux, leur donna ses ordres et les renvoya à Vienne. A 3 heures, tout le corps d'armée était réuni sous les murs de Vienne. Les habitants, qui croyaient que nous allions en prendre possession, étaient accourus en foule à l'extrémité du faubourg Schönbrünn, pour voir l'armée française.

« Le prince n'ayant point encore d'ordres de Sa Majesté pour l'occupation de la capitale de l'Autriche, fit prendre position à son corps d'armée. Quoique les troupes ne fussent pas dans la place, nous n'en étions pas moins les maîtres et le prince ordonna que toutes les troupes autrichiennes l'évacuassent et que le service fût fait par la garde bourgeoise.

« [...] Le prince prit des renseignements sur les ponts de Vienne qu'on dit n'être pas détruits.

« D'après les rapports que reçut le prince, on évacuait, des magasins de Vienne, de l'artillerie et d'autres objets. »

Il fallait maintenant s'emparer de la capitale en évitant la destruction des ponts. Le 13 novembre, à 9 heures et demie du matin, Murat était sous les murs de Vienne « et, à 11 heures, le prince à la tête de ses troupes en prit possession avec M. le maréchal Lannes et fit son entrée dans la capitale de l'Allemagne », continue Belliard.

« Pendant ce temps, le prince avait envoyé le général Bertrand, aide de camp de l'Empereur et son aide de camp Lanusse, pour faire une reconnaissance sur le pont et tâcher de s'en emparer par surprise ; ils étaient suivis par le 1er régiment de hussards. En sortant du faubourg, la reconnaissance rencontra un poste de cavalerie autrichienne. Depuis trois jours, il y avait une suspension d'armes tacite ; nos officiers abordent le commandant, s'entretiennent avec lui, et comme il cédait le terrain, ils arrivent au pont ; le colonel autrichien veut arrêter les officiers, ils s'obstinent à le suivre et demandent à aller parler au général commandant les troupes campées sur la rive gauche ; on les y conduit, mais il est défendu au détachement de troupes françaises de passer ; il prend position sur la rive droite. Pendant ce temps, nos troupes avaient traversé Vienne, et le prince avec M. le maréchal Lannes les conduisent au pont ; il était encore intact, mais bien disposé pour être détruit en trois minutes ; les canonniers avaient la mèche allumée pour mettre le feu, et le moindre signe qu'on eût fait pour passer de force eût enlevé tout espoir de s'en emparer. Il fallut donc user de ruse, puisque la bonhomie des Autrichiens en donnait les moyens.

« Le général Bertrand avait passé le pont et s'était rendu au quartier général du général autrichien à deux heures de là.

« Le prince Murat, le maréchal Lannes mirent pied à terre ; la tête de la colonne s'arrêta à l'entrée du pont ; un peloton fut porté à quelques pas en avant sur le pont même et le barrant entièrement.

Je m'avançai, en me promenant, les mains derrière le dos, avec deux officiers d'état-major et je fus joint ensuite par M. le maréchal Lannes et deux de ses officiers ; nous continuâmes à marcher en causant, ayant l'air de nous promener. Nous parvînmes, par ce moyen, à arriver jusqu'à l'autre côté du fleuve, et au milieu des troupes autrichiennes. Le commandant fit quelques difficultés pour nous recevoir, mais enfin il se décida et on se mit à causer. Le maréchal lui répéta ce qu'avait dû lui dire en passant le général Bertrand, qu'on était en négociation pour la paix (c'était un bruit généralement répandu dans les deux armées), que dans peu de jours nous serions alliés et les meilleurs amis du monde. Pourquoi ces canons braqués contre nous ? dit le maréchal, voulez-vous nous combattre ? Allons ; tournez-les ; nous sommes amis. Le commandant se laissa persuader, retourna ses pièces ; les armes furent mises en faisceaux ; pendant ce temps, le peloton d'avant-garde avançait au très petit pas ; derrière étaient des sapeurs et des canonniers qui, masqués par la troupe, jetaient dans le Danube toutes les matières combustibles, répandaient de l'eau sur les poudres et coupaient les conducteurs de manière à empêcher l'incendie de la partie du pont que nous occupions déjà. L'officier autrichien comprenait mal le français et le parlait très peu ; il s'aperçut du mouvement et voulut faire entendre que les troupes marchaient, que cela ne devait pas être ; on lui observa qu'elles s'agitaient seulement et piétinaient en marquant le pas pour se réchauffer : le temps était très froid. La colonne d'infanterie suivait ; on arriva ainsi jusqu'aux trois quarts du pont ; alors l'officier autrichien, capitaine commandant l'artillerie, crie : *Feuer ! Feuer !* Toute la troupe prend les armes, les pièces d'artillerie se rebraquent de nouveau sur le pont et tout présage les plus grands malheurs. Alors le maréchal Lannes prend le commandant au collet d'un côté ; je le prends de l'autre ; on le secoue, on crie plus fort que lui pour que la troupe ne l'entende pas, on le rend responsable de tout le sang qu'il va faire verser, enfin on ralentit l'exécution de l'ordre. Pendant que tout ceci se passait, le général Bertrand arrivait avec le prince d'Auersperg ; on l'annonce ; les craintes cessent ; l'officier autrichien se calme ; le prince entre dans la tête du pont, demande le prince Murat ; le maréchal Lannes court à lui ; un officier d'état-major est envoyé bien vite pour donner l'ordre à la colonne d'allonger le pas et d'arriver, et pour rendre compte au prince Murat de l'état des choses et annoncer l'arrivée du prince d'Auersperg qui allait se rendre près de lui. Le maréchal Lannes se plaint au prince d'Auesperg de la conduite de l'officier, demande qu'il soit remplacé et puni ; des ordres nouveaux sont donnés : la conversation s'allonge ; la colonne arrive, elle débouche ; nous sommes maîtres du pont et la victoire est à nous.

« C'en était vraiment une par l'importance d'un pont sur le Danube (c'était le seul qui n'eût pas été détruit) qui facilitait une marche rapide pour empêcher les Autrichiens de se réunir et de se rallier. Le prince partit avec le maréchal Lannes pour aller auprès du prince Murat. Je portai les troupes sur la route de Stokerau où elles prirent position, attendant de nouveaux ordres.

« Le prince Murat reçut le prince d'Auersperg, s'entretint quelque temps avec lui et l'engagea ensuite à se rendre à Vienne. Les troupes continuèrent à passer ; la cavalerie déboucha à son tour ; des reconnaissances furent jetées sur toutes les routes ; le prince Murat arriva et l'on se mit en marche pour Stokerau [14]... »

Assurément le procédé n'était guère loyal, mais il épargnait trop de vies humaines pour n'être pas excusable.

François II avait fui vers Brünn pour rejoindre le tsar Alexandre. Et la poursuite de reprendre une nouvelle fois. Murat fut à son tour joué à Hollabrün, le 15 novembre, par Koutousov. Pris au piège, celui-ci feignit de négocier. Si Murat consentait à ne plus poursuivre l'armée russe, celle-ci quitterait à marches d'étapes les États de la monarchie autrichienne [15]. Fureur de Napoléon : « Il m'est impossible de trouver des termes pour vous exprimer mon mécontentement. Vous ne commandez que mon avant-garde et vous n'avez point le droit de faire d'armistice sans mon ordre ; vous me faites perdre le fruit d'une campagne. Rompez l'armistice sur-le-champ et marchez à l'ennemi. Vous lui ferez déclarer que le général qui signe cette capitulation n'a point le droit de le faire ; qu'il n'y a que l'empereur de Russie qui ait ce droit, toutes les fois cependant que l'empereur de Russie ratifierait la dite convention, je la ratifierai. Mais ce n'est qu'une ruse ; marchez, détruisez l'armée russe ; vous êtes en position de prendre ses bagages et son artillerie. L'aide de camp de l'empereur de Russie est un polisson, les officiers ne sont rien quand ils n'ont pas de pouvoirs ; celui-ci n'en avait point ; les Autrichiens se sont laissés jouer pour le passage du pont de Vienne ; vous vous laissez jouer par un aide de camp de l'empereur ; je ne conçois pas comment vous avez pu vous laisser jouer à ce point[16]. »

Les combats reprirent aussitôt, mais Koutousov avait eu le temps de dégager le gros de ses forces. C'est toujours la poursuite. Le 19, Murat entre dans Brünn ; il croit rattraper les Russes à Wischau qui n'est qu'un demi-succès. L'affrontement décisif a lieu à Austerlitz, le 2 décembre.

Victoire napoléonienne par excellence, Austerlitz est un chef-d'œuvre d'intelligence. Éloigné de ses bases, l'Empereur doit engager la bataille au plus vite car les Austro-Russes attendent des renforts qui leur donneraient une supériorité numérique écrasante et il ne peut l'emporter que si ses adversaires commettent une erreur. Pour les décider à combattre, malgré les conseils de prudence de Koutousov, Napoléon feint de se retirer ; pour les entraîner à la faute, il paraît en commettre une lui-même en affaiblissant son aile droite confiée à Davout.

L'ennemi tombe dans le piège et dégarnit le plateau de Pratzen où il était solidement retranché pour venir surprendre, croit-il, Davout. Celui-ci lui oppose une forte résistance. Napoléon lance alors Soult et Bernadotte à l'assaut de Pratzen. Le centre russe en plein mouvement est pris de flanc, enfoncé et Soult, se rabattant à droite, écrase par-derrière la gauche russe. De son côté, l'aile gauche française emmenée par Murat et Lannes sectionne la droite russe : 74 000 Français ont battu 87 000 Russes et Autrichiens.

Quel fut le rôle de Murat au cours de la journée ? On peut reprendre ici le rapport de Belliard :

« Le 11, à 6 heures du matin, les troupes aux ordres de S.A.S. le prince Murat ont quitté leurs cantonnements respectifs et sont venues passer le ravin de Girschikowitz au défilé de la grande batterie du Santon et au pont du Moulin à gauche du village de Girschikowitz. Conformément aux ordres de Sa Majesté, les troupes se sont formées en colonnes par escadron en avant du défilé, entre la route et le village, à la droite du corps d'armée de M. le maréchal Lannes [...].

« [...] A 8 heures, les troupes se mettent en mouvement et marchent à l'ennemi, ainsi que les deux autres corps d'armée. L'armée ennemie étant très rapprochée, on en est venu de suite aux mains ; plusieurs charges ont eu lieu entre les troupes légères et nous avons gagné du terrain. L'attaque sur les hauteurs de Girschikowitz contribua pour beaucoup au gain de la bataille en dégageant presque entièrement la gauche de M. le maréchal Soult et attirant une grande partie des troupes ennemies qui se trouvaient en arrière et à droite de Blakowitz ; elles vinrent s'établir sur les hauteurs en avant de Holuwitz

« Les troupes de S.A.S. continuèrent leur marche ; celles de M. le maréchal Lannes s'étaient aussi avancées et déployées refusant un peu leur gauche, et appuyant leur droite au marais de Blakowitz. Alors sur toute la ligne s'engage la plus belle, la plus sanglante et la plus mémorable bataille ; l'ennemi démasque une artillerie nombreuse et fait un feu roulant, la nôtre lui répond de même. Les troupes s'ébranlent de part et d'autre ; on se heurte ; toujours l'ennemi doit céder le terrain. La cavalerie ennemie charge la droite de la division Caffarelli ; elle est reçue avec vigueur et repoussée avec très grandes pertes par notre brave infanterie et par le feu de l'artillerie.

« Le prince ordonne à la division du général Beaumont de passer le ravin entre Blakowitz et Girschikowitz pour se porter à la gauche de M. le maréchal Soult et marcher avec son corps d'armée.

« L'ennemi tenait le village de Blakowitz ; on le canonne, la division Cafarelli l'attaque et il est enlevé de vive force.

« Pendant ce temps, les braves régiments de la division Kellermann et ceux de la division Walther poussaient et recevaient plusieurs charges, s'emparaient de huit pièces d'artillerie, faisaient prisonniers un prince russe et plusieurs officiers de marque. Le 5e régiment de chasseurs enlevait un drapeau au milieu d'un bataillon russe. La brigade du général Sébastiani, par un changement de front, tombait sur le flanc de l'ennemi qui chargeait nos hussards et chasseurs et lui faisait éprouver une perte considérable.

« L'ennemi fait un mouvement par sa droite, longe le ravin de Silwitz, vient attaquer et prendre le village de Bosnitz sous le feu de la redoute du Santon ; il est chassé avec perte et la brigade du général Milhaud le poursuit et lui fait plusieurs prisonniers.

« L'infanterie de la division Caffarelli marche au pas de charge dans le plus grand ordre, fait ses feux comme à l'exercice et chasse tout ce qui se trouve devant elle.

« Un régiment de dragons ennemi charge sur la droite et veut délivrer un bataillon autrichien qui venait d'être pris. Un bataillon carré de la division Cafarelli reçoit ce régiment et l'arrête ; le prince qui se trouvait là, voyant cette cavalerie sabrer les Autrichiens, ne pouvant pas croire qu'elle fût russe et la prenant pour un régiment bavarois, fait cesser le feu ; alors le prince fut lui-même très exposé et les officiers de son état-major ainsi que son escorte durent charger vigoureusement pour le garantir. Mais bientôt revenu de l'erreur, le prince fait avancer la division de cavalerie du général Nansouty qui, débordant la droite de l'infanterie, marche à l'ennemi ; l'ennemi, de son côté, marche sur elle, et là s'est engagée une superbe et brillante charge de cavalerie. Pendant quatre ou cinq minutes on se sabre, on reste pêle-mêle ; mais les braves régiments de carabiniers, soutenant leur vieille réputation, ainsi que le

2e régiment de cuirassiers, enfoncent l'ennemi et le poussent sur sa seconde ligne ; elle donne ; la nôtre, formée des régiments de cuirassiers, s'avance, trois charges successives ont lieu et toujours l'ennemi est culbuté, laissant beaucoup de morts sur le champ de bataille. Ce beau mouvement a coupé en deux l'armée ennemie en nous rendant maîtres des hauteurs de Kruck et Koluwitz, ainsi que de ces deux villages. Cette charge nous a donné huit pièces d'artillerie et mis en déroute complète tout le corps de troupes ennemies qui se trouvait à gauche de la route.

« [...] La cavalerie ennemie, qui s'est ralliée en arrière du ravin de Kruck, ne pouvant plus opérer sur sa gauche, gagne par la droite les hauteurs de Potzontzer pour soutenir l'infanterie qui faisait attaquer M. le maréchal Lannes. Le prince, voyant ce mouvement, fait porter sur la gauche la division Walther et la 2e division de grosse cavalerie du général d'Hautpoul pour se réunir aux brigades Trelliard et Milhaud et soutenir l'infanterie. La cavalerie ennemie se porte en avant ; mais chargée par la brigade Sébastiani soutenue par la brigade Roget, elle se retire derrière son infanterie, qui, par son feu, arrêta la division Walther [...].

« [...] Le mouvement en avant de S.A.S., en coupant l'armée ennemie, le sépara du corps de M. le maréchal Soult ; le vide fut rempli par le corps d'armée de M. le maréchal Bernadotte qui se porta sur Krzenowitz. Le prince lui envoya une brigade de dragons et se lia par la droite avec sa gauche. L'intention de S.A.S. était de continuer à pousser l'ennemi et d'enlever les hauteurs de Rauznitz et d'Austerlitz sur lesquelles il s'était retiré ; mais, à droite, on se battait toujours avec beaucoup d'acharnement ; le prince n'en avait pas de nouvelles, mais voulait contenir une nombreuse cavalerie et garder toujours les communications des routes de Brünn, d'Austerlitz et d'Olmutz. Craignant que Sa Majesté n'eût besoin de troupes, il ne voulut pas trop s'en écarter et fut forcé de suspendre sa marche pour être toujours à portée et en mesure d'envoyer des renforts à Sa Majesté s'il était nécessaire.

« A 4 heures et demie le feu cessa sur toute la ligne et la victoire de l'armée française fut complète... 7 à 8 000 prisonniers pour la plupart russes faits dans les différentes charges de cavalerie et d'infanterie, deux drapeaux pris, ainsi que 27 pièces d'artillerie avec leurs caissons, des escadrons entiers détruits, des bataillons carrés enfoncés, des régiments dispersés, 1 200 ou 1 500 morts restés sur le champ de bataille, plus de 3 000 blessés, voilà le résultat de cette belle et brillante journée pour l'aile gauche de la grande armée aux ordres de S.A.S. le prince Murat.

« Tous les corps, toutes les armes, tous les officiers ont rivalisé de dévouement, de bravoure et d'ardeur. Toutes les charges se sont faites au cri mille fois répété de : Vive l'Empereur !

« Jamais bataille ne se donna avec plus d'élan ; jamais on ne marcha mieux et avec plus d'ordre ; jamais les mouvements et évolutions ne se firent avec plus de calme et de précision, malgré la grêle de boulets, d'obus, de mitraille et de balles que recevait la troupe. Des files emportées étaient remplacées sur-le-champ et pas un soldat ne quittait son rang pour conduire un blessé.

« Pendant toute la bataille, le prince s'est trouvé au premier rang, donnant partout ses ordres et courant les plus grands dangers. Cinq officiers de son état-major, MM. Girard, adjudant commandant, Brunet et Flahaut, aide de camp du prince, Brousseaud, chef de bataillon, ingénieur géographe, et Lemesle ont été blessés.

« Le prince se loue beaucoup de la conduite de tous ses aides de camp, de tous ses officiers d'état-major.

« [...] S.A.S. ne saurait trop faire l'éloge de tous les officiers généraux sous ses ordres. »

Telle est la version de la bataille d'Austerlitz présentée dans le *Rapport du corps d'armée du prince Murat pour la bataille du 11 primaire, an XIV*, rédigé par Belliard[17].

La campagne de 1805 est terminée.

Murat y a fait preuve de qualités d'entraîneur d'hommes plus peut-être que de stratège. On le voit, infatigable cavalier, pousser ses escadrons en avant pour rattraper l'archiduc Ferdinand ou entrer avant tout le monde à Vienne. Il est en revanche médiocre stratège et ne calcule pas toujours les conséquences de ses mouvements, mettant le reste de l'armée dans des situations difficiles. C'est un sabreur : on attend de lui qu'il enfonce les lignes ennemies puis poursuive l'adversaire en fuite pour l'écraser ; on ne lui demande pas de réfléchir sur la conduite des opérations qui doit aboutir à rencontrer les forces adverses dans des conditions désastreuses pour elles. Il y faut plus de courage que d'intelligence. Mais Murat y gagne un énorme prestige dans l'armée où ses charges héroïques lui valent une grande popularité.

A cette popularité militaire s'ajoutent des considérations politiques. Murat ne s'est pas dépouillé de son uniforme de soldat de la République. Si l'on en croit Agar, il aurait publiquement désavoué au début de 1806 le mariage d'Eugène de Beauharnais avec la princesse Augusta de Bavière. Il aurait déclaré à l'Empereur : « La France, quand elle vous a élevé sur le trône, a cru trouver en vous un chef populaire, un chef plébéien, décoré d'un titre qui devait le placer au-dessus de tous les souverains de l'Europe ; mais elle n'a pas entendu renouveler la monarchie de Louis XIV, avec tous les abus et toutes les prétentions des vieilles cours. Cependant, vous vous entourez d'ancienne noblesse, vous en avez rempli les salons des Tuileries, elle s'y croit rétablie dans ses droits, elle s'y croit chez elle plus qu'elle ne vous croit chez vous, elle y considère tous vos compagnons d'armes, et vous-même peut-être, comme des parvenus, des intrus, des usurpateurs. Aujourd'hui vous prétendez vous allier par le mariage d'Eugène à la Maison royale de Bavière, et vous allez seulement montrer à l'Europe combien vous mettez de prix à ce qui nous manque à tous : l'illustration de la naissance. Vous rendez hommage à des titres de puissance qui ne sont pas les vôtres, qui sont en opposition avec les nôtres ; vous déclarez à la France et aux souverains que vous voulez être la continuation d'une ancienne dynastie. Cependant si vous régnez, c'est parce que la France ne veut pas d'une dynastie ancienne ; et quant aux souverains, la vôtre, n'en doutez pas, leur paraîtra toujours nouvelle[18]. » Murat a-t-il prononcé ces paroles ? Lors du projet de mariage de Napoléon avec Marie-Louise, auquel il s'opposa, il aurait repris des arguments voisins, et Albert Vandal d'évoquer derrière lui « un grand parti dans la nation, tous ceux qui craignaient un retour aux principes, aux abus, aux privilèges d'autrefois et qui verraient dans le mariage autrichien un concordat avec l'Ancien Régime[19] ».

Le nom de Murat est prononcé à plusieurs reprises lors de concertations à propos d'un éventuel changement de pouvoir. Après la campagne de 1805, il retient l'attention, Lucien écarté, face à Joseph et à Louis trop effacés. Talleyrand et Fouché le contactent en 1808, lorsqu'on craint que Napoléon ne revienne pas d'Espagne. Il jouit d'une bonne réputation auprès des libéraux. Devenu monarque lui-même, il passera pour « éclairé », il prendra figure de champion des idées révolutionnaires, de garant des principes de 1789, et on le jugera comme pouvant s'ouvrir aux aspirations des sociétés secrètes italiennes, aspirations auxquelles, conformément à sa légende, il prêtera une oreille bienveillante, contre le gré de Napoléon. Certes, nous n'en sommes pas encore là. Mais les héroïques exploits du sabreur de 1805 ne doivent pas nous faire oublier les ambiguïtés politiques du beau-frère de Napoléon.

CHAPITRE VIII

Le grand-duc de Berg

Le soir du 2 décembre 1805, le Saint-Empire romain germanique a vécu. Austerlitz consacre sa ruine.

C'est sur le chemin du retour, après la signature des accords qui remaniaient profondément la carte de l'Allemagne, que Napoléon, à Stuttgart, le 19 janvier 1806, lit dans le bulletin de police du 9 de ce même mois : « Les marchandises anglaises arrivées sur le continent commencent à refluer sur les frontières de la France. La ville de Düsseldorf paraît être le point d'où elles doivent principalement être introduites. L'expérience prouve que les fraudeurs et assureurs parviennent souvent à éluder les obstacles que leur oppose l'administration des douanes, quand ils n'ont pas pu en corrompre les employés. Des mesures extraordinaires paraissent nécessaires pour prévenir la fraude [1]. »

Ces mesures, Fouché, redevenu ministre de la Police, n'avait cessé de les préconiser : elles passaient par une négociation avec l'administration bavaroise du duché de Berg. Sur-le-champ, l'Empereur chargeait Fouché d'alerter le représentant de Max-Joseph à Paris et, par la légation française à Munich, le souverain de Bavière lui-même. Un vaste déploiement de soldats et de gendarmes eut lieu sur les deux rives du Rhin mais les marchandises suspectes regagnèrent à la hâte le territoire prussien, mollement poursuivies, selon Fouché, sur la rive droite.

Il fallait réagir plus vigoureusement. C'est dans ces circonstances que le 15 mars, Napoléon signait le statut d'investiture transférant les duchés de Berg et de Clèves au prince Joachim Ier. Ce texte, qui devient un décret le 30, prévoit :

« Leurs majestés les rois de Prusse et de Bavière nous ayant respectivement cédé les duchés de Clèves et de Berg en toute souveraineté, avec les droits, titres et prérogatives attachés à la possession de chacun de ces duchés, tels qu'ils les possédaient eux-mêmes, pour en disposer en faveur d'un prince de notre choix, nous avons transféré lesdits duchés, droits, titres et prérogatives, en toute souveraineté, tels qu'ils nous ont été cédés, au prince Joachim [*Murat*], notre bien-aimé beau-frère, pour être, dans toute leur étendue et plénitude, possédés par lui, en qualité de duc de Clèves et de Berg, et transmis héréditairement à ses descendants légitimes et naturels, de mâle en mâle, par ordre de primogéniture, à l'exclusion perpétuelle des femmes et de leur descendance [*ce qui exclut Caroline*]. »

Le décret poursuit : « Nous entendons que la

dignité de Grand Amiral de France soit héréditaire dans ladite descendance dudit prince Joachim, notre beau-frère, pour être transmise à ses successeurs avec les duchés de Clèves et de Berg, nous réservant lorsque nous le jugerons convenable de créer la dignité de prince vice-Grand Amiral. »

Le décret s'achève sur des considérations plus générales : « Ayant été principalement déterminé dans le choix que nous avons fait du prince Joachim, notre beau-frère, par la connaissance parfaite que nous avons de ses qualités éminentes, et la certitude des avantages qui doivent en résulter pour les habitants des duchés de Berg et de Clèves, nous avons la ferme espérance que, continuant de mériter par leur fidélité et leur dévouement la réputation qu'ils se sont acquise sous leurs anciens princes, ils se montreront dignes de toute l'affection de leur nouveau souverain et par là de notre bienveillance et protection impériales[2]. »

En donnant lecture de ce décret au Sénat, le 31 mars 1806, Cambacérès, après avoir célébré la gloire du nouveau duc, livrait la véritable raison de la création du duché : « Le prince Murat sera chargé de la garde d'une partie importante des frontières de l'Empire. »

Premier des trois États créés en Allemagne par Napoléon, le grand-duché de Berg n'a dû sa célébrité qu'aux pages des *Reisebilder* où Heine a tracé un inoubliable portrait du tambour Legrand.

En face des nouveaux départements français de Rhin-et-Moselle et de la Roër, formés sur la rive gauche du Rhin du duché de Juliers, de l'électorat de Cologne, de la Gueldre et de la partie du duché prussien de Clèves située sur cette rive gauche, s'étendaient les duchés de Berg et de Clèves.

Berg, limité à l'ouest par le Rhin, au sud et à l'est par Nassausiegen, au nord par le duché de Clèves dont le séparait la Ruhr, se composait d'une étroite plaine le long du Rhin où s'étaient établis des centres commerciaux importants comme Düsseldorf, et d'une région montagneuse traversée par la Sieg et la Wupper. Quelques grandes agglomérations industrielles y étaient implantées : Elberfeld dans le textile, Solingen et Remscheid pour la métallurgie.

La partie du duché de Clèves située sur la rive droite du Rhin formait un territoire fertile mais peu urbanisé à l'exception de Duisbourg et de Wesel.

Depuis le XVIIe siècle, Clèves et La Marck, une région voisine, en majeure partie protestants, appartenaient à l'Électeur de Brandebourg, plus tard roi de Prusse. Juliers et Berg, de religion catholique, étaient revenus au comte palatin de Neubourg.

Au traité de Lunéville, la partie du duché de Clèves établie sur la rive gauche du Rhin avait été cédée à la France qui l'occupait déjà depuis 1794. Juliers avait été annexé au département de la Roer, tandis que Berg, apanage du duc Guillaume de Bavière, conservait une relative autonomie.

Solidement établi sur la rive gauche du Rhin, Napoléon devait conforter cette implantation en s'installant sur la rive droite. Tel était le sens de la note adressée par Napoléon à Talleyrand, le 30 janvier 1806 : « La Prusse est une grande puissance, et, sous le point de vue de rapports généraux, ce serait une grande faute de la laisser s'augmenter. Mais si des considérations particulières portaient à tolérer cette augmentation, le remède serait de créer en Allemagne un État tout nouveau qui obtiendrait un accroissement égal à celui de la Prusse, et qui serait, par des relations de famille ou géographiques, dans le système de la France. Le siège de cette puissance paraît être naturellement Wesel et Düsseldorf. Le noyau en serait formé : 1. du duché de Berg ; 2. du duché de Clèves ; cela fait 300 000 hommes[3]... »

Le 15 février, la Prusse abandonnait Clèves. Par une convention conclue à Schoenbrunn, le 16 décembre 1805, la Bavière cédait à Napoléon, en échange du marquisat d'Ausbach enlevé à la Prusse, le duché de Berg.

Dès le 8 mars, la décision de réunir Berg et Clèves (du moins la partie située sur la rive droite et restée allemande) était prise : « Il serait possible que je fisse Louis roi de Hollande. Il est plus certain que je vais donner les duchés de Clèves et Berg au prince Murat ; tout cela est fait[4]. »

Le lendemain Murat était averti. « J'ai écrit au maréchal Berthier de vous envoyer directement de Cologne l'autorisation du roi de Bavière pour l'occupation du duché de Berg. Du moment que vous aurez reçu cette autorisation, vous chargerez le général Dupont d'en prendre possession. Mon intention est que cette occupation n'ait lieu que vingt-quatre heures après que mes troupes seront dans Wesel. Lorsque vous en serez maître, que les Prussiens auront évacué le duché de Clèves, et que la possession du duché de Berg aura été prise, c'est-à-dire vers le 20 ou le 21, vous vous rendrez à Düsseldorf, vous y serez reçu avec tous les honneurs dus à votre rang et vous notifierez, tant dans le duché de Berg que dans le duché de Clèves, mon décret impérial qui vous nomme prince de Berg et Clèves.

« Vous procéderez sur-le-champ à recevoir le serment de vos nouveaux sujets. Vous ne ferez aucun changement dans l'administration, et vous aurez soin, avant votre arrivée, que les troupes bavaroises, s'il y en a, soient en marche pour retourner chez elles.

« Je vous enverrai le décret impérial du moment que je connaîtrai votre arrivée à Cologne, de là vous dirigerez tous les mouvements pour l'occupation de Wesel et du duché de Berg.

« Vous tiendrez secrètes toutes ces dispositions [5]. »

Napoléon a tout prévu, et minutieusement, comme à son habitude. L'élévation de Murat au trône princier de Berg s'exécute comme un ordre militaire avec mouvement de troupes. Aucune consultation des populations concernées ni même de l'intéressé. L'ancien soldat de la Révolution pourra toujours dire qu'il a obéi à son supérieur.

Sous l'influence de Caroline avait-il espéré mieux ? Les rapports des diplomates (ainsi le Prussien Lucchesini, le 23 novembre 1805) lui prêtaient de grandes ambitions. Il est vrai que l'on ne prête qu'aux riches. Songeait-il à la Hollande, comme l'affirme sans preuves Ch. Schmidt[6] ? C'est possible. L'attribution de Clèves et de Berg était certes moins brillante, mais il s'agissait d'une marche à la frontière de l'Empire ; elle ne pouvait revenir qu'à un militaire et Murat était le seul militaire de la famille.

Le 16 mars, le duché de Clèves était remis au général Beaumont, aide de camp de Murat, par un conseiller de Frédéric-Guillaume III, von Rappard, à l'issue d'une brève cérémonie à Wesel, alors que les habitants étaient encore tenus dans l'ignorance du nom de leur nouveau souverain. Cinq jours plus tard, les Bergois apprenaient par une proclamation affichée à l'hôtel de ville de Düsseldorf que Maximilien-Joseph les déliait de leur serment de fidélité et qu'il appartiendrait à l'Empereur Napoléon de décider de leur sort. Nanti du texte d'investiture signé par Napoléon le 15 mars, Murat ordonna alors d'afficher dans tous ses nouveaux États l'acte impérial qui le créait duc de Clèves et de Berg. La surprise fut grande mais il n'y eut pas de protestation.

Le 24 mars, Murat faisait son entrée solennelle dans Düsseldorf « avec toute la pompe dont il sut toujours entourer ses apparitions en public et jusqu'à ses chevauchées des champs de bataille. Encadré de gendarmes du département de la Roër en grand uniforme, il reçut les clefs d'or de la ville sur un coussin de soie blanche tandis que toutes les cloches sonnaient et que grondait le canon. Le lendemain, installé sous le dais ducal, il reçut le serment de la noblesse et des villes. Il répondit par un discours que se hâta de reproduire *Le Moniteur*[7] ».

Bien que frappé par l'annonce du décès de sa mère, survenu à La Bastide le 11 mars 1806, Murat délire sur ses nouveaux sujets. Il écrit à Talleyrand, le 28 mars : « L'Empereur m'a fait le plus beau cadeau du monde sous le rapport de la beauté du pays, de la bonté de ses habitants et de leur admirable industrie, mais, ajoute-t-il, détestable par son organisation et le peu de revenus qu'il peut rendre. » Cette réserve faite, il confirme : « J'ai été reçu d'une manière admirable, j'essaierais en vain de vous peindre l'allégresse des habitants de Düsseldorf, ils étaient dans l'ivresse ; je n'aurais jamais pensé que les Allemands fussent susceptibles d'un enthousiasme semblable. » Lucide, il donne la raison de cet enthousiasme : « Le commerce, qui est dans l'état le plus florissant, espère tout de l'Empereur quant à l'importation en France du produit de ses manufactures. » Et de conclure : « J'ignore jusqu'à quel point son espoir peut être fondé[8]. »

N'est-ce pas Heine qui écrira : « Les drapeaux s'inclinèrent, les tambours roulèrent et les vivats retentirent de toutes parts » ? Quelle meilleure preuve de cet enthousiasme incontestable qu'avait su préparer habilement une proclamation du nouveau duc : « Il n'est rien changé à l'administration, soit civile, soit judiciaire, des duchés de Clèves et de Berg. Tous les magistrats et officiers civils de justice et de police qui y sont en activité continueront l'exercice de leurs fonctions. A compter de la publication de l'acte impérial et du présent, la justice sera rendue en notre nom, et tous les actes publics seront faits sous notre autorité, comme le tout était fait ci-devant au nom et sous l'autorité des souverains nos prédécesseurs. » Ce qui ne pouvait qu'enchanter la bureaucratie et les justiciables du duché. Les commerçants avaient aussi leur lot de promesses rassurantes : « J'espère qu'avec l'assistance de votre zèle, de votre expérience et de votre amour pour votre pays je pourrai maintenir et même accroître sa prospérité[9]. » C'était le langage qu'il fallait tenir et qu'instinctivement, ou bien renseigné, Murat trouvait d'emblée. Aussi l'enthousiasme fut-il encore plus grand à Clèves : manifestations dans les rues, cloches et canons et, bien sûr, hymne à la gloire du nouveau duc :

« Héros jeune et vaillant, enfant de la victoire,
Des rayons de ta gloire
Tu viens couvrir nos cités et nos champs... »

Comment Murat n'aurait-il pas été grisé par ces acclamations ? Oublie-t-il alors le vieux rêve de l'an II ? Sa soif d'honneurs et d'argent, suscitée par Caroline, trouve-t-elle une première satisfaction avec ce riche duché, au cœur d'une nouvelle

Europe économique ? Et pourquoi Murat ne penserait-il pas sincèrement à assurer le bonheur de ses sujets ?

Napoléon le rappelle immédiatement à la réalité. Il n'est pas un souverain comme les autres : il est seulement le lieutenant de son impérial beau-frère.

Le 4 avril l'Empereur dégrise Murat en exigeant de lui les plans de la citadelle de Wesel, qu'il va bientôt détacher du duché pour en faire une tête de pont française. Il ordonne d'autre part le maintien d'un régiment français dans cette même place. Suivent des instructions concernant l'établissement de nouvelles institutions. Berg, comme un peu plus tard le royaume de Westphalie, doit servir d'État modèle en Allemagne et montrer les avantages d'une administration « à la française ». Le ton est tranchant : « J'ai relu avec attention le projet d'organisation que vous m'avez envoyé. Il est incomplet et mauvais. J'ai dicté à M. Maret, le ministre secrétaire d'État, quelques articles qu'il vous enverra par le même courrier... Pour bien constituer le pays de Berg et de Clèves, il faut se donner le temps d'observer et de voir. Faites recueillir tous les renseignements. Après quoi il sera possible d'arriver à une organisation qui convienne aux habitants et à vous, et qui rende vos voisins envieux de faire partie de votre domination. C'est là surtout le but qu'il faut se proposer. »

Pas de liberté d'action donc pour Murat. Et un flot de conseils qui sont des ordres déguisés : « Le nom de ministre appartient à ceux qui en remplissent les fonctions chez tous les princes souverains ; il n'y a pas un petit prince en Allemagne qui n'en ait ; par conséquent, vous devez avoir trois ministres. [...] Trois ministres suffisent, 6 000 francs à chacun est un traitement convenable. Huit conseillers d'État, à 2 000 francs chacun, paraissent suffisants pour le pays. [...] Les troupes doivent être soldées avec les fonds dont vous aurez l'administration, mais qui seront des fonds du Trésor, de même que les canaux, les dettes et autres besoins publics [10]. »

Murat découvre les limites de sa souveraineté. Il n'est toujours qu'un *lieutenant*.

Mais les compensations sont importantes. La fin du Saint-Empire romain germanique s'est accompagnée de la création de la Confédération du Rhin qui regroupe les États allemands du Sud et de l'Ouest favorables à la France. « Son Altesse Impériale Monseigneur le prince Joachim, duc de Clèves et de Berg » appose sa signature par l'intermédiaire de son plénipotentiaire, le baron Maximilien de Schell, sur l'acte constituant cette Confédération, le 12 juillet 1806, à côté de rois, électeurs, ducs et comtes qui seront désormais ses confédérés. En récompense, il devient, en même temps que l'électeur de Bade et le landgrave de Hesse-Darmstadt, « grand-duc avec droits, honneurs et prérogatives attachés à la dignité royale ». Clause essentielle de l'acte du 12 juillet : l'engagement pris par les signataires de « séparer leurs États à perpétuité du territoire de l'empire germanique [*et*] de les unir entre eux par une confédération particulière présidée par le Prince-Primat Dalberg et protégée par l'Empereur. »

Cette entrée dans la Confédération germanique s'accompagnait pour le maréchal grand-duc de gains territoriaux appréciables : la ville de Dentz, centre commercial qui faisait face à Cologne, et les bailliages de Villich et Kœnigswinter qui permettaient une continuité d'accès sur la rive droite du Rhin, sans oublier quelques droits de souveraineté sur des seigneuries venant singulièrement arrondir ses revenus. En retour, Murat, comme chacune des parties contractantes, s'engageait, en cas de guerre, à fournir un contingent de soldats qui fut fixé à 5 000 hommes pour Berg.

Une disposition dont la reprise de la guerre avec la Prusse allait montrer la nécessité. Frédéric-Guillaume III supportait impatiemment la consolidation de l'influence française sur l'Allemagne du Sud : l'unité allemande allait-elle passer par Paris ? Pourtant Napoléon n'avait cessé de multiplier les gestes d'apaisement envers Berlin : cession du Hanovre, couronne impériale et domination de l'Allemagne du Nord promises à Frédéric-Guillaume... Rien n'y fit. La Prusse voulait la guerre. Le 26 août 1806, elle lançait un ultimatum à Napoléon lui enjoignant de retirer ses troupes de l'autre côté du Rhin.

Tandis que le roi de Hollande, Louis, recevait mission d'assurer la protection du grand-duché,

Murat était appelé auprès de Napoléon : il devait se trouver le 29 septembre au plus tard à Francfort pour y prendre le commandement de la réserve de la cavalerie. Rien ne souligne mieux le caractère précaire de sa souveraineté sur Berg. Le grand-duché n'est qu'une récompense permettant à Murat de jouer au souverain en temps de paix et de maintenir dans cette partie de l'Allemagne l'influence française. C'est Napoléon le maître véritable de Berg, Murat reste l'un des meilleurs généraux de la Grande Armée, un cavalier d'élite qui doit demeurer à tout moment à la disposition de l'Empereur. Pour lui, Berg doit être seulement le repos du guerrier.

De Mayence, Murat rejoint donc Wurzbourg : il a pour mission d'en assurer la défense et prévoir son dispositif de cavalerie.

Le corps de réserve se compose de 2 divisions de grosse cavalerie commandées par Nansouty et d'Hautpoul, de 5 divisions de dragons sous les ordres de Klein, Grouchy, Beaumont, Sahuc et Becker, d'une division de cavalerie légère confiée à Lasalle et Milhaud. « C'était une masse d'environ 20 000 cavaliers, admirablement commandés, pleins de courage et d'ardeur[11]. »

De Wurzbourg, Murat rejoint Kronach. Pressé d'être aux avant-postes, Murat passe ses troupes en revue à Bamberg. L'enthousiasme règne dans les rangs. Le 7 octobre, la guerre est déclarée. Encore à Kronach, Murat transporte son quartier général à Ebersdorf. Il franchit la Saale malgré la rupture d'un pont et s'empare des hauteurs de

Saalburg. Bernadotte affronte l'adversaire à Schleiz ; Murat, à la tête du 4e de hussards, charge l'ennemi qui bat en retraite. De Schleiz, Murat fonce sur Leipzig où pénètrent Curely et quelques hussards. Le 14, c'est Iéna.

Murat est arrivé tard dans la nuit avec sa cavalerie pour opérer sa jonction avec le gros des forces françaises. Le mouvement de Napoléon a parfaitement réussi. L'Empereur est sur le flanc du dispositif prussien et se trouve en passe de lui couper ses arrières. Mais les généraux adverses, conscients du danger, ont déjà décidé de battre en retraite : deux colonnes se mettent en route, l'une partant d'Erfurt et de Gotha, est placée sous le commandement du roi et du duc de Brunswick ; l'autre, abandonnant Weimar, est sous l'autorité du prince de Hohenlohe. Objectif : regagner la ligne de l'Elbe et protéger Berlin.

La colonne du prince de Hohenlohe, partie en dernier, doit couvrir la retraite. Napoléon vient la surprendre dans la nuit du 13 au 14, sur le plateau du Landgrafenberg qui domine Iéna. Trente mille hommes grimpent en silence par des sentiers de chèvre. Le brouillard et la forêt dissimulent leur escalade. La surprise est totale lorsque s'engage la bataille vers 6 heures du matin. Une bataille livrée en profondeur sur trois fronts successifs d'une distance de 10 km. Reprenons l'image du plus fameux des manuels scolaires, celui d'Albert Malet : « D'un côté une armée surprise avant d'être concentrée, se présentant au combat par échelons et détruite en détail, de l'autre une armée ramassée d'abord sur un étroit espace, puis s'étendant et développant ses colonnes comme les doigts pliés d'un poing qui s'ouvre. »

La cavalerie ne joue pas, dans cette première phase de la bataille, un rôle important. C'est Lannes qui, entre 6 heures et 9 heures, refoule les Prussiens établis dans les villages de Cospeda, Lutzeroda et Closwitz. Il est par la suite renforcé à droite par Soult, à gauche par Augereau. Le premier monte de la vallée de la Saale sur Closwitz, le second d'Iéna sur Cospeda par le ravin de Muhthal. Mais l'essentiel se joue ailleurs, à Auerstadt où Davout, pendant quatre heures, doit subir l'assaut de l'infanterie prussienne.

Peu à peu, sur tous les fronts, les Prussiens ont dû reculer, d'abord en bon ordre, puis, lorsque, vers 2 heures, la cavalerie de Murat est entrée en action, dans une débandade sans précédent.

Les vaincus d'Iéna et d'Auerstadt, se retrouvant à Weimar, se confondent dans une effroyable débâcle, jetant leurs armes, renversant les convois qui encombrent leur route, fuyant à toutes jambes.

La cavalerie française, sur l'ordre de Napoléon, fit 14 000 prisonniers, le lendemain d'Iéna. A eux seuls, 3 hussards capturèrent un escadron. Principal animateur de cette folle poursuite : Murat. Cet admirable cavalier ne se sent plus lorsqu'il faut chevaucher sans trêve derrière un adversaire en fuite. La fatigue ne l'atteint pas. Il traverse une partie de la Prusse comme à la charge.

Il est à Erfurt, poursuit le duc de Weimar rejeté vers l'ouest, atteint Magdebourg, prend la direction de Berlin où il entre avec Napoléon, reprend la poursuite, sans trahir la moindre fatigue. « Infatigable », c'est d'ailleurs ainsi que le qualifie un *Bulletin de la Grande Armée*. Il veut prendre le prince de Hohenlohe. Celui-ci tente de rejoindre les forces russes massées sur la frontière polonaise. Murat rattrape et anéantit l'une de ses colonnes à Furstemberg. Le prince trouve alors refuge à Prenzlow. Lasalle et Murat y arrivent presque en même temps. Aussitôt Murat donne l'ordre d'attaquer. L'ennemi est repoussé dans la ville. Finalement le Prussien se décide à parlementer. Toutefois son honneur lui interdit de capituler. « Eh bien ! je le ferai sabrer », affirme sans complexe Murat. Hohenlohe prend peur : il accepte toutes les conditions que rédige Belliard [12]. Il ignore que Murat n'a pas 5 000 hommes avec lui quand Hohenlohe pourrait en aligner 9 500 que la pusillanimité de leur chef contraint à déposer les armes. Murat prévient aussitôt Napoléon : « Le prince de Hohenlohe est en mon pouvoir, ainsi que son corps d'armée [...] 16 000 hommes d'infanterie, 6 régiments de cavalerie, 60 pièces de canon, 60 drapeaux, les princes Auguste-Ferdinand, Hohenlohe, Tauenzien et plusieurs autres officiers généraux sont le résultat de cette brillante journée [13]. »

La victoire de Prenzlow est complétée par la prise de Stettin, le 29. Belliard écrit à Berthier : « J'ai été envoyé par le prince [*Murat*] à Stettin pour sommer le commandant. Mais Lasalle avait commencé la besogne et je la lui ai laissé finir, en faisant mettre les réponses aux demandes du gouverneur ; le prince envoie la capitulation à S. M. La vieille patraque de gouverneur nous a salués de quelques coups de canon et a fini par se rendre à discrétion, après avoir fait beaucoup de difficultés [14]. »

Jusque-là Napoléon a été avare de compliments et n'a pas ménagé ses critiques. Cette fois, il s'incline : « Mon frère, je vous fais mon compliment sur la prise de Stettin. Si notre cavalerie légère prend ainsi des villes fortes, il faudra que je licencie le génie et que je fasse fondre mes pièces [15]. »

Dernier vestige de l'orgueilleuse armée prussienne, Blücher continue une retraite en bon ordre. Napoléon a donné l'ordre de le capturer : celui-là, il le lui faut à tout prix. Murat brûle les étapes : jusqu'à 60 km par jour ! Le 6 novembre, Blücher est rejoint à Lübeck par Lasalle, Grouchy et d'Hautpoul. Soult et Bernadotte arrivent à leur tour. Un combat meurtrier s'engage, Belliard parle de « carnage affreux ». Dans l'impossibilité d'atteindre l'île de Rügen, le général prussien doit capituler le 7. Murat a gagné. « N'ayant plus d'ennemi à combattre, écrit Belliard, le corps d'armée s'est mis en marche pour rallier la Grande Armée [16]. »

La campagne de Prusse est terminée. La guerre ne s'achève pas pour autant. La Prusse anéantie, reste la Russie. Les troupes du tsar sont toujours lentes à entrer en action. Une nouvelle fois Napoléon doit se porter à leur rencontre. Une autre occasion de combattre pour Murat.

CHAPITRE IX

La Pologne

La Prusse défaite, il faut maintenant affronter les Russes plus lents à se mettre en marche. Le décor change en même temps que l'adversaire : de vastes plaines propices aux charges de cavalerie si la boue ne venait favoriser l'enlisement des hommes, des chevaux et des charrois ; un ennemi qui se dérobe, n'offrant jamais à son poursuivant cette occasion de le surprendre et de l'anéantir, qui forme la base même de la stratégie napoléonienne. La guerre éclair va vite s'embourber en Pologne. Murat a rejoint Napoléon à Berlin le 11 novembre. Quelques jours de repos et le revoilà aux avant-postes. Il doit marcher sur Varsovie avec les deux brigades de cavalerie légère de Milhaud et Lasalle, les divisions de dragons de Klein, Beaumont, Becker, et la division de cuirassiers Nansouty[1].

Murat entre dans Posen le 21 et deux jours plus tard dans Klodawa. « Cette reprise des opérations, suivant de si près la conquête de la Prusse, dans une saison rigoureuse, produisit un affaiblissement de nos forces. L'extrême fatigue de la cavalerie fut signalée dès la fin de novembre. » Murat va pourtant faire des miracles.

Beaumont est à Sochaczew et Klein à Lowitz, dès le 24. A Sochaczew, Beaumont tombe sur 200 cosaques. Selon Belliard, « il les a fait charger vigoureusement par son avant-garde et ils ont pris la fuite. On les a poursuivis jusqu'à une lieue et demie, on leur a pris quatre hussards et deux cosaques ; six ont été tués. De notre côté nous avons eu quatre hussards blessés [...]. Le général Milhaud n'a rencontré personne à Bohinow ; 20 cosaques avaient passé la nuit en arrière de ce village et en étaient partis le matin [2]... »

Beaumont chasse les Russes de Blonie. Escarmouches et reconnaissances se poursuivent. D'abord prudente, l'avancée française devient vite triomphale. Partout la population acclame ses libérateurs ; partout l'on célèbre ces Français qui vont permettre la résurrection de la Pologne, partout on les ravitaille, on les renseigne, on les aide, on chasse les fonctionnaires russes. « Le brave et infortuné Polonais, déclare Napoléon à ses troupes, en vous voyant, croit voir les légions de Sobieski de retour de leur mémorable expédition [3]. »

C'est la résurrection de la Pologne qui est en jeu. Trois partages à la fin du siècle ont rayé de la carte la nation polonaise. Le 25 juillet 1772, « par crainte de la décomposition totale de l'État polonais » (*sic*), en réalité à la faveur précisément de cette décomposition due à la Constitution qui empêchait tout gouvernement énergique par la faute du « liberum veto », l'Autriche s'emparait de Zips et de la Galicie, Frédéric II de la Prusse polonaise moins Dantzig et Thorn, et la Russie de la partie de la Lituanie située en deçà de la Duna et du Dniepr.

Vingt ans plus tard, alors que la Pologne tentait d'amorcer un redressement en révisant sa Constitution, Russes et Prussiens l'envahissaient et obtenaient, en avril 1793, un deuxième démembrement. La Prusse prenait Thorn et Dantzig, la Russie un autre morceau de la Lituanie. Dans un ultime sursaut patriotique, nobles et paysans s'insurgèrent contre cet odieux partage. Le mouvement fut dirigé par Kosciusko, mais ce bel élan se brisa contre un adversaire supérieur en nombre. A l'issue du désastre de Maciejovitz, un troisième et total démembrement attribuait Varsovie à la Prusse, ce qui restait de la Lituanie à la Russie et Cracovie à l'Autriche. De la Pologne il ne restait rien.

Seule la France protesta devant tant de cynisme. Mais que pouvait-elle faire en 1795 ? Le silence retomba vite et l'on parut oublier le sort du malheureux peuple polonais. Puis parvint jusqu'à Varsovie l'écho des paroles de Bonaparte, alors Premier consul : « La France est encore humiliée d'avoir contemplé avec une lâche timidité la destruction d'un royaume comme la Pologne. Les Polonais ont toujours été les amis de la France ; c'est à moi qu'il appartient de les venger. [...] Je forcerai bien peut-être la Russie, la Prusse et l'Autriche à restituer les provinces que par trois fois elles se sont partagées. La politique des cours du Nord fut odieuse, infâme, spoliatrice[4]. »

S'étonnera-t-on que les regards des patriotes polonais aient été tournés vers la France ? Et comment ne pas comprendre l'émotion des provinces occupées par les Prussiens quand elles virent pénétrer sur leur territoire les cavaliers de Murat ? Villes illuminées, manifestations enthousiastes, engagements dans la légion polonaise appelée à combattre aux côtés des Français..., autant de preuves de l'attente des soldats de Napoléon par la population. Le 27 novembre, Murat atteint Varsovie. Après Vienne et Berlin, c'est une nouvelle capitale dans laquelle il parade le lendemain[5] à la tête de ses chasseurs et de ses dragons, chamarré d'or et orné de plumes. Cette fois l'accueil touche au délire. Le ciel lui-même est de la fête ; la neige et le brouillard ont fait place à un temps clair et ensoleillé rendant encore plus éclatants les uniformes des troupes françaises.

« Sire, écrit Murat à Napoléon, je dois parler à Votre Majesté de l'enthousiasme qui a éclaté aujourd'hui dans Varsovie à l'approche des troupes de Votre Majesté ; il m'est impossible de vous le dépeindre, je n'ai jamais vu de ma vie un esprit national aussi fortement prononcé. Je suis entré dans cette ville aux cris mille fois répétés de "Vive l'Empereur Napoléon, notre libérateur !". Ces mots sortaient de la bouche de toutes les classes de citoyens ; les femmes surtout, de la noblesse et du peuple indistinctement, ne pouvaient contenir leur joie ; je ne puis mieux vous rendre ce qui s'est passé qu'en vous priant de vous reporter au jour où Votre Majesté reconquit Milan et fit son entrée dans cette ville. Tous demandent des armes, des chefs et des officiers. Kosciusko est appelé à grands cris, ce nom-là est en vénération dans ce pays ; il y jouit d'une confiance générale. Tout le monde fait déjà chercher des chevaux pour se monter, et lorsque je leur ai dit que Votre Majesté proclamera l'indépendance de la Pologne lorsque vous verriez quarante mille hommes bien organisés, on m'a répondu : "Nous en donnerons cent mille mais que le grand Napoléon ne nous abandonne pas." Tous nos soldats ont été reçus sur toute la route par les nobles, par les paysans, par tout le monde, comme des frères.

« Les villes de Locwicz et de Sochaczien ont été illuminées à notre entrée ; Varsovie le fut hier soir parce qu'il y avait quelques avant-postes auprès de ses faubourgs ; elle l'est encore aujourd'hui parce que nous sommes dans la ville. Chaque habitant se disputait les soldats pour les loger chez lui ; des sociétés avaient préparé des repas pour les corps d'officiers ; enfin, Sire, la joie est universelle [6]. »

Jamais Murat n'avait encore rencontré un tel accueil : il est fêté, acclamé, salué comme un libérateur. Sensible au charme des jolies femmes, à l'admiration d'une partie de la jeunesse, aux ovations du petit peuple, aux égards de la noblesse, il se laisse gagner par cette chaleur polonaise. Un mot revient dans les conversations : « indépendance ». « Je n'ai jamais vu, disait-il dans sa lettre du 28, un esprit national aussi prononcé. » Le lendemain, dans une nouvelle missive à l'Empereur, il revient sur cette question. « Dans ma dépêche d'hier soir, j'ai rendu compte à Votre Majesté de l'enthousiasme qui avait éclaté à l'entrée de ses troupes dans Varsovie ; il est toujours le même. Aujourd'hui plus instruit, je vais lui parler du véritable désir de tous les Polonais grands seigneurs et grands propriétaires, et lui faire connaître le résultat des différentes conversations que j'eus avec les principaux nobles du pays. Votre Majesté peut compter que tel est l'état des choses et des dispositions des Polonais. Former une nation indépendante sous un roi étranger qui leur serait donné par Votre Majesté est le vœu général ; aucun Polonais n'a là-dessus aucune arrière-pensée. Mais ils ne s'insurgeront que lorsque Votre Majesté aura déclaré l'indépendance de la Pologne et fait connaître le roi qu'Elle veut leur donner. Je m'explique : tous les nobles, presque tout ce qui a été officier dans la révolution de Pologne, qui n'a à hasarder que sa propre vie, est prêt à se déclarer à agir, d'après l'impulsion qui lui sera donnée par le premier venu, tant on veut redevenir polonais. Les grands seigneurs, les grands propriétaires instruits par l'expérience et le malheur des derniers temps disent : "Oui, nous sommes et nous serons toujours polonais de cœur ; le Grand Napoléon n'a qu'à dire un mot : – Je déclare l'indépendance de la Pologne, un tel en sera roi, alors plus de doute sur notre sort. Dès que l'Empereur aura parlé, nos destins seront fixés et notre indépendance est assurée. Mais pourquoi, avant de connaître ses intentions, et sur des proclamations de quelques militaires réfugiés en France qui n'ont rien à perdre, nous insurgerions-nous et hasarderions-nous ainsi notre existence, la fortune de nos enfants ? On nous dit de former des bataillons, mais on ne nous désigne point de chefs. Faut-il de l'argent ? Nous sommes prêts à donner tout ce que nous possédons, mais, encore un coup, que l'on nous donne un roi et notre dernière constitution[7]." »

Murat avait déjà constaté la puissance du sentiment national en Italie lors de ses premiers contacts avec des patriotes italiens sans en comprendre encore les motivations. Il avait rencontré un sentiment identique en Allemagne, mais Berg restait malgré tout une terre inconnue pour lui faute d'y avoir séjourné. La Pologne lui permet de découvrir comment, dans un pays écartelé, divisé, soumis à des puissances étrangères qui l'écrasent sous le poids des armes, demeure forte la volonté d'indépendance et de réunification. Ce qu'attend la Pologne, c'est un chef, un roi qui assurera sa restauration. Grisé par ses succès, touché par l'accueil qui lui a été réservé, chatouillé dans son amour-propre par des allusions à mots couverts sur son aptitude de chef d'État glissées dans la conversation des seigneurs polonais, Murat a songé très vraisemblablement que la couronne polonaise lui siérait fort bien. De là sa deuxième lettre à l'Empereur. Mais Napoléon reste muet.

Rétablir la Pologne, c'est contraindre le tsar, maître de la Lituanie, aux extrémités et précipiter une intervention autrichienne. De plus, il s'avoue déçu par la faiblesse de l'aide militaire apportée par les Polonais à la Grande Armée.

Au demeurant, ce royaume auquel rêvait Murat, il fallait le conquérir : les Russes étaient encore à Praga, de l'autre côté de la Vistule.

Le 2 décembre 1806, malgré les rafales de neige et la crue des eaux qui charrient d'énormes glaçons, Murat fait traverser la Vistule aux premiers éléments de la division Morand qui libèrent le faubourg de Praga. Tour à tour, au prix d'énormes difficultés, les différents corps, grâce au travail des pontonniers, franchissent la Vistule.

Épuisé, malade, victime de la fièvre, Murat doit provisoirement laisser le commandement de la réserve de la cavalerie à Nansouty, mais il remonte en selle pour les premiers combats contre les Russes : Novemiasto, Lapaczyn, Golymin, le 25 décembre, où il opère au centre entre Davout et Augereau. Lasalle, Milhaud et Klein sont engagés car les Russes refusent de céder un pouce du terrain. Finalement, ils se replient à la nuit tombée. La santé de Murat paraît s'être rétablie ; après la charge qu'il mène à Lapaczyn, il écrit à l'Empereur : « Ma journée m'a fait du bien et je me porte beaucoup mieux que le matin. » En revanche les troupes sont très éprouvées : mal ravitaillées, trop loin déjà de leurs bases, pataugeant dans la boue provoquée par un dégel précoce, elles font preuve, à Golymin par exemple, de lassitude et même d'un début de panique. Murat se fait leur interprète auprès de Napoléon : « Sire, je suis obligé de marcher sur trois colonnes, parce que je crois ce mouvement militaire bon ; mais j'y suis surtout déterminé par le manque absolu de vivres, par les chemins affreux que j'ai parcourus et parce que, différemment, je ne ferai pas trois lieues par jour. [...] La tête de la division Klein commence seulement à défiler dans les boues de Makow. Sire, il m'est bien pénible de vous mettre sous les yeux le tableau déchirant que chaque maréchal est obligé de vous faire de sa position ; non seulement nous ne trouvons rien dans les villages pour les hommes et pour les chevaux ; mais nous les trouvons encore déserts et les habitants en fuite. [...] La cavalerie de Votre Majesté s'affaiblit tous les jours d'une manière sensible[8]. »

L'ennemi était battu à Pultusk et à Soldau, mais l'état du terrain ne permet pas la poursuite. « Le sol gras et argileux, détrempé par la pluie et le dégel, n'offrait de tous côtés qu'un vaste marécage où le soldat pouvait à peine faire quelques pas et d'où les bagages et l'artillerie ne se tiraient qu'après des efforts surhumains[9]. » Le moment est venu de prendre des cantonnements.

Murat passe le mois de janvier à Varsovie. A nouveau, il se laisse séduire par la société polonaise qui sait l'intéresser à la cause de l'indépendance de la Pologne. Poniatowski va jusqu'à lui remettre pour prix de son courage le sabre d'Étienne Bathori qui fut roi de Pologne. Murat y a-t-il vu une invite à postuler la couronne polonaise ? Aucun document ne le prouve. Ce qui est sûr, c'est que le grand-duc devient de plus en plus favorable aux revendications nationales des Polonais.

Mais la guerre reprend. Les Russes attaquent l'aile gauche des lignes françaises à la fin de janvier. Bernadotte plie sous l'offensive à la grande satisfaction de Napoléon qui espère ainsi attirer les généraux russes Bagration et Barclay de Tolly au cœur du dispositif français puis leur couper la retraite sur le Niémen par un mouvement tournant que doit exécuter Murat. Mais le piège est éventé. Les Russes se dégagent. La cavalerie les poursuit. Une série de combats à Bergfriede, le 3 février, Deppen le 4, Liebstadt et Wolfsdorf le 5, Hof le 6 où Murat joue le rôle décisif, restent sans conclusion : les Russes s'échappent toujours. Mais, le 7, à Eylau, Bennigsen juge qu'il ne peut plus reculer sans s'exposer à un désastre et il concentre ses troupes pour la bataille décisive. Dans la soirée, Napoléon, arrivé à son tour à Eylau, prend les dispositions nécessaires pour affronter l'ennemi.

Au lever du jour, le 8, une canonnade des Russes annonce le début des combats. La neige empêche toute visibilité et va gêner les opérations. Le cinquante-huitième *Bulletin de la Grande Armée* ne devait pas dissimuler les difficultés rencontrées par les Français : « L'armée russe, rangée en colonnes, était à demi-portée de canon : tout coup frappait. Il parut un moment aux mouvements de l'ennemi, qu'impatienté de tant souffrir, il voulait déborder notre gauche. Au même moment les tirailleurs du maréchal Davout se firent entendre et arrivèrent sur les derrières de l'armée ennemie. Le corps du maréchal Augereau déboucha en même temps en colonnes pour se porter sur le centre de l'ennemi, et partageant ainsi son attention, l'empêcher de se porter tout entier contre le corps du maréchal Davout ; la division Saint-Hilaire déboucha sur la droite, l'un et l'autre devant manœuvrer pour se réunir au maréchal Davout. A peine le corps du maréchal Augereau et la division Saint-Hilaire eurent-ils débouché, qu'une neige épaisse, et telle qu'on ne distinguait pas à deux pas, couvrit les deux armées. Dans cette obscurité, le point de direction fut perdu, et les colonnes, s'appuyant trop à gauche, flottèrent, incertaines. Cette désolante obscurité dura une demi-heure. Le temps s'étant éclairci, le grand-duc de Berg, à la tête de la cavalerie, et soutenu par le maréchal Bessières à la tête de la garde, tourna la division Saint-Hilaire et tomba sur l'armée ennemie ; manœuvre audacieuse s'il en fut jamais, qui couvrit de gloire la cavalerie et qui était devenue nécessaire dans la circonstance où se trouvaient nos colonnes. La cavalerie ennemie qui voulut s'opposer à cette manœuvre fut culbutée ; le massacre fut horrible. Deux lignes d'infanterie russe furent rompues ; la troisième ne résista qu'en s'adossant à un bois. Des escadrons de la garde traversèrent deux fois toute l'armée ennemie. Cette charge brillante et inouïe, qui avait culbuté plus de vingt mille hommes d'infanterie et les avait obligés à abandonner leurs pièces, aurait décidé sur-le-champ la victoire, sans le bois et quelques difficultés de terrain. Le général d'Hautpoul fut blessé d'un biscaïen. Le général Dahlmann, commandant les chasseurs de la Garde, et un bon nombre de ses intrépides soldats, moururent avec gloire. Mais les cent dragons, cuirassiers ou soldats de la Garde que l'on trouva sur le champ de bataille, on les y trouva environnés de plus de mille cadavres ennemis. Pendant ce temps, le corps du maréchal Davout débouchait derrière l'ennemi. La neige qui, plusieurs fois dans la journée, obscurcit le temps retarda aussi sa marche et l'ensemble de ses colonnes [10]... »

Ainsi c'est Murat qui, à la tête de 3 000 chasseurs, 7 000 dragons et 1 600 cuirassiers, a sauvé, dans une charge qui devait rester légendaire, une bataille mal engagée pour les Français. Cette énorme masse de cavaliers lancée contre les lignes russes, rien n'en restitue mieux la puissance que l'aquarelle de Siméon Fort conservée au musée de Versailles [11].

Gros a immortalisé le lendemain de la bataille dans un tableau célèbre qui illustre en quelque sorte le soixante-quatrième *Bulletin de la Grande Armée* : « Qu'on se figure, sur un espace d'une lieue carrée, neuf ou dix mille cadavres, quatre ou cinq mille chevaux tués, des lignes de sacs russes, des débris de fusils et de sabres, la terre couverte de boulets, d'obus, de munitions, vingt-quatre pièces de canon auprès desquelles on voyait les cadavres des conducteurs tués au moment où ils faisaient des efforts pour les enlever, tout cela avait plus de relief sur un fond de neige : ce spectacle est fait pour inspirer aux princes l'amour de la paix et l'horreur de la guerre[12]. » Les Russes discuteront sur l'issue du combat, réclamant la victoire ; il n'en demeure pas moins qu'ils durent se replier vers Kœnigsberg, poursuivis par Murat. Poursuite prudente : loin de ses cantonnements, privée de fourrage, éprouvée par Eylau, la cavalerie française manque d'ardeur. Le 12 février, Murat doit renoncer à capturer ce qu'il croit être l'arrière-garde ennemie à Kœnigsberg : la résistance farouche des Russes l'en dissuade. Le combat serait trop sanglant.

Devant la fatigue et le découragement des hommes, tous les généraux réclament une pause qu'accorde Napoléon. La cavalerie peut se refaire à Elbing. Son effectif paraît insuffisant à l'Empereur devant les nuées de cosaques qui ne cessent de harceler les convois de la Grande Armée. C'est à Lasalle que revient le soin de reconstituer une cavalerie légère. Murat la passe en revue le 25 mai.

Il était temps. Ney est attaqué à Guttstadt au début du mois de juin. Le 5, Murat réunit ses divisions, franchit le Passarge le 9, et reprend Guttstadt. Les Russes se replient sur le camp retranché d'Heilsberg. Imprudemment Murat, sans attendre les ordres de Napoléon, se lance à l'assaut, en dépit d'une évidente infériorité numérique. Il a un cheval tué sous lui, monte sur celui d'un brigadier, mais 12 dragons russes l'encerclent et il va être pris lorsque Lasalle accourt, balayant tout sur son passage. Quelques minutes plus tard, c'est Murat qui rend le même service à son compagnon d'armes. Héroïque, certes, cette charge de Murat, mais terriblement meurtrière ; aussi Napoléon ne manquera-t-il pas de la reprocher au grand-duc.

Toutefois l'Empereur qui veut en finir avec les Russes lui confie l'aile gauche. Dans la nuit du 13 au 14 juin, les troupes françaises se trouvent près de Friedland. Murat qui est en avant, sur Kœnigsberg, est prévenu de l'imminence de la bataille, mais il reçoit une mission qui ne l'enchante guère : garder les débouchés vers Kœnigsberg pour empêcher une retraite de l'ennemi. De nouvelles instructions l'appelèrent à Friedland. « Tâchez donc d'arriver à une heure du matin, lui écrivait Berthier. Si l'Empereur aperçoit, au début de l'action, que l'ennemi est en très grande force, il est possible qu'il se contente aujourd'hui de le canonner et qu'il vous attende [13]. » Murat était en marche, le 15, lorsqu'il apprit la victoire éclatante de Napoléon la veille. Il passe la Pregel à Wehlau, le 16, et poursuit l'armée russe jusqu'au Niémen. Le 19, il est devant Tilsit. C'est là qu'il apprend que Bennigsen a demandé un armistice qui deviendra la paix de Tilsit, paix qui se fera au détriment de la Prusse et favorisera la naissance d'un grand-duché de Varsovie.

Pour prix de ses services Murat espère-t-il encore obtenir la couronne de Pologne ? Sait-il que Caroline, si l'on en croit les Mémoires du temps (mais que valent les ragots de la duchesse d'Abrantès ou de Mme de Rémusat ?), entre une liaison avec Junot et une autre avec le séduisant ambassadeur d'Autriche Metternich, multiplie les manœuvres de séduction auprès de Talleyrand et de Maret pour les inciter à parler à l'Empereur en faveur du grand-duc pour un éventuel trône de Pologne ? Napoléon accorde à son beau-frère une garde polonaise de 100 hommes qui entretient Murat dans ses illusions. Illusions vite dissipées. L'Empereur revient sur sa décision. Murat ne vengera pas l'honneur de la Révolution impuissante à empêcher la destruction du royaume de Pologne ; il ne sera pas le successeur d'Henri III ; il est sacrifié à l'alliance franco-russe. Il ne faut surtout pas inquiéter cet Alexandre Ier, que Napoléon croit avoir séduit. Une anecdote veut que, pour l'entrevue de Tilsit, Murat ait revêtu une grande tenue polonaise. Napoléon l'aurait durement apostrophé : « Allez-vous-en mettre votre uniforme de général, vous avez l'air de Franconi ! »

CHAPITRE X

Retour à Berg

Murat n'aura pas la couronne de Pologne ; du moins voit-il le duché considérablement agrandi. Selon l'heureuse formule de Marcel Dunan, « cet État de Berg était un pays bizarrement conformé, agrégat de territoires voisins du Rhin, terminé au sud par une région mal reliée à la partie principale et prolongé au nord par une enclave sans communication directe avec le reste du pays [1] ». Une telle configuration laissait prévoir de nouvelles extensions. A Berlin, dans le même temps où il lançait le fameux décret proclamant le Blocus continental, Napoléon tranchait en faveur de son beau-frère dans le litige qui avait opposé Murat à la Prusse, à propos de trois petites abbayes, Elten, Essen et Werden. La première ne formait qu'un territoire de 1 300 âmes, mais les deux autres en totalisaient 20 000 et comprenaient d'importantes mines de houille. Le Recès de 1803 les avait attribuées à la Prusse à titre d'indemnité mais, substitué à la Prusse quant aux droits sur Clèves, Murat n'avait pas hésité à les annexer à ses États.

C'était voir loin. Mais Blücher, le Prussien intransigeant, au nom des droits de son monarque, avait menacé d'intervenir et Napoléon avait eu beaucoup de mal à calmer les deux belligérants. C'était l'époque où il espérait encore éviter la guerre avec la Prusse. En octobre 1806 l'heure des ménagements était passée.

Lors des accords de Tilsit, Murat se taille sinon la part du lion (elle est réservée au nouveau royaume de Westphalie constitué sur les ruines de la Prusse), du moins un bon morceau du gâteau prussien. Il s'enrichit du comté de La Marck que traversait la Ruhr et qui jouxtait sa frontière du nord-est. Abandonné par Frédéric-Guillaume III, le 9 juillet 1807, le comté est attribué, le 21 janvier 1808, au grand-duché afin « de faire une chose gracieuse pour la princesse Caroline et reconnaître les services de Murat ». S'y ajoutent la principauté de Münster, les comtés de Tecklembourg, de Lingen et de Dortmund ainsi que les droits de souveraineté sur les possessions de Bentheim et Rheda, soit 350 000 habitants de plus pour le grand-duché.

Un tel remaniement faisait de Berg un État homogène comprenant près d'un million d'habitants et dont la richesse économique n'allait pas décevoir les espoirs placés en elle.

On a vu comment Murat se plaignait de la mauvaise administration qu'il avait héritée de ses prédécesseurs, et plus particulièrement du faible rendement des impôts.

Il revint à Agar, le compatriote du Lot et le

fidèle confident, de reprendre cette administration en main.

Jean-Antoine-Michel Agar était né à Mercuès, le 18 décembre 1771, mais avait passé la plus grande partie de sa jeunesse à Saint-Domingue. Capturé par les Anglais en 1794, il n'avait été libéré que l'année suivante et était venu s'établir comme avocat à Cahors. Ambitieux sans nul doute et doté d'un extraordinaire entregent, il réussit à retenir l'attention de Murat dans des conditions mal connues et obtint de lui un poste de commissaire en Toscane. Après la formation du royaume d'Étrurie, Agar dut revenir en France. Une France qui avait retrouvé depuis le Consulat la notion de « clientèle ». Agar appartient à la clientèle de Murat, beau-frère du Premier consul. Il lui doit un poste de conseiller général du Lot puis un siège de député du même département au Corps législatif. Murat ne peut se passer de lui et lui demande même de l'accompagner, sans fonctions particulières, lors de la campagne de 1805. Devenu grand-duc de Berg, il appelle Agar au ministère des Finances et, pour renforcer les liens qui les unissent, il lui fait épouser l'une de ses nièces. Agar acquiert la terre de Mosbourg et devient comte. Comment pourrait-il en être autrement lorsqu'on est neveu, par alliance, de la sœur de l'Empereur[2] ?

Ne faisons pas d'Agar l'un de ces intrigants comme l'on en rencontre tant. L'homme se révèle vite un remarquable administrateur. La situation l'exigeait. Le 20 mars 1806, Murat faisait part des difficultés qu'il rencontrait : « Je m'occupe sans relâche à étudier l'administration du duché de Berg. C'est un chaos que j'ai beaucoup de peine à débrouiller. Il ne fut jamais d'organisation moins régulière que celle qui existait ici. Une portion des revenus appartenait au roi de Bavière, une portion au duc de Bavière, son beau-frère ; une portion était censée appartenir au pays même et affectée à un certain genre de dépenses. Mais tout cela était géré sans aucun ordre. Il y avait une régence royale, une régence ducale, un conseil intime, une commission. Personne n'avait d'attributions fixes. Le président du conseil intime jouissait de toute l'autorité. Il renvoyait les affaires tantôt à l'un des membres du conseil, tantôt à l'autre sans qu'aucun fût chargé spécialement d'aucune partie, en sorte qu'aujourd'hui je ne trouve personne qui connaisse complètement aucune branche du service[3]. »

Il était nécessaire de renoncer au système, courant en Allemagne, de l'administration collective. Il fallait de plus amorcer la fusion entre Clèves et Berg. Enfin Murat avait besoin de s'appuyer, pour son œuvre de réformes, sur un personnel francophone mais indigène. Le 24 avril 1806, la régence ducale et le conseil intime étaient supprimés. A la tête de l'État, deux ministres. Agar, qui fut d'emblée le chef réel du gouvernement, concentrait sous son autorité les Finances et les Relations extérieures. Le second ministre, choisi parmi les notables locaux, avait dans ses attributions l'Intérieur : ce fut Fuchsius, un bon juriste, puis Nesselrode, ci-devant maréchal de la diète du duché de Berg. Leur loyauté envers Murat fut indéniable. Un conseil d'État, sur le modèle français, assistait le grand-duc. Ce modèle français se retrouvait dans l'administration provinciale : six puis huit arrondissements dirigés par des conseillers provinciaux dont les attributions comme l'uniforme (bicorne et frac bleu à broderies d'or) rappelaient, le titre en moins, les préfets de l'Empire. Les conseillers furent tous choisis dans le pays : le comte de Spee à Düsseldorf, le comte de Borcke à Dillenbourg, le publiciste Theremin à Elberfeld.

A la tête des villes, le *stadtdirektor* fut substitué en octobre 1806 au « magistrat » de 24 membres. A côté de lui, un adjoint, un commissaire de police et un conseil de 15 membres. Pour le *stadtdirektor*, un uniforme à la française : couleur puce, écharpe et épée.

Hérités des régimes précédents, les États devaient être convoqués lors de décisions urgentes et importantes. Murat se contenta de leur faire adopter des réformes fiscales en septembre 1806. Mais, en raison de leur faible représentativité et de leur manque de souplesse, il se dispensa de les réunir par la suite. Les États ayant abandonné leurs prérogatives fiscales, on créa une imposition de la terre analogue à la contribution foncière en France. Elle se doublait d'une taxe de famille, sorte d'impôt progressif sur la fortune. Les contribuables se rangeaient d'eux-mêmes en onze classes. Cet impôt servait à alimenter les dépenses de guerre.

Le 24 avril 1806 était réalisée la fusion entre Clèves et Berg, fusion qui entraîna la suppression des barrières douanières intérieures.

L'activité économique du grand-duché, « principal foyer industriel du continent », avec une puissante industrie textile (Elberfeld pour le pur fil et le coton, Barmen pour la dentelle, Lennep pour la laine) et une non moins importante industrie sidérurgique (Remscheid et Solingen, « mecque de la coutellerie ») était en plein développement et attendait beaucoup de son entrée dans la mouvance française. Le rapport donné par Héron de Villefosse sur l'état des mines allait montrer que la France pouvait également beaucoup attendre de Berg. Le nouveau tarif douanier fixé pour les exportations et importations avec la France, le 30 avril 1806, vint porter à l'essor économique du grand-duché un coup terrible[4]. Les Bergois voyaient leur débouché naturel réduit et bientôt supprimé. Tous les pays livrant à la France des matières premières ou des produits manufacturés analogues à ceux de l'Angleterre se trouvaient frappés. Au mois de juillet 1806, une délégation d'industriels se rendit à Paris pour demander la liberté d'importer le grain et le bétail de la rive gauche, l'introduction en France des productions de l'industrie bergoise contre un droit de 6 à 8 % de leur valeur, la sortie en France de la soie et du lin nécessaires au grand-duché.

Murat appuya cette demande auprès de Cretet[5]. Il soulignait que Berg faisait partie de l'Empire et ne pouvait être traité en pays étranger. Les protestations des manufacturiers de la rive gauche du Rhin firent échouer la tentative. Le conseil de commerce affirma qu'il ne fallait pas faire d'exception pour la rive droite. L'Italie elle-même fut fermée à l'industrie du grand-duché. Un traité de commerce avec la France aurait pu assouplir les rigueurs de cette législation. Un moment, Murat en nourrit l'espoir. Vainement. Les Bergois découvraient les inconvénients de la domination française et Murat son impuissance à calmer le mécontentement de ses sujets. Dans le même temps en effet, le poids de la conscription, introduite dans tout le grand-duché, vint frapper durement la population de 20 à 25 ans. En janvier 1808, le contingent bergois était fixé à 7 000 hommes.

Cette absence de contrepartie soulignait la volonté impérialiste de Napoléon qui ne permettait même pas à Murat de sauver la face en obtenant des adoucissements pour ses sujets. Déjà retenu loin de ses États par la guerre, le grand-duc se voyait dépossédé de toute influence : son avis sur l'industrie de Berg comptait moins que celui d'un fonctionnaire du ministère de l'Intérieur. Aucun ménagement ne vint de Napoléon. Murat n'était qu'un lieutenant qui n'avait qu'à exécuter les ordres et nullement réfléchir à l'avenir de l'économie de ses États.

Des États dont, il faut le dire, Murat ne s'est guère soucié. La paix retrouvée à Tilsit, au moins sur le continent, il ne manifesta aucun empressement à aller vivre parmi ses sujets. Caroline, qui ne considérait Berg que comme un pis-aller et voulait une couronne, lui aurait conseillé de ne pas s'éloigner de la cour impériale. Comme au temps de la monarchie, c'est là que se distribuaient les honneurs et l'argent. Agar suffisait pour l'administration du grand-duché. A Rambouillet, à Fontainebleau ou aux Tuileries, Caroline déployait toute sa séduction et les fastes d'un luxe qui éblouissait les contemporains pour obtenir un royaume digne de la sœur de l'Empereur [6]. Murat se devait d'être auprès d'elle. Poursuivie méthodiquement, la sécularisation à Berg des biens ecclésiastiques permettait, avec les largesses impériales, de subvenir aux frais. On ne vit guère le grand-duc dans ses États après Tilsit [7]. Voulait-il s'étourdir dans les fêtes parisiennes pour oublier la précarité de sa souveraineté ? A dire vrai, il n'eut guère le temps de s'en rendre compte. A peine avait-il mis pied à terre qu'il fallait repartir. En 1808, un nouveau champ d'action s'offrait à lui : l'Espagne.

CHAPITRE XI

Dos de mayo

De Berlin, en 1806, Napoléon lance à l'Angleterre le plus extraordinaire défi économique que l'Europe ait connu : fermer l'ensemble du continent aux marchandises de la perfide Albion.

Mais, très vite, se découvre le point faible du dispositif mis en place : le Portugal. Ses dirigeants ont beau multiplier les déclarations apaisantes en direction de la France, les intérêts de leur pays sont trop liés à ceux du commerce anglais pour leur permettre d'entrer dans le système napoléonien. Un blocus rigoureux de Lisbonne ruinerait le Portugal. Furieux, Napoléon se décide, après Tilsit, à imposer ses vues par la force. La voie maritime étant exclue, reste la terre. Mais il faut passer par l'Espagne.

Pour l'amadouer, l'Empereur négocie avec le Premier ministre espagnol Godoy. Il en sort le traité de Fontainebleau, le 27 octobre 1807, qui décide le partage du Portugal : le Nord à la reine d'Étrurie, le Sud à Godoy, le Centre demeurant réservé. L'Espagne laisse le libre passage aux troupes françaises, sans toutefois assurer toute l'aide logistique promise. Il n'empêche : Junot s'empare de Lisbonne le 30 novembre 1807.

Opération réussie. En fait, Napoléon voit plus loin. Il pense à détrôner les Bourbons d'Espagne comme il l'a fait pour ceux de Naples. L'occasion est belle. Charles IV, incapable de gouverner, laisse les rênes du pouvoir à l'amant de sa femme, Godoy, et entre en conflit avec son fils Ferdinand. La monarchie, vue de Paris, paraît discréditée et la couronne à portée de la main. Napoléon rêve de placer les membres de sa famille sur les trônes d'Europe : Joseph est à Naples ; Louis va à Amsterdam, Jérôme à Cassel. Pourquoi n'y aurait-il pas un Bonaparte à Madrid ?

On a beaucoup discuté pour savoir qui avait soufflé une telle idée à Napoléon. Talleyrand ? C'est vraisemblable. Murat ? C'est moins certain. Ce qui est sûr, c'est qu'entre juillet 1807 et mars 1808, la correspondance de l'Empereur le montre de plus en plus enclin à s'emparer de la couronne d'Espagne.

Le traité de Fontainebleau a permis à Napoléon de couvrir la péninsule Ibérique de ses soldats : Dupont est à Valladolid, Moncey à Burgos, Mortier en Navarre, Duhesme en Aragon. Mais chacun de ces généraux n'est pourvu que d'instructions particulières. « Afin de centraliser la direction, Napoléon avait besoin d'un homme assez haut placé par son rang et son prestige militaire pour exercer sur l'armée française une autorité sans conteste, assez sûr pour exécuter intégralement ses ordres, d'une intelligence assez prompte pour comprendre à demi-mot[1]. » Au sein de l'armée, Murat, par son courage, jouit d'une énorme popularité et il a fait preuve en Italie, sous le Consulat, de talents diplomatiques indéniables. De plus, pour la cour de Madrid, il sera le beau-frère de l'Empereur.

Napoléon se méfie pourtant de lui. S'il le charge de coordonner l'action des troupes, il ne lui révèle en rien ses intentions profondes. Lorsqu'il le rencontre dans la journée du 20 février 1808 aux Tuileries, il se contente de propos anodins ; puis, le soir, il lui fait annoncer par le ministre de la Guerre qu'il devient le lieutenant de l'Empereur en Espagne et qu'il doit partir sur-le-champ pour Bayonne. Est-ce aussi parce que Napoléon est toujours hésitant et attend de voir le cours pris par les événements ? En tout cas, les instructions de Murat sont purement militaires.

« Mon ministre de la Guerre, lui écrit Napoléon, a dû vous faire connaître que je vous ai nommé mon lieutenant auprès de mon armée en Espagne. Le 2e corps de la Gironde que commande le général Dupont, le corps d'observation des côtes de l'Océan que commande le maréchal Moncey, la division des Pyrénées occidentales que commandait le général Mouton et que je viens de donner au général Merle, la division des Pyrénées orientales que commande le général Duhesme, le détachement de ma garde à pied et à cheval que commande le général Lepic, les troupes formant les 16e, 17e et 18e régiments provisoires, les cinq bataillons des légions de la réserve qui vont se compléter à Bordeaux forment les armées près desquelles je vous ai nommé mon lieutenant, et auxquelles vous devez, en cette qualité, donner tous les ordres nécessaires pendant mon absence. » Suit un tableau de l'implantation des troupes et un état des renforts. Des instructions précises sont marquées concernant l'approvisionnement des hommes et la reconnaissance de la route de Valladolid à Madrid. Ultimes conseils : « Vos communications avec les commandants espagnols doivent être amicales, et vous ne devez donner pour explication de l'occupation des forteresses que le besoin de mettre en sûreté les derrières de l'armée. S'il arrivait que le commandant général de la Navarre se refusât à rendre la forteresse de Pampelune, vous emploieriez les troupes du maréchal Moncey pour l'y forcer. » Et de conclure : « Du reste, il est inutile que vous ayez aucune communication avec la cour d'Espagne jusqu'à ce que je vous en aie donné l'ordre [2]. » Un deuxième pli n'éclaire pas davantage Murat : il n'y est question que de la nécessité de s'emparer de la forteresse de Pampelune et des mouvements de troupes indispensables [3].

« Dissimulation extrême et quasi puérile, écrit Geoffroy de Grandmaison, car à ne rien savoir, on peut tout compromettre et un agent d'exécution, suivi de 50 000 hommes, ne saurait bien transmettre des ordres dont la portée lui échappe [4]. »

Voilà donc Murat parti sans rien connaître des

véritables projets de l'Empereur. Du moins, avant son départ, a-t-il eu le temps de rencontrer Caroline. Celle-ci avait-elle deviné les intentions de son frère ? A qui reviendra la couronne d'Espagne si les Bourbons sont chassés de Madrid ? Elle pousse Murat à exécuter ponctuellement les ordres impériaux. Qui sait ce qui arrivera ensuite ?

A Bayonne, Murat attend de nouvelles instructions : elles lui parviennent, banales et sans prolongements politiques.

Les Pyrénées franchies, Murat s'inquiète. L'opinion espagnole semble se retourner contre les Français : des soldats sont assassinés à Barcelone ; des troubles se produisent à Pampelune. Napoléon balaie ses objections dans sa lettre du 20 mars 1808 : « Il n'y a aucun mécontentement », affirme-t-il, péremptoire.

Sur place, Murat se rend mieux compte des dangers qui menacent les forces françaises. Il doit se rendre maître des forteresses de Navarre et favoriser la marche des troupes sur Madrid. Les ordres lui parviennent, secs et précis. Il faut qu'il soit à Burgos le 12 mars et que Moncey s'empare des montagnes qui séparent la ville de Madrid. L'Empereur exige que les soldats français ménagent les populations civiles. « L'amitié des deux nations, affirme Napoléon dans une proclamation, date de longue main. Elle doit être consolidée dans la circonstance actuelle, Sa Majesté n'ayant en vue que des choses utiles et avantageuses à la nation espagnole, pour laquelle il a toujours eu la plus grande estime. » Mais comment ne pas effrayer les populations ? On sait ce que signifie le passage d'une armée avec son cortège de violences diverses.

Napoléon ne dévoile toujours pas ses intentions, même si Murat peut maintenant les percer. Ainsi, le 9 mars, l'Empereur lui écrit-il : « S'il arrivait que les Espagnols fussent en situation de se défendre à Madrid, le général Dupont doit se diriger sur Saint-Ildefonse et marcher sur Madrid pour donner ensemble si cela est nécessaire. Au reste il faut marcher avec confiance et en attitude de paix, en prenant cependant les précautions convenables. Donnez toutes les assurances possibles au Prince de la Paix [*Godoy*], au Roi, à tout le monde[5]... » Et le 23 mars : « Ne prenez aucune part aux différentes factions qui se partageraient le pays. Traitez bien tout le monde et ne préjugez en rien au parti que je dois prendre[6]. » Ce qui laisserait supposer que Napoléon hésite encore.

Cependant, les troupes françaises approchaient de Madrid sans que Godoy eût réagi malgré l'aspect menaçant de cette marche. Son impopularité en fut encore accrue. Toutefois, la cour établie à Aranjuez finit par se laisser gagner par l'affolement. On parlait de fuir vers Séville ou Cadix et l'Amérique. Dans la nuit du 17 au 18 mars, de graves incidents se produisirent pour empêcher cette fuite que redoutait le peuple. L'émeute précipita la chute du favori, saisi, maltraité et emprisonné. En revanche, le prince des Asturies, Ferdinand, le fils du roi, était acclamé par une population en liesse. Charles IV tira la leçon de cette folle nuit en abdiquant en faveur de son héritier.

La nouvelle parvint à Murat à quelques lieues de Madrid. « Je ne puis dissimuler, écrivit-il à l'Empereur, toute ma douleur. Je prévois que le sang peut couler et l'Europe ne manquera pas de dire que c'est la France qui l'a ordonné [7]. »

Alors qu'imprudemment l'ambassadeur de France, François de Beauharnais, prenait parti pour Ferdinand, Murat montrait un exceptionnel sens politique. « Rencontrer Charles IV fatigué, vieilli, déconsidéré, était autrement avantageux aux plans de l'Empereur et à ses propres espérances, que de se trouver en présence d'un prince jeune, acclamé de la foule, fort du prestige de la nouveauté. De lui-même, il prit donc le chemin que Napoléon devait lui montrer et affecta de tenir pour non avenue l'abdication d'Aranjuez. Il exprima à la reine d'Étrurie son indignation de l'émeute, ses regrets de ne pouvoir se rendre auprès des vieux souverains, et offrit un asile au milieu de ses troupes. Son aide de camp, Monthyon, homme de confiance et de tête, courut à franc étrier les huit lieues qui le séparaient d'Aranjuez, avec la mission d'amener Charles IV à l'une des deux solutions que Murat ménageait habilement : reprendre son abdication (et les choses restaient au point où elles étaient la veille) ; se rendre au camp français (et c'était fournir un otage précieux). Alors l'Espagne se trouverait véritablement sans roi, puisque le père avait abdiqué et que l'Empereur serait maître de ne pas reconnaître le fils que l'on peut regarder comme un usurpateur. C'était tout le plan de Bayonne que Murat lançait à l'avance ; une ambition surexcitée comme par un trait de lumière avait fait trouver ces finesses à ce soldat, moins adroit que retors [8]. »

Poussant l'avantage, Murat envoyait au roi Charles IV une formule d'abdication en faveur de l'Empereur, antidatée du 21 mars. De son côté, le nouveau roi d'Espagne, Ferdinand VII, dépêchait un émissaire pour saluer le chef de l'armée française et l'avertir du changement de monarque. Lorsque, le 23 mars, Murat entra dans Madrid, il était devenu l'arbitre de la situation.

On a maintes fois décrit cette entrée, somptueuse parade militaire où Murat caracolait entouré de mamelouks, de hussards et de dragons aux uniformes rutilants. Seule fausse note : les fantassins de Moncey, de jeunes conscrits mal habillés et épuisés par de trop longues marches. La foule acclamait cette armée qu'elle croyait l'alliée de Ferdinand. Celui-ci était encore à Aranjuez. Il importait de l'y laisser. Une fausse manœuvre de Beauharnais lui permit de gagner à son tour Madrid. Ce fut du délire lorsqu'il pénétra dans sa capitale, le 24 mars. Murat resta à l'écart, feignant d'attendre l'agrément de l'Empereur.

A Paris, Napoléon prenait son temps. Ne disant rien, il approuvait Murat. Il faut rendre justice à celui-ci. On a prétendu qu'il aurait forcé la main de l'Empereur. A l'appui de cette affirmation, une lettre de Napoléon à Murat, du 29 mars : « Monsieur le Grand-Duc de Berg, je crains que vous ne me trompiez sur la situation de l'Espagne et que vous ne vous trompiez vous-même. Je reste dans une grande perplexité. Ne croyez pas que vous attaquiez une nation désarmée et que vous n'ayez que des troupes à montrer pour soumettre l'Espagne. La révolution du 20 mars prouve qu'il y a de l'énergie chez les Espagnols. Vous avez affaire à un peuple neuf : il a tout le courage et il aura tout l'enthousiasme que l'on rencontre chez des hommes que n'ont point usés les passions politiques. » Napoléon dégage les lignes de résistance : « L'aristocratie et le clergé sont les maîtres de l'Espagne. S'ils craignent pour leurs privilèges et pour leur existence, ils feront contre nous des levées en masse qui pourront éterniser la guerre. J'ai des partisans ; si je me présente en conquérant je n'en aurai plus. » De façon plus précise : « Je n'approuve pas le parti que vous avez pris de s'emparer aussi précipitamment de Madrid. Il fallait tenir l'armée à dix lieues de la capitale... » Enfin, menaçant : « Je songerai à vos intérêts particuliers, n'y songez pas vous-même. Le Portugal restera à ma disposition. Qu'aucun projet personnel ne vous occupe et ne dirige votre conduite ; cela me nuirait et vous nuirait encore plus qu'à moi[9]. »

Cette lettre, qui a été reprise dans la correspondance officielle de Napoléon après avoir figuré dans le *Mémorial de Sainte-Hélène*, est un faux. Thiers croyait que le document était authentique mais il pensait qu'il n'avait pas été envoyé. Le comte Murat, dans son livre *Murat, lieutenant de l'Empereur en Espagne*, a montré qu'il ne pouvait s'agir que d'un texte *fabriqué* : contradiction avec d'autres documents, aucune allusion à cette dépêche dans le reste de la correspondance impériale, tour insolite du style. Aucun doute n'est plus permis. Il s'agissait de laver Napoléon de toute responsabilité dans la malencontreuse affaire d'Espagne, en faisant retomber l'échec sur l'infortuné Murat.

Celui-ci n'a fait, en réalité, que devancer les désirs de l'Empereur. Dès le 27 mars, sa décision prise, Napoléon ne proposait-il pas la couronne espagnole à son frère Louis qui lui répondait : « Je ne suis pas un gouverneur de province » ? Ainsi, au moment de l'entrée de Murat à Madrid, Napoléon était déjà résolu à détrôner les Bourbons.

Ferdinand, installé à l'Escorial que boudait Murat, entendait bien régner. Mais il devait tenir compte de la présence des troupes françaises. Au début, le peuple avait cru qu'elles avaient contribué à précipiter la chute de Godoy. Peu à peu, les illusions s'évanouissaient. Beauharnais, l'ambassadeur favorable à Ferdinand, était subitement remplacé par M. de Laforest. Murat recevait le renfort de Savary, connu comme l'homme des basses besognes de l'Empereur. La mission de Savary était de préparer l'entrée en Espagne de Napoléon quand tous les princes en seraient sortis. La couronne passerait alors à l'un des frères de l'Empereur.

De ce tissu d'intrigues devait sortir le fameux guet-apens de Bayonne sur lequel tout a été dit.

C'est en effet hors d'Espagne que Napoléon conviait Charles IV et son épouse, Ferdinand VII et l'ex-favori Godoy à régler leurs affaires de famille. Tombés au pouvoir de Napoléon, les princes n'eurent qu'à s'exécuter. L'abdication de Charles IV fut reconnue comme nulle par Ferdinand, le 4 mai. Le roi restauré nommait Murat son lieutenant en Espagne et, le lendemain, abandonnait sa couronne à Napoléon.

Mais à Madrid, on ne l'entendait pas de cette oreille. La présence française devenait insupportable : le jour, on lançait des injures aux soldats ; le soir, on les poignardait au coin des rues. On surnommait Murat « Grande Tige de chou » (*Gran Troncho de berzas*), et Bonaparte, *Malaparte*. Dès que les soldats paraissaient dans un lieu public la population se retirait, manifestant ainsi son hostilité. Des prières étaient dites pour « libérer » l'Espagne et la chanson elle-même n'épargnait pas « l'occupant ».

Le voyage de Ferdinand à Bayonne avait renforcé l'inquiétude. Le dimanche 1er mai, jour de marché, les paysans s'étaient rendus nombreux dans la capitale et apprenaient avec indignation les dernières nouvelles. Contre le vœu de la junte mise en place par Ferdinand VII avant son départ, Murat prétendait faire partir l'infant don Francisco et sa sœur la reine d'Étrurie. L'infant était le dernier prince restant encore en Espagne, l'ultime espoir d'une population qui s'enfonçait dans un nationalisme chaque jour plus farouche.

Le lundi 2 mai, au spectacle des voitures rangées devant le palais royal, ce ne fut qu'un cri : « ils nous l'enlèvent ! ». La vue des uniformes français mit le feu aux poudres. L'émeute gagna la ville. Des soldats isolés furent massacrés ; des patrouilles trop engagées dans des quartiers populaires n'en revinrent pas ; plus heureux, les civils trouvèrent souvent refuge dans des maisons amies.

Les victimes de la répression seront surtout des paysans restés dans la capitale après le marché, des ouvriers, des domestiques... Mais on relève aussi, dans les rangs des insurgés, une forte minorité de nobles. Comme le remarque le professeur Aymes : « Cette masse hétérogène de combattants, au lieu d'agir à l'aveuglette, se fractionne adroitement en groupes mobiles d'une cinquantaine d'hommes qui harcèlent l'adversaire [10]. » Des témoins ont reconnu dans la foule des soldats appartenant à la compagnie des fusiliers des forêts royales : ont-ils encadré les émeutiers et favorisé les opérations de guérilla urbaine ? Le soulèvement a-t-il été spontané ?

Il ne surprend pas Murat. Celui-ci, depuis Vendémiaire, connaît les règles de la guerre dans les villes. Il fait donner la cavalerie. Chevau-légers polonais, mamelouks et dragons sabrent la foule. L'une de ces charges, qui eut lieu peut-être à la Puerta del Sol, a été immortalisée par Goya dans son célèbre *Dos de mayo*.

Le soir même, Murat adresse un récit des événements à Napoléon : « Sire, la tranquillité publique a été troublée ce matin. Le peuple des campagnes depuis quelques jours se rassemblait dans la ville, des pamphlets circulaient, pour exciter à la révolte ; la tête des généraux français et des officiers logés dans la ville était mise à prix, enfin tout annonçait une crise. Ce matin, dès huit heures, la canaille de Madrid et de la campagne obstruait toutes les avenues du château et remplissait les cours. Un de mes aides de camp, que j'avais envoyé pour complimenter la reine d'Étrurie qui allait monter en voiture, a été arrêté à la porte du château, et il eût été assassiné par la populace effrénée, sans dix ou douze grenadiers de la garde de Votre Majesté que j'ai envoyés pour le dégager. Un instant après, un second aide de camp que j'envoyais porter des ordres au général Grouchy a été assailli à coups de pierres et blessé. Sur-le-champ la générale a battu ; la garde de Votre Majesté a pris les armes ; tous les camps se sont mis en mouvement et ont reçu l'ordre de marcher sur Madrid pour venir occuper les postes qui leur avaient été indiqués en cas d'alarme. Cependant un bataillon de la garde qui est logé dans mon palais a marché, soutenu par deux pièces de canon et un escadron de chasseurs polonais, vers le château, sur le rassemblement qui existait, et l'a dissipé à coups de fusil. De son côté, le général Grouchy rassemblait sa troupe au Prado et recevait l'ordre de se porter par la rue d'Alcala à la Puerta del Sol et à la place Mayor, où s'étaient réunis plus de 20 000 révoltés. On assassinait déjà dans les rues tous les soldats isolés qui cherchaient à se rendre à leur poste ; on n'a pas même épargné ceux qui se trouvaient aux distributions. Le général Lefranc, qui occupe avec un régiment le couvent de San Bernardino se portait avec sa brigade à la porte de Foncarral, où se trouvaient placées trois pièces de canon. Le bataillon des marins a pris poste en réserve dans mon palais. Le colonel Frédéric, avec ses deux bataillons de fusiliers, occupait la place du Palais et l'entrée des rues Almudena et Plateria. La compagnie basque s'était portée à la place de Santa Domingo. La garde à cheval de Votre Majesté était en bataille devant les casernes, rue del Prado Nuevo, à la porte de Saint-Vincent ; les cuirassiers marchaient de Caravanchel sur le pont de Tolède. Des piquets ont été envoyés à l'hôpital, d'autres marchaient sur l'Arsenal. Telles étaient mes dispositions, lorsque j'ai ordonné au général Grouchy de se porter à la Puerta del Sol, et au colonel Frédéric de marcher sur le même point par celle de la Plateria et de dissoudre à coups de canon cette populace ; ces deux colonnes se sont mises en mouvement et sont parvenues à nettoyer ces rues, non sans beaucoup de difficultés, car ces misérables, chassés des rues, se réfugiaient dans les maisons et faisaient feu sur nos troupes des croisées, tandis que le plus grand nombre se portait sur l'Arsenal, afin d'en enlever les canons et les fusils ; mais le général Lefranc, qui se trouvait à la porte de Foncarral, a marché dessus, la baïonnette en avant, et est parvenu à s'en rendre maître et à reprendre les canons dont les révoltés s'étaient d'abord emparés. Dès lors, les colonnes se sont portées sur la Puerta del

Sol, des portes de Tolède, de Ségovie et de Foncarral. Le général Grouchy a fait entrer dans les maisons d'où l'on faisait feu, et a fait passer au fil de l'épée tout ce qui s'y trouvait. Toutes les rues ont été balayées. Les paysans des campagnes qui étaient parvenus à se sauver de la ville ont été rencontrés par la cavalerie et sabrés.

« Le canon et la fusillade ne se faisaient plus entendre, et recevant des rapports qu'il n'y avait plus personne dans les rues je me suis rendu au palais chez l'infant don Antonio, pour lui dire qu'il fallait que, sur-le-champ, la ville fût désarmée. On fait la proclamation dans ce moment ; elle sera envoyée à toutes les provinces. Les capitaines généraux, les corregidors, les alcades, les chefs du clergé seront rendus responsables de son exécution et de la tranquillité du royaume[11]. »

Impossible de déterminer le nombre des victimes : 25 Français et 25 000 Espagnols, si l'on en croit les rapports français ; 200 Français et 1 000 Espagnols, selon les sources madrilènes.

Murat rassure Napoléon : « Les résultats des événements du 2 mai assurent à Votre Majesté des succès décisifs. Le prince des Asturies perdit ce jour-là sa couronne. Son parti complètement battu se range du côté du vainqueur. Votre Majesté peut disposer de la couronne d'Espagne et la tranquillité ne sera plus troublée[12]. »

Se leurre-t-il vraiment ? La guerre d'Espagne vient de commencer. La répression suscita en effet l'indignation. Le *Catéchisme espagnol*, manifeste de la résistance nationale à l'envahisseur, placera

Murat à côté de Napoléon et de Godoy dans la trinité infernale que les enfants sont invités à maudire. A quoi Murat avait répondu par avance dans un ordre du jour : « Le sang français a été versé. [...] Il crie vengeance [13] ! »

Le 5 mai, Napoléon approuve l'attitude énergique de Murat : « Je suis fort aise de la vigueur que vous avez mise. » On sait comment, ébranlé par l'annonce de l'émeute et de sa répression, Ferdinand VII craqua. Il adhéra comme prince des Asturies à la cession faite par son père des droits à la couronne d'Espagne. Il reçut en retour le château et le domaine de Navarre ainsi qu'un revenu qui atteignait un million de francs.

Restait une question : qui serait roi d'Espagne ?

Murat a-t-il songé à régner à Madrid ? Comme lieutenant de l'Empereur il a parfaitement rempli sa mission. Les princes ont quitté l'Espagne ; il tient solidement en main la situation politique et militaire. Du moins en apparence. Autre avantage, il est sur place. Mais il n'aura guère le temps de rêver. De Bayonne en effet, le 2 mai, Napoléon lui fait connaître sa volonté : « Je destine le roi de Naples [*entendons Joseph, frère aîné de l'Empereur*] à régner en Espagne. Je vous donnerai le royaume de Naples ou de Portugal. Répondez-moi sur-le-champ ce que vous en pensez, car il faut que ce soit fait dans un jour. Vous me direz que vous préféreriez rester auprès de moi. Cela est impossible ; vous avez de nombreux enfants. D'ailleurs avec une femme comme la vôtre, vous pouvez vous absenter si la guerre vous rappelait près de moi ; elle est fort dans le cas d'être à la tête d'une régence. Naples est au reste plus beau que l'Espagne, car la Sicile y sera jointe, et vous auriez là six millions d'habitants. Si vous pouviez porter les habitants de Madrid à demander le roi de Naples pour roi, cela me ferait plaisir et ménagerait l'amour-propre de ces gens-ci[14]... »

Ce que Napoléon ne dit pas, c'est qu'il a déjà proposé le trône de Naples à son frère Lucien à condition que celui-ci divorce. A quoi Lucien a répondu qu'« il vaut mieux épouser sa maîtresse que celle des autres », une pierre dans le jardin de Joséphine qui eut une liaison, avant son mariage, avec Barras.

Murat ne perd pas de temps. La déception de voir Madrid lui échapper est bien vite surmontée. Le 5, il répond à son impérial beau-frère : « Sire, je reçois la lettre de Votre Majesté du 2 mai et des torrents de larmes coulent de mes yeux en vous répondant. Vous avez bien connu mon cœur quand Votre Majesté a pensé que je lui aurais demandé à rester auprès d'elle : oui je le demande ; oui je l'implore. [...] Habitué à vos bontés, accoutumé à vous voir chaque jour, à vous admirer, à vous adorer, à recevoir de vous toute chose, comment pourrais-je jamais seul, livré à moi-même, remplir des devoirs aussi étendus, aussi sacrés ? Je m'en crois incapable. Par grâce laissez-moi auprès de vous. La puissance ne fait pas toujours le bonheur ; le bonheur ne se trouve que dans l'affection. Je le trouve près de Votre Majesté ! Sire, après avoir exprimé à Votre

Majesté ma douleur et mes désirs, je dois me résigner, je me mets à vos ordres. Pourtant, usant de la permission que vous me donnez de choisir entre le Portugal et Naples, je ne saurais hésiter, je donne ma préférence à la contrée où j'ai déjà commandé ; où je pourrai plus utilement servir Votre Majesté ; je préfère Naples et je dois faire savoir à Votre Majesté qu'à aucun prix je n'accepterai la couronne du Portugal[15]. »

En dépit de l'outrance du style, le choix est raisonnable. A Lisbonne, où le trône est resté vide depuis que la maison de Bragance, déchue par décision impériale, a dû fuir à Rio, quelqu'un rêve aussi de devenir roi, c'est Junot. On prêtera plus tard la même intention à Soult qui deviendrait Nicolas Ier du Portugal. Mais peut-on se fier aux *Mémoires* de Thiébault ?

Cependant des obstacles demeurent quant à l'envoi de Murat à Naples. Joseph ne paraît guère désireux de quitter rapidement l'Italie. Il a accueilli sans beaucoup d'enthousiasme son changement de couronne. Napoléon doit se faire convaincant (« c'est une couronne qui vous place à trois jours de la France et couvre entièrement une de ses frontières. A Madrid vous êtes en France ; Naples est le bout du monde ») et même menaçant (« je désire qu'immédiatement après avoir reçu cette lettre vous laissiez la régence à qui vous voudrez... »).

C'est un fait que Joseph n'est pas un homme de guerre alors qu'il faut s'attendre à de rudes combats. Déjà l'Aragon se soulève et Oviedo appelle les Anglais. Murat croit entrevoir une chance de rester en Espagne. Il s'efforce de circonvenir le nouvel ambassadeur Laforest pour qu'il murmure à l'Empereur que le beau-frère ferait mieux l'affaire que le frère. En vain. Laforest est rappelé à l'ordre et Murat, désespéré, tombe malade.

Joseph paraît si peu soucieux de prendre possession de son nouveau royaume qu'il décrète une constitution dans l'ancien, sans en référer à son successeur, et s'empresse de dilapider en faveur de son entourage le contenu des caisses de l'État. Murat en concevra une amertume pleinement justifiée.

Enfin, dernier coup pour le lieutenant de l'Empereur : la famille impériale montre quelques réticences à laisser monter sur le trône de Naples un intrus. Elle pousse Napoléon à donner la couronne à Caroline à titre personnel, Murat étant ramené au rôle de prince consort. Caroline est loin d'être sotte ; elle combat cette proposition qui n'amènerait que des désagréments en raison de la susceptibilité de Murat.

L'aventure espagnole a certainement marqué ce dernier. Elle l'a déçu : il avait rêvé d'être roi à Madrid ; il le sera à Naples mais c'est moins brillant. De là une rancune diffuse envers Napoléon. D'autant que, dans l'intervalle qui s'écoule entre les décisions de Bayonne et l'arrivée de Joseph à Madrid, Napoléon ne cesse d'accabler son lieutenant, critiquant ses initiatives et le rendant responsable du cours dangereux pris par les événements. « Je ne me lasserai jamais de vous dire, répond Murat, qu'il faut nommer le nouveau roi, et ne croyez pas que c'est pour moi que je parle. Je ne me consolerai jamais que Votre Majesté m'ait soupçonné d'avoir pu trahir sa confiance et travailler en Espagne pour moi. »

Mais surtout Murat a découvert en Espagne ce qu'il avait déjà trouvé en Pologne : la force du sentiment national. Pour imposer au conseil de Castille l'effacement de Ferdinand VII et l'avènement de Joseph, il a dû, pendant l'interrègne, jouer serré. L'échauffourée de Madrid avait eu des répercussions dans tout le pays : Navarre, Galice... Il put mesurer ensuite l'effet causé par la dépossession des Bourbons à Bayonne. Les lenteurs de Joseph laissaient le champ libre à l'insurrection. A la fin de mai, elle éclatait dans les Asturies. Séville, Valence, Valladolid, Badajoz s'embrasaient aux cris de : « Vive Ferdinand VII, mort aux Français ! » Dans une lettre du 2 juin, Murat décrivait longuement à l'Empereur les débuts de ce soulèvement. Comment n'aurait-il pas réfléchi sur ses causes ? Plusieurs documents le montrent s'efforçant d'analyser le phénomène [16]... Après l'Allemagne et la Pologne, l'Espagne. Un fort sentiment national secoue l'Europe. Murat se prépare à le retrouver en Italie. Il sera plus apte que d'autres à le comprendre. Bourreau du sentiment national dans la péninsule Ibérique, il va en devenir le champion dans la péninsule italienne.

DEUXIÈME PARTIE

LE RÊVE ITALIEN

De toutes les entreprises, c'est à la plus digne que tu te prépares… Ô Seigneur, toi qui as proféré les paroles que si longtemps l'Italie a en vain attendues.

MANZONI.

Le vieux rêve de l'unité italienne n'avait cessé de hanter les milieux intellectuels de la Péninsule depuis que Machiavel avait cru voir en César Borgia celui qui ressusciterait l'Italie libre et unie. La liberté et l'unité, ces deux thèmes avaient été repris par une bourgeoisie cultivée et dynamique au XVIIIe siècle, en dépit d'une structure sociale très variée, opposant le Nord et le Sud, la plaine du Pô plus évoluée et le royaume de Naples très retardataire. L'historien Muratori, le philosophe Carli, l'économiste Genovesi et le poète Alfieri, comme tant d'autres, mais plus fort que les autres, avaient affirmé que si l'Italie voulait devenir une grande puissance européenne, il était indispensable pour elle de réaliser son unité. Mais le pouvait-elle ?

La Révolution qui éclata en France parut à beaucoup comme le signal d'un renouveau, l'occasion tant attendue de faire l'unité désirée. La France donnait l'exemple. Les patriotes italiens, comme on les appela désormais, regardèrent au-delà des Alpes, vers Paris dont ils attendaient l'aide nécessaire. Il faudrait citer ici bien des noms : Matteo Galdi, dont le père était mort en prison pour avoir défendu les idées libérales, le Génois Serra ou le Romain Enrico Laurora, tous jacobins unitaires. Certains s'enfuirent en France et essayèrent de convaincre les milieux révolutionnaires. Dans sa Grande Nation, *Jacques Godechot a reproduit une lettre très significative de Buonarroti au Directoire, le 10 mars 1796 : « Surtout que les frivoles distinctions d'être nés à Naples, à Milan, à Gênes, à Turin disparaissent pour toujours entre les patriotes. Nous sommes tous d'un même pays, d'une même patrie. Les Italiens sont tous frères. Ils doivent donc tous se réunir et ne faire qu'une même cause. »*

En réalité les dirigeants français ne prêtèrent, au Comité de salut public comme au sein du Directoire, qu'un intérêt poli aux demandes des patriotes italiens. A dire vrai, ni Robespierre, ni Saint-Just, ni Carnot, ni Reubell, ni même Barras ne connaissaient l'Italie. Ils ne la voyaient que comme un champ clos où s'affrontaient les influences de la France et de l'Autriche. Il importait de faire triompher les solutions françaises, rien de plus. Ces dirigeants mesuraient par ailleurs le danger qu'eût présenté une Italie unie. « A quoi bon créer un géant dont l'immensité colossale nous embarrasserait un jour ? », s'exclamait Barras devant le représentant de la République cisalpine qui tentait de le gagner aux vues des patriotes. Les directeurs n'ont voulu que piller l'Italie, moyen de redresser les finances nationales, et chasser les Allemands pour se servir ensuite de la Péninsule comme d'une monnaie d'échange. La conjuration des Égaux, à laquelle fut mêlé un patriote italien comme Buonarroti, ne les inci-

tait guère à manifester de la sympathie pour les jacobins de la Péninsule, principaux tenants de l'Italie unifiée.

En revanche Bonaparte mena une politique plus favorable à ce mouvement. Il fut le premier à employer le mot « indépendance » ; il créa la République cisalpine, lui donna un drapeau, vert, blanc, rouge qui fut, rappelle Jacques Godechot, « le signe de ralliement des unitaires italiens et plus tard le drapeau de l'Italie unifiée ». Il encouragea même divers écrits, notamment ceux qui s'en prenaient à la papauté, considérée comme le principal obstacle à la renaissance de l'Italie. Du coup, il apparut à beaucoup comme le futur artisan de cette unité. Le traité de Campoformio devait montrer les limites de la politique unitaire de Bonaparte.

Reste qu'en mars 1799, toute l'Italie, sauf Venise, était occupée par les Francais. Certes la Péninsule demeurait morcelée en républiques sœurs mais jamais l'on n'avait été aussi proche de l'unification. Les défaites de Cassano et de La Trébie, puis le désastre de Novi, le 15 août 1799, révélèrent la fragilité de la domination française, et, plus encore, les craintes de l'Europe de voir l'influence française prédominer dans la Péninsule et favoriser son unité sous la houlette de Paris. Dans le rapide effondrement de l'Italie française, les patriotes italiens ont leur part de responsabilité. Ils n'ont pas suffisamment cherché un soutien populaire pourtant indispensable au succès de leurs idées. L'unité n'est encore qu'un rêve d'intellectuels. Aucun lien n'est établi entre réformes politiques et réformes sociales ; les masses populaires sont tenues dans l'ignorance des vues les plus hardies sur l'avenir de l'Italie. Les lumières sont réservées aux élites. Aussi, à Naples, ce sont les paysans, animés par le cardinal Ruffo, qui précipitent la chute de la République parthénopéenne. On trouverait des attitudes identiques à Rome ou dans l'Italie du Nord.

Ces intellectuels ne se découragent pas pour autant. Ils continuent à penser que l'unité viendra d'en haut. La naissance de la République italienne ranime les cœurs, galvanise les énergies, stimule les ardeurs. Dans son Ode a Buonaparte liberatore, *Foscolo célèbre en vers enthousiastes le nouveau sauveur. A mesure que le président devenu roi et empereur étend son emprise sur l'Italie, la déception grandit. Plus tard, à Sainte-Hélène, Napoléon affirmera devant Las Cases : « La réunion du Piémont à la France, celle de Parme, de la Toscane, de Rome n'avaient été que temporaires dans ma pensée et n'avaient d'autre but que de surveiller, garantir et avancer l'éducation nationale des Italiens. » En réalité, Napoléon est resté fort prudent. En 1808, au moment où son influence rayonne sur l'ensemble de la Péninsule, il ne paraît guère soucieux de passer aux actes.*

Les patriotes ont essayé de convaincre Joseph Bonaparte, devenu roi de Naples, mais celui-ci sur les sages conseils de Rœderer, se dérobe. Il ne reste au demeurant qu'un peu plus de deux ans. Son successeur, Murat, est issu de la Révolution ; on lui prête un passé jacobin, il est déjà connu des milieux napolitains qui l'ont vu à l'œuvre en 1800. Il est approché et vite séduit. Les problèmes nationaux ne lui sont pas étrangers. Il a assisté à la naissance de la nation française, le 14 juillet 1790 ; il a vu en Allemagne et en Pologne des mouvements se réclamer de l'idée nationale. Il a assisté en mai 1808 à l'insurrection d'un peuple en Espagne ; il a, de plus, participé aux deux campagnes d'Italie, non seulement comme soldat mais comme diplomate. Comment rester insensible, dans ces conditions, aux aspirations unitaires des patriotes ? Napoléonide, Murat se veut roi à part entière ; français, ce Napolitain par la grâce de l'Empereur se découvre italien. Le voilà devenu le héros d'une tragédie qui finira par l'engloutir.

CHAPITRE PREMIER

Naples

C'est un beau royaume que celui de Naples, même si la Sicile, restée fidèle aux Bourbons, lui échappe : le onzième de la France si l'on y inclut les îles, le cinquième de la Grande-Bretagne, et surtout 2 000 kilomètres de côtes.

Il compte 4 800 000 sujets, le sixième de la population placée sous l'autorité directe de l'Empereur. Un habitant sur 14 vit à Naples qui, avec 350 000 résidents, n'est pas loin d'être aussi peuplée que Paris. Sur le plan social, tous les voyageurs remarquent la puissance terrienne d'une noblesse dont l'assise féodale est formée de grands domaines ou *latifundi*, et l'influence d'un clergé fort de 60 000 membres. Noblesse et clergé dominent l'un des prolétariats ruraux les plus misérables d'Europe, inépuisable vivier de recrues pour le brigandage. La classe moyenne reste faible ; elle est formée d'hommes de loi, d'artisans et surtout de commerçants enrichis par un trafic maritime concentré dans le port de Naples et sensible aux pressions anglaises.

Le roi Ferdinand IV s'était imprudemment joint, en 1805, à la troisième coalition contre la France. Imprudemment, car il semblait oublier que ses États avaient déjà été envahis par les Français en 1799. En fait, depuis 1803, la cour des Deux-Siciles penchait à nouveau du côté anglais et, par une convention secrète, avait reçu de Londres 170 000 livres sterling en vue de restaurer ses forces militaires [1]. Avec les Russes des pourparlers furent ouverts en mai 1805. Un envoyé du tsar, Tatischeff, vint même, sans se dissimuler, à Naples pour y négocier un traité d'alliance qui fut signé le 10 septembre. Les Russes devaient envoyer un corps de débarquement dont Naples assurerait la solde ; en retour, le tsar garantissait l'intégralité du royaume. Dans le même temps, sous l'impulsion de Marie-Caroline, épouse de Ferdinand IV et véritable inspiratrice de la politique napolitaine, Naples acceptait le traité de neutralité que lui proposait Napoléon, par l'intermédiaire de Talleyrand, traité signé le 21 septembre, dix jours après la conclusion de l'alliance avec la Russie. Contre la promesse de la fermeture des ports aux Anglais, les Français s'engageaient à retirer leurs troupes dans un délai d'un mois, ce qui devait, dans l'esprit de Marie-Caroline [2], faciliter le débarquement des Russes. On le voit, la duplicité était difficilement contestable. Elle devait coûter cher aux Bourbons.

Lorsque Napoléon apprit que, contrairement

aux accords passés avec Ferdinand IV, une flotte coalisée venait de mouiller, en novembre, à Naples, il entra dans une vive colère, colère qui n'était certainement pas feinte. Mais il avait encore à vaincre les Russes et les Autrichiens. L'annonce de la victoire d'Austerlitz fit l'effet d'un coup de tonnerre à Naples. La cour imagina les expédients les plus inattendus : envoi à Rome du cardinal Ruffo pour négocier avec l'ambassadeur et oncle de l'Empereur, le cardinal Fesch, sur la base d'une éventuelle abdication du roi en faveur de son fils ; lettres pressantes enjoignant au représentant de Naples à Paris depuis 1801, le marquis de Gallo, d'intervenir auprès de Napoléon. « Je mets tout mon espoir en vous, lui écrivait Marie-Caroline, qui le détestait pourtant autant que Napoléon l'estimait. Sauvez-nous de la ruine. Travaillez, je vous en conjure, mettez votre esprit à la torture, votre talent, votre connaissance, enfin tous les moyens pour nous sauver... » La reine alla même jusqu'à s'humilier dans une lettre adressée directement à Napoléon en en appelant à sa « générosité ».

La réponse de Napoléon est connue. Ce fut la célèbre proclamation de Schœnbrunn, le 27 décembre : « Soldats ! La dynastie de Naples a cessé de régner. Son existence est incompatible avec le repos de l'Europe et l'honneur de ma couronne. Marchez, précipitez dans les flots, si tant est qu'ils vous attendent, ces débiles bataillons des tyrans des mers. Ne tardez pas à m'apprendre que l'Italie entière est soumise à mes lois et à celles de mes alliés [3]. »

Pour remplacer les Bourbons de Naples, Napoléon écarta la solution d'un infant d'Espagne, considéré comme peu sûr. Les maladresses diplomatiques de Marie-Caroline fournissaient le prétexte attendu pour occuper le fond de la botte italienne, barrer la Méditerranée à l'Angleterre et disposer de points stratégiques nécessaires à une éventuelle reconquête de l'Égypte. Encore fallait-il à Naples un souverain attaché à Napoléon. Son frère Joseph lui parut le monarque idéal : fidèle, intelligent, modeste et dépourvu d'initiatives personnelles. Mais n'avait-il pas refusé la couronne d'Italie ? Pour ménager et Naples et Joseph, Napoléon fait d'abord de son frère « le lieutenant de l'Empereur, commandant en chef de l'armée de Naples avec uniforme de général de division et commandement sur les maréchaux ».

Le 8 février 1806, l'armée de Joseph, qui a pour mentor Masséna, pénètre dans le royaume de Naples que Russes et Anglais ont évacué depuis un mois. Le 11, Gaète est investi ; le 13, Capoue capitule ; le 14, c'est Naples qui tombe. Joseph y fera son entrée solennelle, le 11 mars, « salué par les musiques, les cloches et les canons des forts [4] ». Quelques jours plus tard, Reynier atteint le détroit de Messine. Les Bourbons ont fui en Sicile, Ferdinand IV, dès le 23 janvier, la reine, le 11 février. L'armée royale ne compte plus ; seuls des partisans, difficiles à distinguer des brigands, continuent la lutte.

« Je veux que mon sang règne à Naples aussi longtemps qu'en France », déclare Napoléon. Miot de Mélito, qui a été ministre plénipotentiaire du Directoire auprès du grand-duc de Toscane, commissaire à Rome et ambassadeur à Turin, est dépêché à Joseph par l'Empereur : « Vous lui direz que je le fais roi de Naples. [...] Mais que la moindre hésitation, la moindre incertitude le perd entièrement. [...] Tous les sentiments d'affection cèdent actuellement à la raison d'État. Je ne reconnais pour parents que ceux qui me servent. Je ne puis plus avoir de parents dans l'obscurité. Ceux qui ne s'élèveront pas avec moi ne sont plus de la famille. J'en fais une famille de rois ou plutôt de vice-rois[5]. » Joseph accepte la couronne que lui attribue le décret du 30 mars 1806. Singulière légitimité, toute napoléonienne. Il ne reste alors que deux Bourbons en Europe ; l'un règne pour peu de temps sur la Toscane, l'autre peut croire son trône d'Espagne encore solide.

Reconnaissons-le : ce souverain nommé par décret fut un excellent roi. Joseph aimait l'Italie dont il parlait couramment la langue. Il savait vivre avec un faste qui ne pouvait que séduire les Napolitains : l'éclat de ses réceptions à Naples, à Capodimonte ou à Caserte est longtemps resté dans les mémoires.

L'aristocratie, après un temps d'hésitation marqué surtout dans un souci de convenance, reprit le chemin de la cour. L'argent fut un argument décisif. Joseph levait les séquestres sur les biens des ralliés, distribuait des charges lucratives, multipliait les fêtes. Rien à voir avec la ladrerie de Ferdinand IV.

L'entourage du nouveau roi était remarquablement composé : un fin diplomate comme Miot de Mélito, une forte personnalité avec Saliceti, qui prit la Police, et une éminence grise en la personne de Rœderer, dont le rôle dans les débuts de la Révolution et sous le Consulat avait été important bien que discret. Joseph s'était au demeurant gardé d'écarter les Napolitains : Gallo eut les Affaires étrangères et Ciancuilli la Justice. A l'échelon inférieur, un dosage subtil fut établi entre techniciens français et administrateurs napolitains. Sur le plan administratif, le royaume connut une nouvelle organisation jugée supérieure à l'ancienne. « Roi philosophe », Joseph gagna sans peine les milieux intellectuels en donnant un nouvel essor aux académies. En revanche la politique économique souffrit de l'établissement du Blocus continental qui paralysait le commerce. On dénonça les exactions et le pillage. Pourtant le bilan du règne de Joseph fut dans l'ensemble positif[6].

Un décret avait nommé Joseph ; un autre décret nomme son successeur. Le 15 juillet 1808, Murat, sous le nom de Joachim-Napoléon, est désigné par l'Empereur comme roi de Naples et de Sicile à compter du 1er août. Singulière façon de donner des souverains aux peuples à une époque où l'on parle tant de leur droit à disposer d'eux-mêmes. Et Chateaubriand ironisera sur le chassé-croisé des trônes de Naples et de Madrid : « L'Empereur enfonça d'un coup de main ces coiffures sur les fronts des deux nouveaux rois et ils s'en allèrent chacun de leur côté comme deux conscrits qui ont changé de shako [7]. »

Ainsi, d'emblée, la royauté de Murat se trouve singulièrement hypothéquée : il tient sa couronne de Napoléon et de Napoléon seul. Il n'a pour légitimité que d'avoir épousé Caroline Bonaparte, sœur de l'Empereur.

De plus, sa liberté d'action est très limitée. Le traité de cession s'accompagne de conditions rigoureuses. Murat devra fournir à Napoléon un contingent de 21 000 hommes, 25 pièces de canon, 6 vaisseaux de ligne, 6 frégates, 6 bricks. Il doit assurer lui-même la solde de ses troupes lorsqu'elles sont appelées hors d'Italie. Sa politique commerciale, essentiellement tournée vers la mer, continue à être obérée par l'obligation d'entrer dans le système continental. Le Blocus ruine le port de Naples.

Mais il est d'autres clauses plus humiliantes pour Murat. Qu'il ait dû rétrocéder le grand-duché de Berg, rien à redire. Comment ne pas trouver excessif que Napoléon lui impose d'abandonner les nombreuses propriétés qu'il possède en France : l'Élysée, Neuilly, Villiers, La Motte-Saint-Héray, et non seulement les biens-fonds mais encore les objets d'art, meubles, tableaux et sculptures qui en forment l'ornement ? Mesquinerie nullement gratuite : si le montant de l'indemnité a été fixé à 10 millions, Napoléon rembourse en domaines napolitains, ce qui ne lui coûte rien[8].

Déjà déçu de voir lui échapper l'Espagne, Murat gémit : il veut retourner « au fond de la province qui l'a vu naître ». « J'y rentrerai, ajoute-t-il, au sein d'une honnête famille et j'arriverai au terme de ma vie, en vous aimant toujours et en faisant des vœux pour votre bonheur et celui de mon pays. » Napoléon reste inébranlable.

Murat va se consoler à Barèges où il prend les eaux en compagnie de Ney et de Lannes. Le moral est-il meilleur ? Le 18 juillet, il accuse réception du décret du 15 dans une lettre assez plate. Mais comment faire autrement ? « La couronne que Sa Majesté Impériale vient de nous donner est sans doute un grand bienfait, mais Votre Majesté me permettra de placer avant celui qu'elle vient de m'accorder en me permettant de porter son nom[9]. » Ne s'appelle-t-il pas désormais Joachim-Napoléon ? « J'apprécie tout le prix de cette grâce insigne ; je connais à quoi la gloire de ce titre illustre m'engage ; Votre Majesté n'aura jamais à se repentir de m'avoir doublement allié à sa famille. » A la faveur de cette soumission, il obtient de l'Empereur la ratification des donations faites dans le grand-duché de Berg, notamment celles attribuées à Agar devenu comte de Mosbourg.

Le même jour, Murat exprime sa reconnaissance au marquis de Gallo, se louant des clauses du traité de Bayonne, avec un manque évident de sincérité puisqu'il a été écarté de leur élaboration : « Je suis on ne peut plus satisfait du traité en général. J'éprouve un véritable plaisir à vous témoigner toute ma satisfaction pour le zèle et le dévouement que vous m'avez montrés en cette circonstance. » La suite en revanche ne relève plus du compliment : « Il me tarde beaucoup de pouvoir me mettre en route car je sens comme vous combien la présence d'un souverain est nécessaire dans son royaume[10]. »

Reste à prendre congé des habitants du grand-duché de Berg appelé à passer sous l'autorité de Napoléon avant d'être cédé au fils aîné du roi de Hollande. « Nous faisons savoir à nos bien-aimés et fidèles sujets que nous les avons dégagés et que par la présente nous les dégageons de leur serment de fidélité ainsi que de toutes les obligations qu'ils ont si loyalement remplies envers nous depuis que la divine Providence nous a appelé à les gouverner. » La divine Providence, autrement dit Napoléon auquel il est rendu un vibrant hommage dans la conclusion qui célèbre le génie et la puissance de « l'arbitre accoutumé à répandre sur tous les peuples qui lui sont soumis tant de bienfaits et tant de gloire[11] ».

Une autre proclamation part à destination de Naples qui a reçu la nouvelle qu'un nouveau roi lui était donné par « la divine Providence ». On y exalte « une nation douée de toutes les heureuses dispositions propres à reconquérir cette antique gloire qui a illustré ses ancêtres et a perpétué leur nom jusqu'à nous[12] ».

Murat ne se presse pas. Peu assidu à Berg (mais il faut tenir compte des nécessités de la guerre,

Napoléon ne l'ayant pas dispensé du service), il ne semble guère soucieux de faire connaissance avec ce nouveau royaume dont il a déjà eu à s'occuper lors des négociations menées en 1801 avec la cour des Deux-Siciles.

Après sa cure, il part en convalescence à Cauterets, puis chez le maréchal Lannes au château de Bouilles. Le 4 août, il est à Paris. Napoléon n'arrive à Saint-Cloud que le 14. Nouveau sursis. Murat attend des instructions, sans vraiment les attendre. Il lève quelques objections, soumet des problèmes et propose un itinéraire. L'Empereur ne répond pas aux questions, autorise le passage par Milan mais déconseille toute visite au pape, celui-ci n'ayant jamais admis la souveraineté de Joseph sur Naples. Murat en prend prétexte pour retarder encore son départ. Cette fois, Napoléon s'impatiente : « Je verrais avec plaisir que vous partiez le plus rapidement possible. » Et de lui couper les vivres en supprimant sa solde de maréchal.

Impossible de tergiverser. Le 22, après avoir assisté au bal de l'Hôtel-de-Ville, Joachim et Caroline prennent la route de Lyon. Le 29, ils traversent les Alpes, font étape à Turin où une délégation napolitaine conduite par l'archevêque de Naples est venue les saluer. Elle est constituée par les diverses classes du royaume : clergé, noblesse, commerce. Discours de Murat plein de flatterie à l'égard du « grand homme extraordinaire entre les mains de qui la divine Providence [*encore elle*] a placé les destins de l'univers pour l'améliorer et le régénérer ». Par Reggio et

Ancône, Murat atteint Rome, l'accueil est réservé. Murat s'entretient avec Miollis mais évite le pape en froid avec l'Empereur. Lentement il visite ensuite ses États : Portella, poste frontière où il retrouve les généraux Reynier et Valentin, puis Fondi dont la réception gagne le cœur du roi. Ce sont ensuite Itri, patrie de Fra Diavolo, la villa de Cicéron, Gaète enfin dont il visite le port à bord d'une felouque. Le soleil, la mer, une nouvelle végétation, tout laisse deviner un Murat ébloui, séduit, conquis. Il découvre le sud de l'Italie, une Italie différente de celle où il a jusque-là combattu, un pays qui n'a rien de comparable aux sombres bords du Rhin, aux mornes plaines d'Europe centrale ou à l'austère Espagne. C'est le coup de foudre. Voici Capoue et ses « délices », Aversa, l'entrée dans Naples, le 6 septembre 1808. Empruntons non à un témoin, mais à un historien, l'ambassadeur Jean-Paul Garnier, le récit de cette arrivée. « A l'entrée de la ville se dressaient deux échafaudages couverts d'inscriptions latines et de trophées qui relataient ses exploits. A droite, un vestibule communiquait avec un vaste pavillon d'où sortirent le maréchal Pérignon, commandant en chef des troupes au nom de Joachim, l'état-major au grand complet, les corps de la cité, les magistrats municipaux et le maire qui, lui non plus, n'avait pas oublié les clés traditionnelles.

« Par la via de Foria, le cortège gagnait la place Mercatello où s'élevait une grande statue équestre de Napoléon, inspirée du Marc Aurèle du Capitole. Entre la place Mercatello et la rue Toledo on découvrait un autre monument de style romain : c'était un important arc de triomphe, copie de celui de Constantin, richement orné de trophées et de bas-reliefs. Sur l'un de ceux-ci Joachim chevauchait un superbe destrier au-devant duquel se présentait Parthénope en tête d'un cortège représentatif des divers éléments de la nation. Sur un autre, Caroline revêtue des attributs de Junon était entourée de femmes qui symbolisaient les provinces du royaume. [...] Le tout était complété par les inscriptions latines à la mode du temps, allégoriques, ampoulées et destinées à conférer plus de dignité encore à ce chef-d'œuvre de carton-pâte, de bois, de stuc et de papier peint[13]. » Un Te Deum fut célébré en l'église Santo-Spirito. Puis ce fut un défilé à cheval dans les rues sous les applaudissements de la foule. Le ministre de France à Naples, M. d'Aubusson-La Feuillade, écrira à son supérieur, Champagny, que « les balcons étaient combles de femmes qui témoignaient leur joie d'une manière plus expressive que les hommes... ». Accueil très chaleureux donc. Plus que Joseph, Murat a réussi à établir le contact avec les quartiers populaires de Naples. Sa prestance, son sens de la mise en scène, ses talents de cavalier, une certaine exubérance bien méridionale, tout contribue à séduire des sujets qui ne demandent qu'à l'être. Ferdinand IV était peu populaire et sa légitimité aussi peu assurée que celle de Joachim-Napoléon. On a vu défiler trop de dynasties et d'impérialismes à Naples pour s'arrêter à des principes de fidélité dynastique bons pour d'autres parties de l'Italie. Il semble que Murat ait été facilement adopté, plus facilement même que Joseph. Mais la réciproque est également vraie. Murat ne fut pas un bon souverain de Berg, encore qu'il ait eu le souci de défendre les intérêts économiques de son grand-duché ; ne résidant pas dans ses États, il parut indifférent au sort de ses sujets. L'Allemagne ne lui convenait pas. En revanche, à Naples, ce Méridional va se trouver chez lui. Il prend à cœur la défense de son royaume, il en oublie ses origines et le décret qui le nomme. Il se veut désormais napolitain ; il ne sera bientôt plus que napolitain. Les habitants du pays ne s'y trompent pas : de là sa popularité, une popularité qui a persisté jusqu'à nos jours. Par sa froideur, Joseph échoue à Madrid ; malgré une évidente bonne volonté, Louis fut un médiocre roi de Hollande ; viveur, et seulement viveur, Jérôme s'est contenté, lors de son règne en Westphalie, d'enrichir notre langue du mot « loustic » ; Murat, lui, est vraiment roi de Naples. Peut-être le scepticisme napolitain s'accommodait-il davantage d'une domination étrangère que la susceptibilité hollandaise ou le sérieux germanique ; mais Murat, plus que les Bonaparte, a su aller au-devant des désirs de son peuple.

CHAPITRE II

Les réformes

Il revenait à Murat de poursuivre l'œuvre de rénovation du royaume commencée par Joseph sur le modèle français.

En partant, le frère de Napoléon avait emmené avec lui ses principaux conseillers et ministres. Un seul était resté en place : Cristoforo Saliceti, l'ancien conventionnel corse passé ensuite commissaire du Directoire en Italie, protecteur de Bonaparte puis son adversaire en Brumaire. Joseph l'avait choisi en raison de sa profonde connaissance des problèmes italiens, lui confiant la Guerre et la Police. Homme fort du nouveau régime, solidement implanté à Naples où sa fille avait épousé un noble libéral, le duc de Lavello, il plaisait aux patriotes. Raison supplémentaire pour Napoléon de se défier de lui. Murat prend d'emblée la défense du seul ministre que lui lègue Joseph et auquel il attribue « la tranquillité et le bon esprit qui règne dans ses États ». Napoléon est impitoyable : Saliceti doit se démettre, mais le « Fouché corse » court se justifier aux Tuileries de l'accusation de contrebande invoquée par l'Empereur contre lui. Il gardera en définitive la Police. Pour les Finances, Murat fait appel au fidèle Agar, que Napoléon n'aime pas mais qui a rendu trop de services à Berg pour pouvoir être écarté. A la Guerre, Murat eût aimé Belliard, son aide de camp, mais il doit se résigner à laisser le portefeuille au général Reynier [1] dont il n'apprécie que modérément les talents militaires. Bientôt un ancien ordonnateur, Daure, lié à Murat lors de l'expédition d'Égypte, le remplacera, ajoutant à la Guerre, la Marine et la Police, et reconstituant ainsi l'ancien empire de Saliceti. Autres Français : Longchamps, chargé de la surintendance des théâtres, et Arcambal qui dirige la maison royale. Les compatriotes de Murat restent peu nombreux. Du côté italien, notons une forte personnalité, Zurlo, qui a déjà servi sous Ferdinand IV. Ministre de la Justice, Zurlo va entamer les privilèges de la noblesse avant de succéder au poste de l'Intérieur à l'archevêque de Tarente, Mgr Capecilano, un doux vieillard. Ricciardi le remplace alors à la Justice. Par son envergure, Zurlo devient vite l'un des hommes forts du cabinet. Un temps, la Marine a été confiée au prince Pignatelli Strongoli, un gentilhomme peu compétent mais très représentatif. Quant aux Affaires étrangères, comment ne demeureraient-elles pas l'apanage du marquis de Gallo ? Brillante carrière que celle de cet ambassadeur des Bourbons à Vienne puis à Paris, qui avait connu Joseph II et l'impératrice Catherine, avait déployé ses talents de diplomate à Campoformio, puis était passé avec la même aisance du service de Ferdinand IV à celui de Joseph Bonaparte. Napoléon, on l'a vu, l'appréciait tout particulièrement. Murat lui conserva une confiance un peu molle. N'oublions pas enfin une éminence grise, le Génois Antonio Maghella, placé à la tête de la préfecture de police de Naples. Efficace, sans scrupules, Maghella – qui avait introduit ses espions dans toutes les administrations et jusque dans le palais – passait pour l'un des patriotes les plus exaltés de l'entourage de Murat, si exalté qu'il dut quitter Naples sur l'ordre des Tuileries, le 2 mars 1812.

Rappelons aussi le rôle de Pietro Colletta, directeur des Ponts et Chaussées, intendant de Calabre puis membre du Conseil d'État auquel appartiendront également l'avocat Matteo Galdi, l'historien Cuoco et Melchiore Delfico.

Telle était l'équipe avec laquelle Murat entreprit de poursuivre les réformes commencées sous Joseph.

Les réformes sociales

Murat ne fut pas l'initiateur des réformes appelées à bouleverser les structures sociales du royaume de Naples. Il reprit le plus souvent des plans ou projets préparés par les conseillers de Joseph. Celui-ci, en arrivant dans ses États, avait constaté un profond mécontentement contre les Bourbons, mécontentement qui avait d'ailleurs favorisé la conquête du royaume par les troupes françaises. Les paysans manifestaient de plus en plus ouvertement contre le poids des charges féodales devenues insupportables depuis que l'on connaissait leur suppression dans d'autres pays. Les nobles, en revanche, redoutaient une telle suppression de la part de la dynastie régnante et s'en détachaient également.

Au départ, Joseph ne pouvait compter que sur une bourgeoisie gagnée aux Lumières mais fortement décimée en 1799 par l'échec de la République parthénopéenne, fondée en liaison avec le Directoire. Il était indispensable pour Joseph de réussir une réforme agraire satisfaisant les paysans sans trop mécontenter la noblesse. C'était l'avenir de sa royauté qui était en jeu.

Il prit son temps, voyageant et s'informant. Une loi abolissant la féodalité fut préparée par Rœderer, l'ancien constituant devenu conseiller d'État de Napoléon et placé auprès de Joseph avec le titre de ministre des Finances, pour le guider dans les réformes du royaume. Rœderer eut la sagesse de s'entourer de Napolitains, comme Zurlo, qui pouvaient l'orienter dans le dédale du droit féodal napolitain. Le travail fut achevé en juillet 1806 et la loi promulguée le 2 août. Le régime féodal avait été introduit à Naples par les Normands au XIe siècle [2]. Des fiefs avaient été concédés à des barons qui n'avaient cessé d'étendre leurs terres par la suite et avaient même obtenu, au XIIIe siècle, de Charles d'Anjou, le droit de justice. Sous le régime espagnol, les abus féodaux se multiplièrent, sans réaction bien notable du roi. Abus si criants que Charles de Bourbon, en 1735, s'en indigna.

A la fin du XVIIIe siècle, on comptait 31 000 nobles et 650 fiefs. La propriété nobiliaire représentait 30 % du sol contre 20 % à l'Église, le reste étant abandonné aux paysans, à titre individuel, ou aux communautés rurales. La propriété bourgeoise demeurait insignifiante.

Dans cette société, le personnage essentiel est encore, en 1799, le *baron*, qui porte d'ailleurs un autre titre le plus souvent, duc, comte ou marquis, le mot de « baron » n'ayant qu'une signification générale, celle de « seigneur ».

Ce baron jouit de grands privilèges : fiefs inaliénables et indivisibles ; impôts spéciaux comme l'*adoa*, peu élevé, qui remplace le service d'host, et le *relief*, taxe sur la transmission du fief équivalant à un an de revenu ; droit de haute et basse justice sur les communautés dépendant du fief, droit d'être jugé lui-même par une juridiction spéciale, la *camera della sommaria* ; force armée à sa disposition...

Mais le débat porte avant tout sur les droits seigneuriaux : droits personnels, entendons par là les corvées, monopoles (moulin, four, pressoir, péages et octrois) ; droits réels pesant sur les terres féodales (cens, champart, terrage) ou communales (droits d'usage). La résistance des communautés, dont l'assemblée générale désignait un syndic et deux ou trois élus, n'a pas cessé de diminuer : au XVIIIe siècle, syndic et élus sont des hommes du baron qui en profite pour étendre ses droits de pâture sur les terres communales.

Le poids du régime féodal est d'autant plus lourd que la communauté est pauvre ; il interdit toute amélioration des exploitations. Vient s'y ajouter la dîme ecclésiastique, ce qui conduit à noter que le paysan ne garde qu'à peine la moitié de sa récolte, et sur cette moitié, encore doit-il prélever la part de ses semences. Or, dans ce contexte déjà difficile se produit, vers 1760, comme en France, une réaction féodale. L'inflation est générale en Europe : devant l'accroissement de leurs dépenses somptuaires, les barons tendent à pressurer davantage, par l'intermédiaire de leurs intendants, les malheureux paysans déjà écrasés de charges : révision à la hausse des droits anciens, résurrection des droits tombés en désuétude... L'indignation est générale. Les philosophes s'en emparent. Filangieri, dans *Lezioni di commercio*, en 1768, puis Galanti et Russo dénoncent dans le système féodal la cause principale du retard économique du royaume et de la pauvreté du pays. Ils réclament la suppression des privilèges et la libération des terres. Que l'État, dit Galanti, donne l'exemple avec les fiefs qui lui sont dévolus lorsqu'il y a extinction d'une lignée, en leur enlevant leur caractère féodal.

Les philosophes tentent aussi de convaincre les barons que leur intérêt est de développer l'industrie, base essentielle de la prospérité d'une nation : pour cela il faut « affranchir » les paysans et investir dans les entreprises. A défaut, que les barons contribuent à l'amélioration de l'agriculture en développant, à la place de l'archaïque régime féodal, une exploitation de type capitaliste.

Une prise de conscience, sous l'influence de la Révolution française, parut s'opérer lorsque en 1791 plusieurs fiefs dévolus à l'État furent vendus comme terres libres, ainsi que l'avait demandé Galanti. Un cadastre fut entrepris : il devait mettre fin aux empiétements des barons. Mais la monarchie ne pouvait aller trop loin sans rompre avec les barons au moment où partout les trônes semblaient menacés par les événements.

En 1799, à la suite de l'intervention des troupes françaises, fut proclamée la République parthénopéenne. Comment le régime féodal n'aurait-il pas été remis en cause ? Les discussions durèrent deux mois. Les partisans de l'abolition totale, immédiate et gratuite s'opposaient à ceux qui défendaient la solution du rachat. On s'orienta vers un compromis : suppression des droits personnels comme la corvée, rachat des droits réels sur présentation du titre de propriété. Ainsi en avait-il été décidé en 1792 en France. La loi fut votée le 25 avril 1799. Trop tard. Le mouvement sanfediste animé par le cardinal Ruffo était déjà maître d'une partie du territoire. Lors de la restauration du roi Ferdinand IV, les paysans qui l'avaient soutenu réclamèrent, à l'instigation de Ruffo, la confirmation de la suppression de la féodalité. Les barons firent connaître leur opposition. Un nouveau compromis fut trouvé. Un modéré, Zurlo, bien que conscient de la nécessité d'une telle mesure, choisit de procéder par étapes. Le 20 septembre 1805, il fit voter le principe d'un impôt foncier pesant indistinctement sur les domaines féodaux et les alleux : première brèche dans les privilèges des barons.

Quelques mois plus tard, Joseph prenait à Naples la place de Ferdinand. Il gardait Zurlo qui fut l'inspirateur de la nouvelle loi du 2 août 1806.

Cette loi reprenait les dispositions prévues au temps de la République parthénopéenne. Le régime féodal disparaissait : les privilèges fiscaux de la noblesse étaient supprimés ; les droits seigneuriaux personnels (la corvée notamment) abolis ; en revanche les droits réels étaient déclarés rachetables ainsi que les monopoles. Les domaines qui avaient fait partie des fiefs abolis devenaient des propriétés privées ; l'on y maintint pourtant les droits d'usage en attendant un partage dont les modalités n'étaient pas précisées.

Cette fois la féodalité était bel et bien abattue. Mais trop de problèmes restaient en suspens : la nature des droits personnels n'était pas précisée et pas davantage n'étaient indiquées les conditions de leur rachat. D'autre part, la noblesse héréditaire n'était pas supprimée et les titres demeuraient transmissibles. Le prestige du baron restait considérable. Enfin, dans l'immédiat, la loi ne fut pas appliquée. Ce n'est que le 9 novembre 1807 que fut mise en place une commission chargée d'examiner la validité des titres présentés par les barons. Il fallut attendre le 11 novembre pour assister à la création d'une commission féodale destinée à juger les contestations. Et Joseph ne se décida qu'à Bayonne, alors qu'il allait monter sur le trône d'Espagne, à signer le décret réglementant le rachat des droits réels.

Si les principes étaient posés, rien ne se trouvait encore réglé à l'arrivée de Murat.

Plus que Joseph, Murat, issu de la paysannerie du Quercy, était sensible aux problèmes féodaux dont son père s'était occupé. Il comprit quelle popularité pouvait lui assurer auprès de la masse paysanne une réforme du statut des terres. D'emblée, il en fit une affaire personnelle, donnant une impulsion nouvelle aux décisions déjà prises par son beau-frère.

Il reprit le problème en s'entourant comme Joseph de spécialistes éprouvés, hostiles à l'ancien système : Zurlo mais aussi Cuoco, le savant historien, auteur de *Saggio storico sulla rivoluzione napoletana del 1799*, David Winspeare, qui avait appartenu à la commission féodale chargée de juger les contestations, Delfico... Le décret du 27 février 1809 précisa les modalités d'application de l'abolition du régime féodal. Cette fois, tout retour en arrière devenait impossible. Dans chaque province les intendants reçurent mission de recenser les droits et de veiller à la suppression effective de ceux qui étaient abolis sans restriction. Les infractions étaient immédiatement punies. Pour juger des cas de contestation, Murat prorogea la commission féodale qu'animait Winspeare. Celle-ci trancha la plupart du temps en faveur de l'abolition gratuite lorsqu'il y eut discussion concernant les droits personnels ; en ce qui touchait les droits réels, on les déclara rachetables chaque fois que le seigneur produisit le titre primitif. Le taux de rachat était fixé par expertise. Dans les cas litigieux, la commission prit souvent le parti du village.

La grande propriété se trouvait d'autant plus durement touchée que Joseph avait, dès le 15 mars 1807, aboli la substitution fidéicommissaire, usage par lequel le testateur imposait à son légataire l'obligation de conserver les biens légués et de les transmettre à sa mort à son propre héritier [3].

En 1809, Murat porta un autre coup à cette grande propriété en promulguant le Code civil. Si Murat avait ménagé le clergé et exclu le divorce, il n'avait pas écouté Ricciardi qui avait plaidé une adaptation aux usages locaux pour les successions et la puissance paternelle. Napoléon voulait l'application intégrale de son Code : il y voyait la destruction des grandes familles grâce au régime successoral. Murat aurait été sensible aux plaintes des barons mais il dut plier devant la volonté impériale.

Concession à la noblesse : le décret du 3 décembre 1810 autorisa les propriétaires à clore et supprima la vaine pâture, tout en conseillant le partage des communaux. C'était avantager les grands domaines. La politique suivie par Murat et ses conseillers répondait donc à deux objectifs : satisfaire la masse paysanne grâce à l'abolition des droits personnels ; stimuler l'agriculture à la faveur d'un mouvement de remembrement dont profiterait une petite bourgeoisie rurale proche de celle du Quercy dont était issu Murat.

Ces objectifs ne furent qu'en partie atteints. D'un côté la propriété bourgeoise s'accrut sensiblement à la faveur des ventes – nombreuses – de latifundia par les barons, terres le plus souvent rachetées par les intendants ou les bourgeois des villes ; en sorte que se constitua une bourgeoisie de grands propriétaires terriens, les *galantuomini*, qui se substituèrent aux barons mais qui, bien que plus dynamiques, ne modifièrent pourtant pas de façon spectaculaire les anciennes conditions d'exploitation, se heurtant toujours au problème des trop grandes dimensions des propriétés. D'un autre côté, les paysans, bien qu'affranchis des droits personnels, se heurtèrent à l'obligation de racheter les droits réels. De plus, la perte des droits d'usage leur fut particulièrement sensible. La vente des terres des barons ne profita que très rarement à ces paysans d'Angrion ou d'Eboli, trop pauvres déjà pour se racheter et incapables, à plus forte raison, d'acquérir des terres. Les partages des communaux ne leur attribuèrent que des parcelles trop petites ou trop stériles qu'ils durent souvent abandonner ou revendre. En sorte que l'abolition de la féodalité n'enraya ni l'extension des latifundia ni la paupérisation.

Un rapport de l'intendant de Foggia, le 4 avril 1812, montrait les limites de la réforme : « Il y a des communes où la classe des indigents trouve son état si misérable qu'elle n'a pas le courage de devenir propriétaire avec la charge de payer la contribution foncière, le canton et autres dépenses communales, et d'assumer toutes les obligations annexes de la propriété. Il n'en manque pas d'autres dont le domaine n'est pas très apte à la culture, et est plutôt adapté au pâturage des animaux. Il existe encore d'autres communes dont les citoyens s'occupent par habitude d'élevage et d'industrie pastorale et ne s'occupent pas de semer et de cultiver. Finalement il se trouve des communes dont les citoyens influents possédant des industries pastorales mettent des obstacles à la division des communaux et encouragent les riches à en occuper la totalité. Un seul obstacle peut être général pour tous, et c'est le suivant : devant donner la terre aux non-possédants, ceux-ci n'auront pas les moyens nécessaires pour jamais la cultiver. Les communaux resteront incultes pendant des années et des siècles, encombrés de plantes, de broussailles et d'herbes nuisibles à l'ensemencement[4]. »

Reste une réforme considérable, l'abolition du régime féodal, qui consolide une bourgeoisie rurale et urbaine appelée à devenir dans l'immédiat le principal soutien du régime.

Les institutions

Non seulement l'initiative des réformes sociales avait échappé à Murat, Napoléon lui imposant en définitive l'application intégrale du Code civil, ce qui lui aliénait la noblesse et le clergé, mais le nouveau monarque devait régner dans un cadre institutionnel également imposé par l'Empereur.

La Constitution de Bayonne, décrétée par Napoléon, prévoyait en effet un parlement, sans pouvoirs réels il est vrai, un Conseil d'État et une administration locale sur le modèle français.

Le Conseil d'État avait déjà été institué par Joseph. Murat dut le maintenir, mais il y renforça le clan des anciens patriotes de 1799. De même conserva-t-il la division du royaume en provinces, correspondant à nos départements, avec à leur tête des intendants qui ressemblaient à nos préfets. La plupart furent italiens, comme Colletta dans la Calabre ultérieure ou encore Galdi. Quelques Français aussi, dont Briot, intendant de l'Abruzze citérieure, qui joua un rôle important dans la diffusion de la franc-maçonnerie en Italie [5]. Auprès de ces intendants, des conseils provinciaux analogues à nos conseils généraux. Des sous-intendants s'occupent des districts, des conseils de district à leurs côtés. Même modèle pour les municipalités dont le recrutement se limitait aux notables et qui avaient pour mission principale la conscription. Comme Paris, Naples eut un statut spécial, dont un préfet de police.

En dépit de ce cadre rigide, Murat s'est efforcé de mener une politique personnelle. Contrairement aux dispositions de la Constitution, il ne réunit jamais le parlement. Dans cette décision, il rencontra l'appui des patriotes. Ceux-ci ne trouvaient pas la Constitution de Bayonne suffisamment libérale et considéraient que l'assise électorale du parlement était trop étroite.

Progressivement Murat écarta les Français des ministères. Certes, Daure fut chargé de la Guerre de 1809 à 1811 ; Agar s'occupa des Finances et Saliceti de la Police ; mais le royaume de Naples fut essentiellement administré par des Italiens : Zurlo, Ricciardi, Maghella, Pignatelli Strongoli... Cette prédominance de l'élément italien, que l'on constatait également au Conseil d'État, fit beaucoup pour la popularité de Murat. Il sut ainsi éviter de donner l'impression d'une occupation de Naples par les Français qui eût fait du roi un étranger pour son peuple. Grâce à cette administration indigène, Murat se naturalisait napolitain.

Les transformations de Naples

Comme son illustre beau-frère, Joachim-Napoléon a compris l'importance des grands travaux pour l'illustration d'un règne. Sans délaisser le monde des campagnes dont il améliore la condition d'une façon sensible par l'introduction (encore limitée) de la vaccine, l'assainissement de certaines régions insalubres où sévit la malaria, et le développement de l'instruction publique, il s'attache à modifier le visage de sa capitale : dégagement de la grande place appelée à s'étendre devant le palais royal, nouvelles voies comme celle qui conduit à Capo di Monte ou encore l'avenue qui relie la porte de Capoue à la rue de Tolède, travaux divers de restauration... Les Napolitains lui en garderont quelque reconnaissance.

L'organisation militaire

Il n'est pas jusqu'au domaine militaire où Murat n'ait été lié par le traité de Bayonne et n'ait vu ses initiatives limitées par l'Empereur.

Avant Joseph, l'armée napolitaine était l'objet d'un dénigrement systématique et probablement injuste [6]. « L'armée napolitaine n'est rien, n'a jamais rien été et ne peut devenir une armée que par une suite de soins et de temps [7]... », affirmait Napoléon en 1806. En revanche, la marine de guerre, rodée par ses combats contre les barbaresques, bien pourvue en bois et en chanvre, formée d'équipages exercés à l'école anglaise, jouissait d'une excellente réputation.

Joseph reçut d'abord mission de lever une légion napolitaine dévouée à la cause royale et de s'en remettre pour la conquête de la Sicile aux troupes françaises qui avaient conquis la partie continentale du royaume. Tous les officiers napolitains servant à Paris ou à Milan devaient être renvoyés dans leur patrie pour servir dans cette légion. Les officiers bourboniens qui avaient eu à se plaindre de la réaction qui suivit la chute de la République parthénopéenne furent invités à se rallier au nouveau roi. L'appel fut peu entendu. En revanche, la marine était fortement décimée par l'émigration. La majeure partie des vaisseaux avait rejoint les Anglais en Sicile.

Seule ressource pour l'armée de Naples et celle levée par Joseph : le Trésor napolitain. Aussi ni Miot de Mélito ni Mathieu Dumas n'ont-ils accompli de miracles. La distinction des deux armées ne contribuait pas à simplifier l'action de l'administration qui n'avait aucune autorité sur les Français. De surcroît, Napoléon restait méfiant : « Organisez peu de troupes napolitaines ; il n'y a point à se fier à elles dès le premier moment. Vous pourriez former un régiment et l'envoyer en France, dès qu'il serait en France, je le prendrais à ma solde ; il serait bon pour servir dans les Pyrénées [8]. » Napoléon révèle ainsi ses véritables intentions : puiser dans les effectifs napolitains pour ses propres besoins en hommes.

Joseph s'est néanmoins efforcé de mettre sur pied une armée nationale tandis qu'il constituait une garde personnelle formée d'unités d'élite sous le commandement de Stanislas de Girardin [9]. S'y ajoutèrent l'organisation des gardes provinciales et la formation d'une gendarmerie napolitaine.

Le bilan appelle toutefois bien des nuances. Miot, Girardin, Hugo et Desvernois affirment que Joseph avait mis sur pied une petite armée napolitaine déjà efficace dont Murat, son successeur, ne voulut pas reconnaître les mérites. Le Hollandais Dedem, qui fut ministre plénipotentiaire à Naples, est plus sévère : « En partant, le roi avait désorganisé les gardes et emmené ce qu'il y avait de mieux, du moins en soldats. » Et il précise que, si l'on tient compte des régiments envoyés en Espagne, « l'armée de Naples n'était point organisée[10] ».

La thèse du colonel Carles permet d'y voir un peu plus clair. Joseph a laissé à son successeur 31 120 hommes sous les armes et 2 019 chevaux, mais près de 5 000 Napolitains servent hors du royaume. La flotte compte 59 unités diverses dont 51 à la mer, 2 en armement et 6 en réparation[11]. En fait, sans la présence de soldats français, que vaudrait la défense de Naples ? Pour les maréchaux, l'armée napolitaine est dépourvue de valeur. Appelé à Naples, Pérignon écrit sans ambages au ministre de la Guerre : « L'armée napolitaine n'a pas encore la consistance ni la force qu'on pourrait croire et qu'elle acquerra sans doute. Il n'y a pas beaucoup à compter sur elle en ce moment[12]. »

Avec Murat, le ton change. C'est un soldat, à l'inverse de Joseph, et l'on devine que les problèmes militaires constitueront l'essentiel de ses préoccupations. Mais le traité de Bayonne ne lui laisse guère de liberté d'action. Les clauses secrètes prévoient en effet qu'il devra fournir à l'Empereur 18 000 fantassins, 2 500 cavaliers, 25 pièces de canon, 6 vaisseaux de ligne, 6 frégates et 6 corvettes. S'y ajoutent les contingents jugés nécessaires pour maintenir la sécurité intérieure et extérieure du royaume. C'est que les troupes napolitaines sont appelées à se substituer progressivement à l'armée française stationnée dans le royaume.

Pour mener cette tâche à bien, les caisses sont vides. Naples doit 4 à 5 millions de francs au Trésor français. Mais il y a des possibilités : un royaume peuplé, des chevaux très convenables, une population qui semble secouer son apathie.

Avant de partir, Murat a posé plusieurs questions à l'Empereur : « Dois-je songer sérieusement à une expédition en Sicile si l'occasion se présente ? Si je vois la possibilité de reprendre les îles de Capri et de Ponza, dois-je le tenter ? Dois-je chercher à profiter de l'heureuse disposition que les Napolitains montreraient à mon arrivée pour créer quelques nouveaux régiments et compléter ma garde qui n'a en ce moment qu'un disponible de 900 hommes ? Enfin dois-je plutôt m'occuper de la marine que de l'armée de terre ? Sa Majesté permettrait-elle qu'on levât un régiment albanais comme il y en avait autrefois au service de Naples [13] ? » Napoléon a répondu de façon dilatoire, invoquant les problèmes d'argent.

Le plus urgent pour Murat : reconstituer la garde royale qui assure sa défense personnelle et sert de réserve à l'armée napolitaine. Il choisit une solution économique : faire appel aux fils de bonne famille du royaume qui paieront eux-mêmes leur équipement. Mais cette « napolitanisation » des corps d'élite ne rencontre qu'un succès limité. Il faut employer la contrainte pour former cette garde placée sous le commandement du colonel Compère.

Suit une réorganisation de l'armée. Sont créées des légions provinciales dont font partie d'office « les propriétaires payant plus de six ducats d'impôt annuel », les directeurs d'entreprise et les membres des professions libérales. Ces légions ont pour mission « de protéger les personnes et les propriétés et de maintenir l'ordre intérieur ». En réalité Murat révèle à Napoléon ses véritables intentions : cette organisation « n'est autre chose qu'une conscription mais bien masquée [14] ».

En fait, le nouveau roi agit sans se presser. A quoi bon gonfler les effectifs si l'on ne peut assurer la solde ? La prudence commande. Impulsif sur un champ de bataille, Murat sait procéder avec méthode sur le plan intérieur. « Toutes les sources paraissent unanimes à reconnaître qu'à son arrivée à Naples Murat a attaqué avec sérieux les problèmes du royaume. Il n'a pas agi différemment pour les problèmes militaires. Comme si, quelle que fût sa hâte d'avoir une armée importante, il fût trop avisé général pour ne pas apercevoir qu'il fallait assurer les bases avant de procéder à la multiplication des effectifs [15]. »

Même politique à l'égard de la marine dont le recrutement est assuré par la loi sur l'inscription maritime du 2 mars 1808. Tous les éléments sont réunis au début de 1809 pour donner au royaume de Naples une armée digne de son importance politique.

La crise financière

Le principal handicap de la monarchie napolitaine réside dans l'état de ses finances. Napoléon ne cesse de se plaindre de la mauvaise organisation financière de son royaume satellite. L'impôt foncier unique qu'avait tenté d'établir Rœderer[16], faute d'une assiette équitable et d'une bonne perception (la destruction des archives ne permet guère d'en dire plus), rendait fort mal. Poursuivant l'œuvre de Rœderer, Agar dut recourir aux monopoles, comme celui du tabac, puis à divers expédients. Les dépenses militaires, de plus en plus considérables, mettaient à mal un budget que l'inexistence des ressources douanières, due au Blocus continental, ne permettait plus d'équilibrer. Constamment pendant son règne, Murat va se débattre dans les embarras financiers, embarras qui ont obéré les réformes qu'il souhaitait entreprendre.

La noblesse napolitaine

Comme le lui permettait sa qualité de souverain, Murat a distribué par décret royal, le plus souvent suivi de lettres patentes, des titres nobiliaires à ses principaux ministres, conseillers d'État et officiers, français ou napolitains : trois titres de prince (Carracciolo, San Severino et Spinelli), sept titres de duc (d'Atri, d'Avalos, Eboli, d'Aquino qui épousa une nièce de Murat, Capece, Gaetani et Mastrili), onze titres de comte (dont Bonnafous, aide de camp et neveu de Murat, les généraux Exelmans, Manhes et Dery), soixante-treize titres de baron (Jacques

Ayme, premier chambellan, Fontenier, directeur des Postes, le lieutenant général Desvernois...)[17].

Les titres vont surtout aux militaires (71 sur 105). Murat a par ailleurs conservé l'ordre des Deux-Siciles créé par Joseph.

Une vie de cour se développe à Naples, inspirée tout à la fois des Bourbons et des Tuileries.

Un grand maréchal du palais, assisté de chambellans, veille sur les grands appartements et les appartements d'honneur du couple royal. Un préfet du palais a sous sa responsabilité les différents services et contrôle les dépenses. Le premier chambellan est chargé de tout ce qui concerne la garde-robe du roi, le chambellan de service a pour mission d'introduire les personnes reçues en audience.

L'étiquette revêt une importance considérable : elle est réglée dans les moindres détails, du lever au coucher du roi, des repas aux cérémonies. Toutefois Murat s'en affranchit en campagne.

Les problèmes religieux

Dans le domaine religieux Murat s'est inspiré de la politique suivie par Napoléon. Il fallait tout craindre d'un clergé hostile à la domination française. Par sa modération Murat a su apaiser les rancœurs et dissiper les méfiances. On est loin de l'Espagne et de ses moines fanatiques. L'arrestation du pape ne provoque pas de réactions. Le clergé napolitain s'est finalement bien accommodé d'un souverain peu porté sur la religion mais qui a depuis longtemps abandonné les idées de déchristianisation de la Révolution et considère avec bienveillance *ses* prêtres.

Murat mécène

Sciences et arts ont été encouragés par Murat. Certes Vincenzo Cuoco s'est exilé à Milan. Là il mène le combat contre les idées françaises jugées trop abstraites et mal adaptées à l'Italie. Il les dénonce dans son *Essai historique sur la Révolution de Naples* en 1801, puis dans *Platon en Italie*. Mais peintres et musiciens se pressent à la cour de Naples. Aux artistes italiens se joignent deux peintres belges, Simon Denis, ami de Mme Vigée-Lebrun et excellent paysagiste, et Joseph Odevaere, disciple de David. On lui doit un portrait de Murat en 1813, aujourd'hui à la bibliothèque Marmottan. Parmi les Français il faut citer Descamps, peintre officiel du roi, Dunouy, Lesmale, Montagny et surtout Wicar qui s'installe à Naples en 1808. Il y peint Murat en officier supérieur des grenadiers de la Garde mais finit par se brouiller avec les membres de l'Académie des beaux-arts dont il était le directeur [18].

C'est un Espagnol, Manuel Vicente del Popolo Rodriguez, que Murat nomme premier ténor de sa chapelle palatine, mais c'est Paisiello qui est directeur de la musique de chambre de la reine Caroline. Au printemps de 1815 Rossini signe à Naples un contrat de six ans pour composer trois opéras par an et assurer la direction des deux théâtres, dont le fameux San Carlo[19].

CHAPITRE III

Les succès

« Il faut au plus grand homme qui ait existé le plus puissant empire, et après avoir créé des comtes, des ducs, des princes d'Empire, il vous faut aussi des *rois d'Empire*, écrit Murat à Napoléon. Un système fédératif assurera ensuite sa gloire et sa durée. La paix du monde en sera le premier bienfait ; quant à moi, Votre Majesté doit compter sur le bonheur que j'éprouverais si Elle daignait jeter les yeux sur moi, soit qu'il faille porter vos Aigles dans les climats lointains, soit qu'il faille donner ici vos lois. Je suis heureux dans mes États ; j'habite le plus beau ciel de la belle Italie, tout m'y assure le bonheur[1]. »

Un roi d'Empire : aucun doute, Murat, dans cette lettre du 1er avril 1809, a parfaitement compris la mission que lui a confiée Napoléon. Il n'est qu'un lieutenant de l'Empereur, chargé d'exécuter ses ordres, de transmettre sa volonté, de servir ses intérêts. Si Napoléon n'a pas ceint lui-même la couronne de Naples, c'est dans un souci de convenance vis-à-vis des autres souverains de l'Europe ; c'est aussi dans le souci de ménager l'opinion napolitaine, en lui laissant croire que l'indépendance du royaume est respectée, que Naples n'a pas été annexée à la France, qu'il ne sera pas porté atteinte à son intégrité.

Berthier trouvera une formule heureuse pour résumer les intentions de Napoléon à l'égard de Murat. Il écrira à ce dernier : « Pour vos sujets, soyez roi ; pour l'Empereur, soyez vice-roi. » L'indépendance de Murat n'est qu'apparente, mais cette apparence n'en est pas moins indispensable pour ménager la susceptibilité des Napolitains. Murat se voit donc condamné à un jeu subtil qu'il ne pourra conduire longtemps : il n'est qu'un pion dans la politique méditerranéenne de Napoléon, mais il doit éviter de trop paraître dépendant de l'Empereur afin de dissimuler le plus longtemps possible les intentions de son beau-frère. Seulement, que faire lorsque les intérêts de l'Empire et ceux de Naples divergent de manière trop évidente, lorsque, par exemple, le Blocus continental condamne les ports napolitains au marasme et à la ruine ? Murat ne pourra tenir longtemps son double rôle de roi et vice-roi.

Pour l'immédiat, il se réfugie dans l'action. Objectif : reconquérir les parties du royaume des Deux-Siciles restées aux mains des Bourbons et en particulier Capri. « Je ne désespère pas de pouvoir bientôt annoncer à Votre Majesté la reprise de Capri. Les forces qui la défendent sont presque entièrement composées de Corses. Le ministère de la Guerre s'y est ménagé des intelligences : il a fait passer au moins 50 soldats corses du régiment qui se trouve à Naples ; ils ont été reçus comme déserteurs et doivent se réunir à ceux qui sont déjà gagnés pour s'emparer des pièces et nous faciliter la descente. Douze cents hommes suffisent pour cette expédition. Tout est préparé pour son exécution[2]. »

Face à Naples, l'ancien repaire de Tibère nargue les Français. Napoléon donne son approbation, le 18 septembre 1808. « La prise de Capri serait d'un bon résultat ; elle signalerait d'autant mieux votre arrivée qu'elle ferait craindre aux Anglais pour la Sicile, ce qui serait fort utile[3]. »

Joseph avait échoué, Murat réussit. La défense de l'île était assurée par 2 000 hommes placés sous le commandement d'Hudson Lowe, le futur gouverneur de Sainte-Hélène. Lowe avait couvert l'île de fortifications et une croisière anglaise assurait la protection des côtes. L'opération n'était pas aisée. Le 2 octobre 1808 pourtant, Murat lance une force de 1 900 hommes, à bord de 180 barques, sur Capri. Lamarque et Pignatelli Strongoli assurent le commandement de l'expédition. L'effet de surprise est total. Lamarque se rend d'abord maître d'Anacapri où il établit une forte batterie. D'autres troupes attaquent les points forts de l'île, la Marine-Grande et Marine-Mulo. La Marine-Grande ne tombe que le 7, en raison de la résistance acharnée des Anglais. Le 8, Murat peut écrire à Napoléon : « Le drapeau national remplace sur les tours de Capri le drapeau anglais, 700 prisonniers, dont 22 officiers, sont déjà en notre pouvoir, et le major Hamell a été tué par un voltigeur napolitain. Le régiment Royal-Corse [*que commande Lowe*] s'est retiré dans Capri et le fort, mais j'espère annoncer à Votre Majesté dans deux jours que nous sommes maîtres de toute l'île ; nous le sommes déjà des ports, de manière que l'ennemi ne peut recevoir aucun renfort, deux mille hommes d'élite sont dans l'île, ils ont des vivres pour trois mois et trente bouches à feu de siège sont approvisionnées à 400 coups par pièce [4]. » Cependant que les Français font le siège du fort, la croisière anglaise tente d'intercepter les communications entre l'île et le continent. Le 16 octobre Lowe demande une suspension que lui accorde Lamarque. Le 18, le fort capitule. Victoire brillante, même si, l'année suivante, Hudson Lowe allait assurer la défense d'Ischia, Zante et Ithaque.

A l'intérieur, Murat s'attaque au brigandage qui sévit à l'état endémique en Calabre et dans les Abruzzes. Les Bourbons, de Sicile, avec la complicité des Anglais, essayaient de transformer ces opérations de rapine en un soulèvement national contre les Français. Il importait de crever l'abcès. Murat charge Manhès, un jeune officier, de cette opération de police. Le nouveau gouverneur de Calabre fait preuve d'une énergie peu commune pour ne pas dire de cruauté, si l'on en croit l'historien Botta : « Manhès extermina jusqu'au dernier les brigands de la Calabre. Qui ne mourut point par la corde mourut par la faim. Les vieilles tours, les villages abandonnés, les grands chemins étaient encombrés de cadavres décharnés, mais respirant encore la fureur et la menace. Beaucoup de prisonniers moururent dans les prisons avant de pouvoir être conduits au gibet [...]. Longtemps la route de Reggio à Naples présenta, de distance en distance, le dégoûtant aspect de têtes ou de membres attachés à des poteaux. Ce fut ainsi que la terreur triompha de la terreur même. Chose incroyable mais réelle : on put habiter et voyager en Calabre avec sécurité ! Les chemins se rouvrirent au commerce ; l'agriculture reprit ses travaux ; c'était comme le passage de la barbarie à la civilisation. Les Calabres avaient besoin d'une épuration de cette nature[5]. »

S'il restait quelques petites bandes que leur éparpillement avait sauvées de l'anéantissement, l'ère de Fra Diavolo semblait révolue. La réussite ne pouvait être contestée. « C'était un beau début pour le nouveau règne et qui produisit une vive impression[6]. »

Comment les Anglais auraient-ils pu accepter de rester sur une telle succession d'échecs ? A la faveur de la formation de la cinquième coalition en 1809, ils crurent qu'ils pourraient profiter des difficultés de la Grande Armée sur les rives du Danube pour reprendre Naples. La correspondance de Murat nous permet de suivre les préparatifs de cette offensive. Il tint Napoléon alerté et prit lui-même toutes les dispositions nécessaires[7].

L'expédition anglaise, placée sous les ordres du général John Stuart, flanqué du prince royal Léopold, fils de Ferdinand IV, était forte de

20 000 hommes et soutenue par une flotte de 40 navires. Maîtres de la mer, les assaillants s'emparèrent sans difficultés des îles de Procida puis d'Ischia, malgré la défense du général Agostino Colonna dit Stigliano, jetèrent quelques centaines d'hommes au cap Misère sur les côtes de Calabre pour y fomenter une insurrection, bombardèrent le littoral mais n'osèrent attaquer Naples, impressionnés par les défenses mises en place par Murat.

Le 24 juillet, Stuart apprit la nouvelle de la victoire de Napoléon à Wagram, victoire qui portait un coup fatal à la coalition. Il se résigna à évacuer Ischia et Procida et regagna la Sicile après une ultime canonnade dans le golfe, le 15 août. Murat, revêtu à cette occasion de l'uniforme de Grand Amiral de l'Empire, prit le commandement de la flottille napolitaine, sous le regard de la population. « Je n'ai jamais vu, remarque Colletta, le roi dans ses plus beaux jours aussi joyeux qu'en cette circonstance, la fortune remplissait en même temps tous ses vœux ; elle lui accordait la guerre, le faste, la gloire et lui donnait pour spectateur un peuple immense qui l'admirait[8]. » Le prestige de Murat sortit grandi de l'échec britannique. Il parut comme inexpugnable de Naples. L'heure, pensait-on, allait sonner de la reconquête de la Sicile et de la reconstitution du royaume dans son intégralité.

CHAPITRE IV

Premiers orages

Très vite l'horizon s'est assombri dans les relations entre Naples et la France.

La faute en incombe-t-elle à Napoléon ? A lire les lettres qu'il adresse à son beau-frère, le doute n'est plus permis. Le ton de ces missives, sec, méprisant, aigre ou blessant, selon les circonstances, ne pouvait que heurter la susceptibilité du roi de Naples, constamment désavoué, grondé ou rabroué.

Que Murat essaie de gagner à sa cause le clergé en honorant saint Janvier, patron de Naples : « J'ai appris, lui écrit aussitôt Napoléon, que vous aviez fait des singeries à saint Janvier. Faire trop de ces choses-là n'en impose à personne et fait du mal... » Le même Murat célèbre avec éclat la prise de Capri, une victoire importante, on l'a vu, et avertit Napoléon de son succès. La réponse ne tarde pas : « Cela est ridicule. Capri ayant été prise par mes troupes, je dois apprendre cet événement par mon ministre de la Guerre à qui vous devez en rendre compte. » On ne saurait être plus humiliant.

A la faveur de la chute de Capri, Murat a amnistié les exilés politiques et levé le séquestre mis sur leurs biens. Il est immédiatement tancé par l'Empereur : « J'ai vu des décrets de votre part qui n'ont pas de sens. Vous ne cherchez qu'à réagir. Pourquoi rappeler des exilés et rendre des biens à des hommes qui ont les armes à la main et conspirent contre moi ? Je vous déclare qu'il faut prendre des mesures pour rapporter ce décret, parce que je ne puis souffrir que ceux qui ourdissent des complots contre mes troupes soient accueillis et protégés dans vos États. [...] Vous sacrifiez à une fausse popularité. Le moyen de la perdre est de mal marcher. Il est ridicule de lever le séquestre des biens pour que cela aille alimenter ceux qui sont en Sicile. Il faut en vérité que vous ayez perdu la tête. »

Aucune décision de Murat ne trouve grâce devant l'Empereur que l'on prend souvent en flagrant délit de mauvaise foi. « Il est quand même cruel, observe Murat dans un mouvement de révolte, d'avoir toujours à se justifier. » Il se voit condamné à vivre dans une perpétuelle incertitude : Napoléon, au bout de tous ces reproches, ne va-t-il pas lui retirer son trône ? L'absence de Murat à la tête de la cavalerie de la Grande Armée lors de la campagne autrichienne de 1809 a été remarquée. La menace se fait de plus en plus précise : d'abord voilée, elle apparaît sous la forme de rumeurs (on parle de l'Illyrie pour Murat) puis dans la correspondance de Napoléon.

Survient le divorce de l'Empereur le 15 décembre 1809. Oublieux du soutien que lui apporta jadis Joséphine (et peut-être plus), Murat, poussé par son épouse, prend le parti des adversaires de l'Impératrice. Lourde erreur que vient aggraver une gaffe monumentale. Ignorant que Napoléon a déjà fait son choix, Murat se prononce avec une éloquence passionnée contre l'alliance avec Vienne dont il condamne le double jeu. « J'aime mieux faire la guerre contre les Autrichiens que contre les Russes. » A quoi Napoléon réplique, non sans injustice : « On voit bien que vous n'étiez pas à Wagram. » Porté par le clan anti-autrichien, Murat insiste et s'enferre. Deux jours plus tard, il apprend la décision définitive de Napoléon : celui-ci est déterminé à épouser Marie-Louise, fille de François Ier. Le coup est d'autant plus rude que la nouvelle impératrice est la petite-fille de la reine Marie-Caroline de Naples, l'adversaire de Murat. Pour faire plaisir à sa nouvelle épouse, Napoléon ne sera-t-il pas tenté de restituer le trône de Naples aux Bourbons ? L'inquiétude de Murat s'accroît, sa méfiance envers son beau-frère grandit. Afin de conserver un royaume auquel il est d'autant plus attaché qu'il sent qu'il va le perdre, Murat est prêt à tout. Non à la trahison, certes, mais aux concessions les plus démagogiques envers ses sujets de façon à créer entre eux et lui un attachement irréversible.

Incontestablement, Napoléon a acculé Murat à une telle attitude. Mais l'Empereur a lui aussi des raisons de se méfier de son beau-frère. Celui-ci s'est trouvé à plusieurs reprises au centre d'intrigues destinées à assurer la succession de Napoléon. Alors que celui-ci était en Espagne, dans l'hiver de 1808, à la merci d'un boulet ennemi ou du poignard d'un fanatique, Talleyrand et Fouché, le diplomate et le policier, préparaient la relève. D'après Pasquier dans ses *Mémoires*[1], des ouvertures avaient été faites à Murat dès février 1808. Celui-ci, qui avait espéré la couronne d'Espagne, s'était d'abord dérobé. Liée à Fouché, Caroline, encore plus déçue que son époux de voir Madrid lui échapper, aurait renoué les fils de l'intrigue et alerté Murat. Le prince Eugène intercepta la lettre envoyée à Naples et la communiqua à Napoléon[2]. Ce fut l'une des raisons du retour précipité de l'Empereur à Paris, ainsi que de la violente scène que dut essuyer Talleyrand. Murat n'avait rien révélé de ses contacts avec les deux ministres à l'Empereur. Celui-ci hésite désormais à lui faire confiance. Mais il a encore besoin de lui en Italie au moment où il va engager (nous sommes au début de 1809) une guerre incertaine avec l'Autriche ; il se tait.

De plus l'occupation des États romains devient vite indispensable en raison de l'attitude du pape qui refuse d'entrer dans le système continental et veut rester neutre dans le conflit franco-anglais. Napoléon ordonne à Murat de constituer une division qui aura pour mission d'occuper Rome à la place des forces de Miollis[3]. « J'ai donné ordre qu'on finisse les affaires de Rome et qu'on détruise ce foyer d'insurrection. D'ailleurs des correspondances ont été trouvées entre les agents de la cour de Rome et les Anglais qui prouvent que le pape prête son influence pour agiter les Italiens. Au reçu de cette lettre, faites diriger des colonnes sur la frontière pour ensuite les porter avec la rapidité de l'éclair sur Rome. Je donne le même ordre en Toscane. Je désire que Saliceti reste à Rome pour conseiller le général Miollis qui doit organiser un nouveau gouvernement[4]. » Rapidement, Napoléon précise ses intentions : « J'ai donné ordre que les troupes des États du pape fassent partie de mon armée de Naples. Vous en aurez le commandement, l'armée d'Italie étant occupée ailleurs[5]. » Elle doit en effet affronter les Autrichiens puis opérer sa jonction avec Napoléon. Nouvelles instructions : « Il paraît convenable de vous tenir à Rome, du moins pour quelque temps pour être plus près de la Haute Italie[6]. »

Or, Murat tergiverse. Il fait annoncer son départ comme imminent mais ne quitte pas son royaume. Nouvelle lettre de Napoléon, le 19 juin, l'invitant à montrer plus d'énergie dans les affaires de Rome[7]. L'Empereur eut alors le sentiment que Murat ne voulait en aucune façon se mouiller dans le conflit avec le pape de manière à éviter les critiques des catholiques italiens. Sa confiance en Murat fut une nouvelle fois ébranlée.

Pourtant, le roi de Naples se décide enfin, le 10 novembre, à se rendre à Rome, mais sa présence ne cautionne en rien l'enlèvement du pape et se limite à une entrée fastueuse dans la ville, à une parade militaire où une nouvelle fois le costume de Murat – pelisse russe et sabre turc – fait sensation, à une soirée au théâtre. Puis Murat regagne Gaète.

On n'oubliera pas, pour expliquer la prudente abstention du roi au cours de l'été, qu'il avait dû faire face à la menace d'un débarquement anglo-sicilien dans ses États et s'était trouvé ainsi empêché d'agir à Rome conformément aux instructions de l'Empereur. Celui-ci lui en garda néanmoins rancune.

Non seulement Murat devait affronter son impérial beau-frère, mais il ne pouvait pas toujours compter sur son épouse, la remuante Caroline.

Marie-Annonciade, rebaptisée Caroline, n'a pas été, il s'en faut, la plus populaire des sœurs de Napoléon [8]. Moins jolie que Pauline, moins réservée qu'Élisa, elle apparaît, à travers le témoignage des contemporains, sèche, ambitieuse, avide d'honneurs et d'argent, intrigante sans scrupules et infatuée d'elle-même. Peut-être a-t-on trop forcé sur les couleurs sombres, comme la comtesse Rasponi, sa fille, pour des raisons évidentes, l'a de son côté un peu idéalisée [9]. Ce qui est sûr, c'est qu'elle entendait mener Murat par le bout du nez. N'aurait-elle pas, au début de son mariage, apostrophé ainsi son mari : « Laisse-moi faire, grande bête. Bientôt, grâce à moi, tu seras roi » ? Talleyrand, en habile courtisan, aurait dit d'elle à l'Empereur qu'elle portait la tête de Cromwell sur les épaules d'une jolie femme. Jugement confirmé par Napoléon à Sainte-Hélène : « Il y avait chez elle de l'étoffe, beaucoup de caractère et une ambition désordonnée [10]. » Fouché avait toujours témoigné beaucoup de considération pour son sens politique. A Berg, elle n'a joué qu'un rôle restreint. Elle se rattrape à Naples. Le clan des Bonaparte avait voulu en faire la reine de Naples réduisant Murat, l'intrus, au rang de prince consort. Mais Caroline refusa, preuve d'un indiscutable bon sens. Il n'en demeure pas moins que Murat est redevable à sa femme du trône. Le traité de Bayonne est là pour le lui rappeler : « Si Son Altesse Impériale et Royale la princesse Caroline survit à son époux, elle restera la reine des Deux-Siciles, ayant seule le titre et les pouvoirs de la souveraineté qu'elle exercera dans leur plénitude. Cette unique exception à une loi fondamentale a pour motif que cette princesse qui, au moyen de la présente cession, *faite surtout en sa faveur*, place sa famille sur le trône, ne peut cesser d'être au-dessus de ses enfants. » Clause blessante pour Murat, qu'il fallait rappeler pour comprendre la mésentente progressive du ménage.

A Naples, Murat essaie d'affirmer son autorité en tenant son épouse à l'écart. D'Aubusson-La Feuillade alerte l'Empereur : « Le roi veut que la reine s'isole chaque jour davantage. Il répète souvent cette phrase qu'il n'est mené par personne. La reine ne peut plus recommander aucune affaire, aucun individu aux ministres, la demande est toujours rejetée. » Mais Caroline ne s'avoue jamais battue. Murat doit parfois, car le bon sens commande, se résigner à écouter ses conseils.

De surcroît, la reine n'a cessé de progresser dans les bonnes grâces de Napoléon. A la faveur du divorce de l'Empereur et du conseil de famille prévu pour le 20 janvier 1810, elle a regagné Paris en décembre 1809 et se comporte adroitement à l'égard de son frère, calmant ses ressentiments envers Murat. N'est-elle pas chargée par Napoléon d'accueillir Marie-Louise à la frontière ? Ce choix étonne : s'agit-il d'humilier les Murat qui se sont prononcés contre le choix autrichien ? En réalité Napoléon veut montrer qu'il n'y a pas de divergence au sein du « clan » et il entend par ailleurs honorer en toute sincérité Caroline qui a su redonner vie à la morne cour des Tuileries au cours de cet hiver 1810.

Loin de son mari qui a dû retourner à Naples après le conseil, elle s'épanouit et le tance ironiquement : « On me gâte beaucoup plus ici que vous me gâtez à Naples. »

Sur l'ordre de Napoléon, Murat revient en France pour assister au mariage de l'Empereur. Celui-ci, après la cérémonie, ne veut ni recevoir le roi de Naples ni l'autoriser à regagner ses États. Murat s'affole, prend conseil de Fouché, son mentor, qui sent aussi peser sur lui la disgrâce.

A Naples, Murat ne peut plus compter sur Saliceti, brusquement décédé.

Cristoforo Saliceti, qu'il avait connu comme commissaire auprès de l'armée de Bonaparte en Italie, en 1796 et 1797, avait joué à Naples un rôle capital. Colletta parle de sa finesse et de son expérience. Ses enfants s'allièrent à la noblesse locale, lui assurant un puissant réseau de relations.

Au ministère de la Police, il avait durement

réprimé le brigandage grâce à la création d'une gendarmerie royale, et déjoué les manœuvres des espions anglais à la faveur d'une surveillance incessante des côtes par une *guardia dei dazi indiretti*. Pour assurer la sécurité de Naples, il établit un meilleur éclairage, dès 1806, et, se gardant de négliger l'orientation des esprits, prend le contrôle des deux journaux locaux, le *Monitore napoletano* et le *Corriere di Napoli*. Responsable à la Guerre, il avait fort bien préparé la reconquête de Capri.

En revanche, il paraît avoir déçu les espoirs que les patriotes avaient placés en lui.

Il fut en fait l'homme de confiance de Murat que sa mort consterna : « Je l'estimais et je l'aimais », dira le roi. Mme de Cavaignac, dans ses *Mémoires*, va plus loin : « Il eût peut-être empêché Joachim de commettre une grande faute ; quoique assez italien dans le cœur pour n'être pas retenu par son amour pour la France, je ne crois pas que Saliceti eût jamais conseillé au roi de s'unir à la Sainte-Alliance. Mon mari, qui le connaissait bien, m'a dit quelquefois que, s'il eût vécu encore en 1814, peut-être, avec son influence incalculable en Italie, y eût-il changé le cours des événements[11]. » Ayant dîné le 20 décembre 1809 chez le préfet de police Maghella, et s'étant rendu au théâtre, il fut pris de vomissements pendant la représentation et mourut trois jours plus tard. On répandit la rumeur qu'il avait été empoisonné par les patriotes furieux de ce qu'ils considéraient comme une trahison. On sait que Maghella était l'un de leurs chefs les plus ardents. Il s'agissait en réalité d'une maladie, Saliceti ayant eu plusieurs attaques de ce genre [12].

Déjà éprouvé par la disparition de son conseiller, Murat doit subir, comme Talleyrand, une vive algarade de l'Empereur. La scène a lieu à Compiègne. Tout y passe : ses contacts avec Talleyrand et Fouché, sa politique étrangère, son attitude envers Caroline. « Monsieur le maréchal, je vous ferai couper la tête. » On ne peut pas être plus aimable.

Le 19 avril 1810, Murat obtient enfin l'autorisation de rentrer à Naples. En moins de huit jours il a regagné sa capitale, brûlant les étapes. Il a besoin de fuir le joug impérial, les humiliations et les contraintes, « la condition de parent pauvre », selon l'heureuse expression de Jean-Paul Garnier [13]. A Naples il se sent chez lui, il respire librement, il est le maître. Ce qu'il veut, c'est se consacrer, tant qu'il en est encore temps, à l'expédition de Sicile. A Clarke qui l'interrogeait, à la demande de Murat, Napoléon a laissé entendre qu'il n'était pas hostile à cette entreprise. « Répondez au roi de Naples que je désire être dans une situation offensive du côté du détroit mais que cela ne peut se faire sans une augmentation des troupes, qu'il prenne des mesures pour pourvoir aux besoins de ces troupes [14]. » Murat veut y voir un encouragement ; il ne veut pas laisser échapper l'occasion. Une fois Ferdinand IV et Marie-Caroline délogés de Palerme, sa position à Naples sera véritablement inexpugnable. Il n'aura plus rien à craindre.

CHAPITRE V

L'expédition de Sicile

La Sicile pouvait-elle résister à une invasion des Français ? Telle est la question que l'on se pose de part et d'autre du détroit. A l'impatience inquiète de Murat répondent les préoccupations de la cour de Palerme. Si Ferdinand IV, monarque indolent, plus soucieux de pêche et de chasse, de parties de billard et de bons repas que de haute politique, s'accommode de l'exil à Palerme, Marie-Caroline, son épouse, n'a jamais admis la perte de ses États de terre ferme. Plus autrichienne qu'italienne mais plus Bourbon que Habsbourg, elle hait la Révolution française qui a guillotiné son beau-frère Louis XVI et sa sœur Marie-Antoinette. « Je ne suis pas et ne serai jamais en bons termes avec les Français. Je les regarderai toujours comme les assassins de ma sœur et de la famille royale, comme les oppresseurs de toutes les monarchies. » On n'oubliera pas, avant de la juger, de rappeler combien elle fut affectée par le calvaire de Marie-Antoinette, mais on ne saurait cacher non plus une inconduite notoire (son dernier amant est alors un émigré, Charles de Saint-Clair) et une perfidie évidente.

A qui voudrait connaître la vie de la cour à Palerme, on peut recommander une source restée longtemps inédite, le *Journal* de Marie-Amélie, l'épouse de Louis-Philippe. On y trouve un témoignage de première main sur l'état des esprits à Palerme, sur l'archaïsme d'un milieu qui ne comprenait rien aux changements de l'Europe [1].

Entourée d'émigrés français comme le comte de Damas, dont les *Mémoires* sont si instructifs sur cette époque, Chastellux, Sabran, Bombelles..., et de représentants des vieilles familles napolitaines, la reine refuse de s'incliner, méditant tour à tour un soulèvement en Calabre, l'assassinat de Murat ou la destruction de Naples. Sa haine à l'égard de Bonaparte s'était fortifiée lors de la proclamation de l'Empire : « Lui et sa race de bâtards corses vont dominer presque la moitié de l'Europe et chaque personne pensante n'est pas révoltée ! Loin de là ! Leur égoïsme et leur faiblesse sont tels qu'ils étudient combien bas ils pourront se prosterner devant la nouvelle idole. » Le titre de roi d'Italie que prend Napoléon retient tout particulièrement l'attention de Marie-Caroline qui pressent déjà que Naples ne pourra échapper longtemps à l'impérialisme français.

Alors que ses craintes ont été confirmées et qu'elle apprend maintenant le mariage de sa petite-fille Marie-Louise avec Napoléon, elle écrit à Ruffo, son ministre à Vienne : « L'Empereur [d'*Autriche*] ose donner sa fille en concubine adultérine à un scélérat couvert de tous les crimes et atrocités[2] ! » Dans une lettre à l'empereur François, elle proteste, le 7 avril 1810 : « Monsieur, triplement votre tante et depuis vingt ans votre belle-mère, quoiqu'il paraît que tous ces liens soient oubliés, c'est par la gazette que j'ai appris le mariage de ma petite, d'une enfant à laquelle tant de liens m'attachaient et que, quoique morte pour moi, je ne cesserai de prier Dieu pour elle dans la périlleuse carrière où elle est jetée et où je tremble pour son âme bien plus que pour son corps. »

Seul rempart désormais contre une attaque française : la flotte britannique. Mais bientôt l'aide anglaise devient insupportable : la morgue des officiers de la Navy, la dépendance dans laquelle se trouve l'île et surtout l'échec de Stuart contre Naples rendent l'atmosphère intenable. Quelques rixes entre marins anglais et habitants de l'île traduisent la baisse de prestige et l'impopularité des alliés du roi. Marie-Caroline prend conscience de l'impossibilité où elle se trouve de reprendre Naples à Murat. Du coup, les Anglais deviennent encombrants. A-t-elle alors songé à négocier directement avec Napoléon ? Qui inspira l'envoi d'Amitia, obscur capitaine de l'armée sicilienne, à Trieste où il fit, de la part de la reine, comme il l'affirmait, des offres de paix ? Arrêté, Amitia fut expédié à Paris et enfermé à Vincennes[3]. Tout ce que l'on sait de cette mystérieuse mission, c'est ce qu'en dit Napoléon à O'Meara, à Sainte-Hélène, le 2 avril 1817 : « Je n'ai pas voulu qu'on sache qu'un personnage, si proche parent du roi de Rome, pût proposer un acte aussi atroce que celui qui m'a été proposé par [*Marie-*] Caroline. C'était faire de nouvelles vêpres siciliennes, massacrer toute l'armée anglaise et les Anglais en Sicile. J'ai jeté en prison l'agent qui me portait ce projet et il y est resté jusqu'à la révolution qui m'envoya à l'île d'Elbe. »

Il semble que des prisonniers français aient été renvoyés secrètement en France cependant que des émissaires ne cessaient de faire la navette entre Naples et Palerme. La reine cherchait à négocier dans le dos des Anglais l'abandon de la Sicile contre des compensations aux Pays-Bas par exemple. Était-elle sincère ? Murat se serait prêté à ces discussions, demandant que les troupes siciliennes ne s'opposent pas à un débarquement français. Croyait-il la reine lorsqu'elle se plaignait du joug anglais et pensait-il pouvoir chasser les Britanniques avec son appui ?

Ce qui est certain, c'est que Murat était résolu à entreprendre une expédition qui devait marquer l'apogée de son règne.

Le 16 mai 1810, sa décision est prise. Il part pour la Calabre. Il établira son quartier général près de Reggio. Son armée comprend trois corps : le premier est commandé par le général Partourneaux ; le deuxième est placé sous l'autorité de Lamarque, le troisième aux ordres de Cavaignac et de Dery. Mais le temps passe sans que Murat se décide à agir. Irrésolution ? En réalité, il doit compter avec Paris d'où part, le 26 mai, le colonel Leclerc avec pour mission de n'autoriser l'expédition que si celle-ci doit réussir à coup sûr. Clarke, de son côté, lui envoie une lettre de l'Empereur : « Il est possible que le roi de Naples ne puisse trouver l'occasion de passer en Sicile de tout le mois. Faites-lui connaître que mon intention est qu'il reste campé, et avec ses canonniers, prêt à passer parce que, en tenant ainsi en échec l'ennemi, il l'empêchera de se dégarnir pour se porter ailleurs et l'obligera à tenir là ses chaloupes et marins en même temps qu'il aura la crainte que mon escadre de Toulon ne fasse un mouvement pour opérer une diversion d'un autre côté vu que je rassemble à Toulon un camp assez considérable. Il se trouvera donc par là tout à fait en échec[4]. »

Ainsi Murat se voit-il privé de son expédition et condamné à une misérable manœuvre de diversion. Il doit simplement fixer les forces anglaises dans le détroit de Messine, soulageant de la sorte les côtes françaises et espagnoles de la pression anglaise. Ce n'est même plus la patience que prêche Napoléon mais la résignation ; plus question d'une héroïque traversée mais seulement d'une opération d'arme au pied. La lettre de l'Empereur parvient trop tard. Murat s'est engagé par de vibrantes proclamations à reprendre Palerme. Il ne peut se déjuger sans perdre la face. Passant outre, il paie d'audace.

A la faveur d'une accalmie suivant une tempête qui avait contraint l'escadre anglaise à se réfugier dans le port de Messine le 17 septembre, il donne l'ordre d'embarquer à 2 000 hommes, corses et napolitains, sur 80 petits bateaux mouillés au village de Pentimele. Ces premières forces, sous le commandement de Cavaignac, réussissent à atteindre les côtes de Sicile et s'emparent sans difficultés des villages de Santo Stefano et San Paulo. Reste à consolider cette tête de pont. Au tour du général Grenier, commandant en chef des troupes françaises, de franchir le détroit ; il refuse, déclarant n'avoir reçu aucun ordre de Napoléon. Bien plus, alors que Lamarque, le vainqueur de Capri, serait prêt à passer avec sa division, il le lui interdit au nom de l'Empereur. Abandonné, Cavaignac se retrouve dans une situation difficile. D'autant qu'il n'a pas rencontré le soutien populaire escompté. Les paysans siciliens lapident ses hommes aux cris de « Vive les Anglais ! », « A bas la France ! » Cependant que la flotte britannique sort en hâte de Messine, le général Stuart envoie une colonne de 5 000 soldats commandée par Campbell pour contenir les Français. Le colonel d'Ambrosio se sacrifie avec quelques hommes pour retarder l'avance anglaise et permettre à Cavaignac de rembarquer. Une centaine, ou presque, de fantassins napolitains et le bataillon corse tombent aux mains de l'ennemi. Assurément, ce n'est pas un désastre irréparable et la responsabilité de l'échec incombe avant tout au général Grenier, mais un petit fait a retenu l'attention des Anglais comme des Français : les villageois ont accueilli fort défavorablement leurs libérateurs supposés. En Sicile, il faudra compter avec les Britanniques mais aussi avec les paysans si l'on veut entreprendre la conquête de l'île. Tâche ardue et qui promet d'être sanglante.

Avant tout, il faut sauver la face. Murat fait répandre la rumeur de la réussite de ses projets. Il s'agissait en réalité, affirme-t-il, d'éprouver le système défensif de la Sicile. La tentative a mis en lumière combien il était facile de débarquer dans l'île et d'en faire la conquête. Le 26 septembre, un ordre du jour[5] annonce que les buts fixés par l'Empereur ont été atteints : « Vous avez surtout résolu un grand problème ; vous avez prouvé que les flottilles ennemies ne peuvent empêcher le passage du détroit à de simples parancelles et que la Sicile sera conquise quand on voudra sérieusement la conquérir. » Et de retirer la plus grande partie de ses troupes du camp d'embarquement.

En réalité, Murat est plein de rancœur envers son beau-frère qu'il rend à juste titre responsable de l'échec complet de l'expédition. Mais alors qu'il pense avoir limité les dégâts grâce à son ordre du jour et transformé cet échec en victoire, il reçoit à deux reprises de cinglants reproches de l'Empereur, mécontent de cet ordre du jour : « Témoignez, écrit Napoléon à Clarke, mon mécontentement au roi de Naples sur son ordre du jour où il fait connaître que l'expédition de Sicile est ajournée. Il dit que mon but est rempli. Écrivez-lui qu'il a tort de parler ainsi de mes projets sans mon autorisation. » Quelques jours plus tard, Napoléon adresse directement ses reproches à Murat : « Toutes les troupes que les Anglais avaient destinées à la Sicile viennent d'être envoyées au Portugal aussitôt qu'on a connu l'ordre du jour que vous venez de faire paraître. Si vous vouliez revenir à Naples, qui vous obligeait de déclarer que vous mettiez fin à l'expédition ? Je vous avais fait connaître que mon intention était que mes troupes restassent en position de menacer la Sicile jusqu'au 1er janvier. Mais vous agissez sans aucune espèce de prudence[6]. » Le reproche est fondé, mais en partie seulement. C'est vrai, le roi de Naples a désobéi à l'Empereur, mais la responsabilité que lui attribue Napoléon dans la décision anglaise d'envoyer des renforts au Portugal plutôt qu'en Sicile n'est pas fondée. Murat se justifie sans peine. Son ordre du jour est du 23 décembre ; or la nouvelle de l'arrivée des renforts anglais au Portugal a été donnée dans *Le Moniteur* du 19. Il n'y a donc aucun lien. Pris en flagrant délit de mauvaise foi, Napoléon ne répond pas.

Comme l'ont noté tous ses biographes, le roi de Naples ne pardonne ni la « défection » de Napoléon lors de l'expédition de Sicile, ni l'humiliation qu'il lui impose à la suite de son ordre du jour. Caroline ne s'y trompe pas. Avant de le rejoindre en Calabre, elle s'efforce de calmer l'irritation de son époux. Elle lui rappelle qu'ils sont à la merci de l'Empereur qui a menacé de « réunir le royaume de Naples à la France » s'il n'obtient pas « ce qu'il désire ». Caroline fait appel à la sagesse de Murat : « Quel est ton but ? C'est de te maintenir où nous sommes et de conserver le royaume ; il faut faire ce qu'il désire et ne pas le fâcher, car il est plus fort que nous et tu ne peux rien contre lui. Toute l'Europe est écrasée sous le joug de la France. Tous les autres États sont également tourmentés. Aussi tu vois que tu es encore le moins maltraité. Nous pouvons être heureux mais pour cela il faut nous contenter de ce que nous avons ; il faut que tu calmes un peu ta tête qui s'échauffe si facilement et que tu attendes le moment où nous serons plus tranquilles et plus indépendants[7]. »

C'est la voix de la raison, mais est-ce un langage que peut entendre Murat ?

CHAPITRE VI

La crise

Désormais deux clans s'affrontent ouvertement à Naples. Autour de la reine se groupe un parti français soucieux de ne pas envenimer les rapports avec Napoléon et qui prêche la modération. En face, déçu et humilié, Murat affiche de plus en plus une volonté d'indépendance à l'égard de la France et qui contraste avec le rôle de lieutenant que lui assigne l'Empereur. Dans cette politique d'affranchissement, il rencontre l'appui des principaux ministres napolitains ainsi que des chefs de file du parti patriote. Parmi eux, l'habile Maghella, lié aux Carbonari, et qui pense que l'heure de l'unification et de la liberté va bientôt sonner pour l'Italie.

Dans son ensemble, l'opinion soutient Murat, beaucoup plus populaire que Caroline que l'on voit peu (de par la volonté de Murat d'ailleurs) et dont l'orgueilleuse sécheresse, selon les contemporains, ne séduit guère le tempérament italien.

On n'oubliera pas que Naples souffre terriblement du Blocus : son trafic maritime s'est effondré ; le peuple assiste avec colère au brûlement des marchandises prohibées au moment où la crise économique frappe de plein fouet l'ensemble de l'Empire [1].

Dans ce contexte, les exigences de Napoléon apparaissent insupportables.

Non seulement l'Empereur n'a pas remplacé son ambassadeur Aubusson-La Feuillade, rappelé à Paris, mais ses agents continuent de réclamer les millions que Naples doit à l'Empire en vertu d'une convention passée entre Champagny, le ministre français, et Campo-Chiaro. De son côté, Decrès, ministre de la Marine, dénonce l'insuffisance de l'effort maritime que devait produire le royaume d'après les stipulations du traité de Bayonne : un seul vaisseau, le *Capri*, a été lancé depuis l'avènement de Murat.

Ces exigences s'accompagnent de nouvelles humiliations. Napoléon interdit à son beau-frère l'envoi d'ambassadeurs à Saint-Pétersbourg et à Vienne. Deux raisons : la méfiance à l'égard des intrigues possibles du roi et la volonté de marquer l'absence d'autonomie du royaume. Toutefois, le prétexte invoqué est un souci d'économies dont Murat n'est pas dupe.

D'autres brimades suivent. Napoléon refuse d'accorder à Naples les licences qui redonneraient un peu d'oxygène à son économie maritime asphyxiée par le Blocus, alors qu'un certain nombre de ports français ont bénéficié de ces mesures.

Murat avait essayé de développer une industrie nationale, insistant pour que les commandes de drap pour l'armée soient fournies par des fabriques napolitaines. Mais Napoléon, malgré le chiffre écrasant représenté encore par les importations françaises, n'entendait pas laisser se développer une telle industrie sur le sol napolitain. Durement, il rappelait à l'ordre Murat, dans une lettre du 18 octobre 1810. Le cynisme français (le mot n'est pas trop fort) éclatait dans une circulaire du ministre de l'Intérieur Montalivet : « En stipulant les avantages du commerce français, S.M. [*Napoléon*] ne fait qu'user d'un droit bien légitime. L'Angleterre cherche la domination des mers pour s'approprier tout le commerce du monde. La France, maîtresse d'une grande partie de l'Europe, peut sans injustice écouter la voix de son intérêt vis-à-vis des peuples sur lesquels elle est appelée à exercer sa prépondérance[2]. » Murat s'opposa à ces principes hégémoniques, réclamant une réciprocité complète sur le plan économique. En juin 1810, le coton napolitain fut frappé par un droit double ; d'où protestation de Murat. Paris répondit que ce droit serait levé quand le royaume mettrait fin aux entraves à l'importation des draps et marchandises français.

Murat prend-il un décret ordonnant la prohibition de la sortie des graines de coton, il s'expose à la colère impériale, le 2 avril 1811 : « Envoyez chercher l'ambassadeur du roi de Naples et dites-lui qu'il faut que le roi rapporte sur-le-champ son décret. Que le roi se trompe s'il croit régner à Naples autrement que par ma volonté ou pour le bien général de l'Empire. Dites-lui positivement que s'il ne change pas de système, je m'emparerai de son royaume et le ferai gouverner par un vice-roi comme l'Italie. Dites au ministre de France que le roi marche mal, que lorsqu'on s'est éloigné du système continental, je n'ai même pas épargné mes propres frères et que je l'épargnerai encore moins [3]. » L'allusion à Louis, dont le royaume a été transformé en départements français, est des plus claires.

Autre brimade, dans un domaine différent : l'Empereur exige qu'on ne prenne pas à Naples les mêmes titres militaires qu'en France, particulièrement ceux de colonel et de général. Murat doit inventer de nouvelles dénominations.

De cette armée que Murat met tant de soins à reconstituer l'Empereur écrit dédaigneusement : « Croyez que j'attache peu de prix à vos troupes qui sont formées à la hâte, mal habillées, mal composées [4]. » On ne saurait être plus blessant. D'autant que ces incessantes remontrances sont, le plus souvent, frappées du sceau de l'injustice.

Il est impossible ici de suivre Frédéric Masson qui rejette tous les torts de la crise franco-napolitaine sur Murat. Napoléon se comporte en tyranneau tatillon, désagréable et de mauvaise foi. Quel profit espère tirer l'Empereur d'une attitude dépourvue de générosité et de libéralisme ? Il accule lui-même Murat à la rupture. Sciemment ? La question vaut d'être posée. Cherche-t-il un prétexte pour annexer le royaume ? Le 20 mars 1811, son fils reçoit le titre de roi de Rome, titre qui ruine les espoirs de Murat de s'emparer de la ville sainte et contient une menace voilée : ce nouveau roi, comment ne serait-il pas tenté par la suite de ressusciter la vieille suzeraineté de Rome sur Naples ? Napoléon attendra-t-il même jusque-là et ne va-t-il pas donner à ce fils tant espéré l'ensemble de l'Italie, ou dans l'immédiat les États de Murat ?

Fou d'inquiétude, Murat part pour Paris le 27 mars 1811. Il doit assister comme Grand Amiral de l'Empire au baptême du roi de Rome. Le choix de Napoléon s'est porté sur Caroline comme marraine. Veut-il par là renforcer le camp français à Naples en affirmant un soutien sans réserve à sa sœur ? Veut-il apaiser Murat dont il pressent qu'il aura besoin comme chef de sa cavalerie lors du conflit franco-russe qui se dessine ? S'agit-il de l'un de ces moments d'euphorie où l'on oublie toutes les rancunes ? Le 10 mai a lieu un entretien important entre les deux beaux-frères. Murat en retire l'impression que son trône n'est pas menacé et, sans attendre davantage, il quitte Paris le 22 mai, pour regagner son royaume. S'il n'attend pas, c'est que les rumeurs les plus folles courent à Naples. Ne dit-on pas que Murat va devenir roi de Pologne et que Naples sera rattaché à la France ? De telles rumeurs nuisent à la stabilité du pouvoir, soulignent le caractère intrus d'un roi qui ne parle pas la langue de ses sujets et dont le destin dépend du bon vouloir de l'Empereur. En vain Murat a-t-il, de France, envoyé des lettres apaisantes et auxquelles il ne croit pas : « Je garantis que la réunion n'aura pas lieu tant que mes peuples sauront conserver l'attitude que je leur ai donnée. Que mon gouvernement suive donc avec courage mon système et l'indépendance et le bonheur de la nation sont assurés[5]. » Mais seule sa présence dans ses États peut apaiser les mouvements divers que suscite une absence dont le prolongement étonne.

A peine rentré à Naples, Murat tombe sous la coupe de Maghella, personnage redoutable promu au rôle d'éminence grise. Sur ses conseils, il supprime le poste de gouverneur général de Naples réservé au maréchal Pérignon. Un lieutenant général napolitain le remplace. Puis c'est le décret du 14 juin, véritable déclaration de guerre au clan français : « Tous les étrangers occupant un emploi civil dans notre royaume sont tenus de se faire naturaliser avant le 1er août prochain. Ceux qui ne se conformeront pas à cette clause seront censés avoir renoncé volontairement à ces emplois. Nos ministres sont chargés de l'exécution du présent décret[6]. » Décret qui fut transmis le 18 juin à l'Empereur en même temps qu'il était imprimé par le *Monitore*. Murat rappelait qu'une révolte de Napolitains sans emploi avait éclaté sous Charles III. Un tel décret tirait sa justification de la situation difficile dans laquelle se trouvait le royaume.

La riposte de Napoléon ne se fit pas attendre. Le 6 juillet, il signait le décret suivant : « Vu notre décret du 30 mars 1806 en vertu duquel le royaume des Deux-Siciles fait partie intégrante de notre Empire, considérant que le prince qui gouverne cet État est français et grand dignitaire et qu'il n'a été mis et maintenu sur le trône que par les efforts de nos peuples, nous avons décrété et décrétons : article I. Tous les citoyens français sont citoyens des Deux-Siciles ; article II. Le décret du 14 juin du roi de ce pays ne leur est pas applicable[7]. »

Exelmans, Lanusse, Cavaignac, Reynier, Longchamps et les autres Français avaient protesté dès qu'ils avaient eu connaissance de la décision de Murat. Ils songent au départ.

De son côté, Napoléon dissout l'armée de Naples, la remplace par une armée d'observation. Des instructions précises sont données au général Grenier : installer une garnison à Gaète, faire connaître aux Français de Naples qu'ils restent toujours français, ne pas hésiter à s'opposer à Murat. Le nouvel ambassadeur Durant alerte le ministre napolitain des Affaires étrangères Gallo, et lui indique la volonté de l'Empereur d'obliger Murat à retirer son décret.

Malade, moralement brisé, le roi s'enferme à Capodimonte, parle de se suicider puis cède, le 20 juillet, dans une lettre qui traduit son désarroi : « Eh quoi, Sire, parviendra-t-on toujours à vous alarmer sur mes sentiments ? Ne pourrai-je jamais agir qu'en tremblant lors même que toutes mes pensées, que tous mes efforts n'auront qu'un seul but, celui de ne pas contrarier vos vastes projets, celui de les seconder au contraire entièrement ? Eh ! Que peut me reprocher Votre Majesté ? Qu'elle examine ma conduite depuis douze ans, qu'elle l'examine depuis que je suis à Naples. Je défie tous mes ennemis de citer un fait qui soit contraire à votre système. Et cependant, sur des bruits calomnieux, Votre Majesté déshonore son beau-frère, son lieutenant, lui ôte le commandement de ses troupes, le montre à la France comme anti-Français, et vient, par son décret du 6, de donner un avantage à quelques Français qui ne l'avaient jamais désiré et à d'autres qui en sont indignes. [...] Aujourd'hui le roi de Naples est la fable des Français employés et ex-fournisseurs, et il le sera bientôt de la Nation. Ainsi voilà mon rôle joué, mais jusqu'au dernier soupir, je serai ce que j'ai toujours été, votre fidèle ami. Je ne puis écrire davantage tant je suis oppressé[8]. »

Les dispositions du décret sont rapportées, le clan italien a perdu. Mais Maghella ne se tient pas pour battu. Ce redoutable policier trouve un prétexte douteux pour perquisitionner chez la reine : il s'empare de sa correspondance amoureuse avec Daure et la met sous les yeux de Murat. Celui-ci découvre d'un coup et son infortune conjugale (qu'il aurait dû soupçonner depuis longtemps !) et les intrigues du parti français qu'anime le ministre doublement infidèle, Daure, qui souhaite porter au pouvoir Caroline à la place de Murat. Nouvelle dépression de Murat. Il parle à nouveau de se tuer après avoir vengé son honneur. Puis sa fureur se calme et une réconciliation est organisée entre les deux époux. Daure en fait les frais. Il remet sa démission et trouve refuge en France. Murat justifie ce renvoi : « Sire, ses intrigues ont rempli de trouble mon palais et ma capitale. C'est lui qui m'a mis à deux doigts de la mort et il affectait de répandre que ma maladie n'était pas réelle. Il a voulu former un parti contre moi ; il n'a pas craint de m'attaquer jusque dans mes affections les plus chères, et quoique ses efforts à cet égard soient loin d'avoir obtenu le succès qu'il osait désirer, peut-être Votre Majesté a-t-elle en main la preuve qu'ils n'ont pas été entièrement sans effet[9]... » Prudent euphémisme destiné à sauver l'orgueil de Murat !

Se partageant les dépouilles de Daure, Maghella obtient le ministère de la Police et Tugny celui de la Guerre auquel est jointe la Marine. Gallo précise à Durant les raisons du renvoi de Daure, sans donner le véritable motif.

Mais l'offensive du parti italien tourne court. Daure, à Paris, a obtenu une audience de l'Empereur. L'ancien commissaire des guerres n'ignore pas que la meilleure défense est l'attaque. Il parle d'un massacre que prévoient les patriotes contre les Français du royaume. Il affirme que ces patriotes ont littéralement envoûté le roi. Au passage, il glisse de perfides allusions à des contacts pris avec l'Angleterre. Bref, il sait se montrer convaincant. Durant, de son côté, dans sa correspondance diplomatique, confirme l'inquiétante puissance prise par le parti « italique » qui envisage de faire sortir Naples du système impérial. Sur ces entrefaites, la police de Savary (qui a remplacé Fouché) saisit les papiers d'un certain Aymé qui confirment les intrigues nouées par Murat avec Fouché et Talleyrand en 1808, lorsque fut agitée l'idée d'une éventuelle succession de Napoléon. De surcroît, l'on murmure que certains diamants de la couronne d'Espagne, disparus lors du passage de Murat à Madrid, pourraient fort bien se trouver à Naples. Aucune preuve pourtant, mais l'accusation produit son effet.

Assuré que le général Grenier, qui lui reste fidèle, s'apprête à se rendre maître de Gaète – position inexpugnable – d'où il pourra déloger à tout moment Murat de Naples, Napoléon lance sa contre-offensive. Maghella est convoqué à Paris pour y répondre de plusieurs inculpations, cependant que l'Empereur envisage de saisir le Sénat de la conduite du roi, prélude à une déchéance qui paraît inéluctable.

Pour se tirer de ce mauvais pas, Murat doit se réconcilier avec son épouse, seule capable, en raison de l'affection que lui porte son frère, de sauver leur trône. « Leur » trône, car en fait ils se retrouvent solidaires face à la menace d'une annexion. L'intelligente Caroline a compris le danger et se prête à cette réconciliation. Le 17 septembre, elle part pour Paris où elle arrive le 2 octobre. Dès le retour de l'Empereur, alors en voyage officiel en Belgique, elle multiplie ces manœuvres de séduction qui lui ont jusque-là si bien réussi, allant jusqu'à offrir au roi de Rome une calèche traînée par des moutons. « Je t'assure que tout va bien, écrit-elle à son époux. L'Empereur t'aime ; je suis sûre qu'il désire t'avoir près de lui, mais ce qui lui a fait de la peine, ce sont les propos absurdes des uns et des autres qui disent qu'on ne pourrait faire la guerre sans toi. Mais fais-moi la leçon dans le cas que l'Empereur veuille te faire venir. Faut-il lui dire que tu veux faire la guerre ? Faut-il au contraire lui éloigner cette idée ? Décide-toi et réponds-moi par un courrier et non par l'estafette car tu écris toutes sortes de choses par l'estafette et la police en est avertie[10]. » Elle l'emporte sur toute la ligne : non seulement elle calme les rancœurs de Napoléon envers son beau-frère, mais elle lui inspire un certain nombre de mesures qui ruinent l'influence de ses adversaires napolitains : Maghella est renvoyé, Zurlo disgracié..., tandis que dans le même temps elle feint de prendre conseil de son mari. Napoléon n'est pas dupe, mais il a besoin de Murat pour commander la cavalerie de la Grande Armée qu'il va lancer contre le tsar. Le roi de Naples sera jugé sur cette preuve de fidélité. Murat tergiverse, mais, outre l'attrait qu'exerce sur lui cette nouvelle campagne, que pourrait-il faire ? Le 26, avant de partir, il confie au ministre de France, le baron Durant : « Je vais à Paris, j'y serai dans huit jours, j'espère y trouver l'Empereur. Je lui porte mon cœur, ma tête. Je me remets absolument dans sa main ; je vais lui déclarer que s'il fait la guerre, je ne le quitte pas, que je veux à tout prix reconquérir son affection, sa confiance et ne revenir à Naples qu'avec la force et la considération que seuls peuvent me donner ces sentiments de l'Empereur à mon égard[11]. » La crise paraît dissipée. Le clan français est victorieux. En l'absence de Murat, c'est l'épouse adultère, Caroline, qui exercera la régence. Extraordinaire renversement de situation.

CHAPITRE VII

La Russie

A partir de 1811 Murat s'inquiète de la dégradation des rapports entre la France et la Russie. Il écrit à Napoléon, le 27 février : « On n'a plus de doute sur une guerre avec la Russie et tout ce qui nous arrive de France accrédite ces nouvelles vraiment alarmantes. Cependant nous sommes tranquilles et j'espère, dans le cas où cet événement arriverait, pouvoir donner encore à Votre Majesté de nouvelles preuves de mon dévouement. » Murat est hostile à une guerre que « la France ne doit pas désirer avant d'avoir terminé les affaires d'Espagne ». C'est ce qu'il déclare à Napoléon le 7 mai 1811. Il n'ose y ajouter la Sicile[1]. Mais Napoléon y pense. C'est en avril 1812 que Maret, sur ordre de l'Empereur, fait des offres de paix à l'Angleterre : l'intégrité de l'Espagne serait garantie et Joseph déclaré roi indépendant de la France. Il gouvernerait dans le respect d'une constitution émanant des Cortes. L'indépendance et l'intégrité du Portugal seraient également garanties sous l'autorité de la maison de

Bragance. Le royaume de Naples resterait à Murat, celui de Sicile aux Bourbons. Les troupes françaises et anglaises évacueraient Espagne, Portugal et Sicile.

A dire vrai on ne peut mettre sur le même plan Naples et l'Espagne. Murat tient solidement son royaume en cette année 1812 alors que la couronne de Joseph est vacillante. Mais Napoléon se méfie de son beau-frère. Selon le secrétaire de Napoléon, Fain, Napoléon, au moment où va s'engager la campagne de Russie, ne cesse de tancer Murat : « Vous voulez à toute force voler de vos propres ailes et vous embrouillez votre position. Croyez-moi, laissez là cette politique qui sent le terroir de Naples et soyez français avant tout. Votre métier de roi sera bien plus simple et bien plus facile que vous ne le pensez. »

La guerre se précise. Murat est tiraillé entre son désir de participer à la campagne pour prouver son dévouement à Napoléon et sa crainte de s'éloigner de Naples. Caroline, de son côté, voit dans la participation de Murat à l'expédition de Russie un motif de réconciliation avec Napoléon. Elle pense aussi qu'elle pourra ainsi régner seule.

Le 4 mai 1812, Murat est à Paris ; le 12, il part pour l'armée.

Nouvelle humiliation : le souverain de Naples n'est pas du parterre de rois réunis à Dresde. Selon Caulaincourt, qui a recueilli les confidences de l'Empereur : « Napoléon, prétendant que l'Italie tenait toujours à cœur à son beau-père, ne voulait pas lui gâter le bonheur de se trouver avec sa fille par la vue d'un souverain qui lui rappellerait de pénibles souvenirs. La vérité est que ce motif fut le prétexte obligeant et que l'Empereur ne se souciait pas, dit-on en particulier, d'établir des relations entre Murat et les Autrichiens, trop liés déjà par la reine et Metternich. La tête tournerait à Murat si l'empereur d'Autriche le traitait bien et il dirait sûrement beaucoup de bêtises. » On le voit, l'Empereur n'ignorait rien de la liaison amoureuse établie à Paris entre Caroline et Metternich. On peut donc penser qu'il n'avait pas été dupe des affirmations de Daure. Il est évident que Napoléon craignait l'établissement de contacts entre Vienne et Naples, déjà entamés sur l'oreiller par Caroline et Metternich. L'idée que Murat pourrait le trahir ne cesse d'occuper son esprit. Depuis qu'il a eu la preuve formelle des intrigues nouées par le duo Talleyrand-Fouché avec son beau-frère, sa méfiance est totale en dépit de l'admiration qu'il porte à l'entraîneur d'hommes.

Laissons à nouveau la parole à Caulaincourt qui a décrit leurs retrouvailles à Dantzig : « Il existait plus que du froid entre l'Empereur et le roi de Naples. L'Empereur lui reprochait avec raison d'avoir souvent éludé le système continental sur les côtes du royaume de Naples. [...] Le roi avait de l'humeur mais il était faible. Il aimait l'Empereur qui connaissait son empire sur lui. La bonne harmonie fut donc rétablie dans la première conversation quoique l'Empereur eût répété le matin ce qu'il avait dit avant de quitter Paris, que le roi avait oublié qu'il était né Français et qu'il l'avait fait roi. De son côté, le roi se plaignait hautement de n'être souverain que de nom et de devoir sacrifier ce qu'il croyait les intérêts de ses peuples à ceux que l'Empereur appelait les intérêts du continent et de la France (expressions du roi qui, rapportées à l'Empereur, l'avaient encore plus mécontenté que la contrebande). [...] L'Empereur accueillit assez bien le roi devant le monde, mais, le prenant à part, sans doute pour l'empêcher de se plaindre, il commença par le gronder et par se fâcher contre lui. Il se plaignit de son ingratitude et, à la fin de la conversation, il fit de la fâcherie et du sentiment, car il faut de tout cela avec ce Pantaleone italien, me dit l'Empereur[2]... » A l'issue de cette « piquante scène de comédie », selon l'heureuse formule de J. Chavanon et G. Saint-Yves[3], les deux hommes se réconcilièrent ou du moins en donnèrent le spectacle.

Murat avait sous son commandement quatre corps d'armée, ceux de Nansouty, Montbrun, Grouchy et La Tour-Maubourg, toute la fine fleur de la cavalerie européenne : cuirassiers, dragons, chasseurs, hussards et chevau-légers français et polonais, saxons et wurtembergois, italiens et prussiens.

Le passage du Niémen s'effectue le 24 juin. Murat passe après le 1er corps et fixe son quartier à Jijmerouï.

L'armée de Napoléon ne trouve en face d'elle que le vide. Les Russes se retirent, brûlant tout dans leur retraite. Tactique délibérée ou crainte d'affronter un adversaire supérieur en nombre ? Peu importe l'intention ; le résultat est là : les hommes et les chevaux s'épuisent vite dans cette course poursuite, d'autant que l'approvisionnement fait bientôt défaut. Les seigles verts sont plus efficaces que les boulets de canon pour décimer les bêtes et le moral des cavaliers s'en ressent. Le temps des folles charges paraît bien lointain et Murat (c'est le cas de le dire) ronge son frein.

C'est ici que prend place un incident rapporté dans toutes les biographies de notre personnage, mais sur lequel on ne dispose d'aucun témoignage certain. Alors que le général Bruyère contraint l'ennemi à évacuer Vilna, Napoléon donne l'ordre à Montbrun, considéré comme l'un des meilleurs généraux de cavalerie depuis la mort de Lasalle, de s'emparer au plus vite des magasins de la ville avant leur destruction par les Russes. Montbrun s'apprêtait à s'exécuter lorsque Murat aurait surgi et, jaloux de voir l'un de ses subordonnés recevoir directement ses ordres de l'Empereur, le lui aurait interdit. Après quelques hésitations, Montbrun aurait obtempéré. Quand Murat arrive à Vilna les magasins sont en feu. Colère de Napoléon qui aurait insulté Montbrun devant ses troupes : « Je vais vous renvoyer sur les derrières de l'armée. Vous n'êtes bon à rien. » Montbrun se serait tourné vers Murat. Silence du roi. Il aurait alors tenté de se justifier, mais Napoléon ne l'aurait pas laissé parler : « Taisez-vous ! – Mais, Sire ! – Taisez-vous ! – Sire... » Murat toujours silencieux. Alors, exaspéré, Montbrun aurait tiré son épée, l'aurait prise par la pointe et l'aurait jetée en l'air, puis, lançant sa monture au galop, il aurait tourné bride en criant : « Allez vous faire foutre tous ! » Regagnant sa tente, il aurait attendu son arrestation. Stupéfait, Napoléon n'aurait pris aucune sanction. Murat aurait justifié le soir, au quartier général, son subordonné.

En fait, à l'exception d'une lettre de Berthier à Murat, le 28 juin, l'invitant à expliquer pourquoi Montbrun était arrivé si tard à Vilna, on ne trouve aucune trace de cet incident.

La course reprend, incessante, épuisante, éprouvante pour les nerfs. Le général Sébastiani confie, le 2 juillet : « Nos chevaux meurent d'épuisement et nos hommes ne mangent que de la viande ; ils sont harassés par le mauvais temps [4]. » Pas de repos mais nulle occasion de s'illustrer ; la routine des reconnaissances, quelques cosaques que l'on poursuit et qui vous échappent au galop. L'ennui, la fatigue, l'inquiétude que provoque la progression en pays ennemi. L'Empereur finit pas s'alarmer devant la démoralisation de ses troupes. Murat reçoit l'ordre de faire reposer ses cavaliers à Swentsianouï.

Comment le roi de Naples pourrait-il se résoudre à l'inaction ? Les escarmouches avec la cavalerie russe se multiplient : Drouïa, Drissa, Polotsk, puis le combat plus sérieux d'Ostrovno où Murat défait un adversaire supérieur en nombre. Thirion de Metz a laissé un vivant récit de cette bataille où Murat, cinglant les cosaques à coups de cravache, crie à ses soldats : « Chargeons cette canaille ! » Il fait 700 prisonniers et prend 8 canons et 150 chevaux.

Nouveau combat le lendemain ; il ouvre la route de Vitebsk. A Vitebsk on croit, le 27 juillet, à l'affrontement tant espéré avec les Russes. Une nouvelle fois ils se dérobent. La poursuite doit reprendre. Napoléon hésite : s'enfoncer en Russie comme le lui conseille Murat qui lui décrit une armée russe démoralisée et déjà vaincue, ou consolider une ligne fortifiée allant de Riga à Bobrouisk, ce qui assurerait à une armée épuisée sans avoir combattu un repos de plusieurs mois ? Murat, le fonceur, l'emporte contre les défensifs. Napoléon, en effet, a besoin d'une grande victoire pour tenir l'Europe en respect. Les généraux du tsar, Barclay de Tolly et Bagration, après avoir opéré leur jonction à Smolensk, le 8 août, semblent résolus à affronter les Français. Un combat de cavalerie à Inkovo où l'hetman des cosaques, Platof, fait preuve d'agressivité, emporte la décision de l'Empereur. En route pour Smolensk !

Murat bouscule à Krasnoï la division russe de Neveroff sans remporter un succès total. Mais Napoléon peut une nouvelle fois apercevoir les forces russes à Smolensk. « Enfin je les tiens ! », s'écrie-t-il. Mais il doit déchanter. Barclay refuse la bataille. Du côté russe, les affrontements du 17 août ne visent qu'à gagner du temps de façon à détruire les magasins et à incendier la ville. Ultime escarmouche : Valoutina, le 19 août. Junot, par son inaction, empêche un succès décisif. D'après Ségur, Murat court à lui et lui reproche son immobilité, mais le duc d'Abrantès répond qu'il n'est pas sûr de la cavalerie wurtembergoise. Murat en prend la tête, charge l'ennemi et revient : « Achève à présent, ta gloire est là et ton bâton de maréchal ! » Belle image d'Épinal. Mais Junot, déjà mentalement ébranlé, ne bouge pas. Il fait le sacrifice de la division Gudin pour forcer la position ennemie. Trop tard, le gros des forces s'est envolé.

A Smolensk, il est encore temps de s'arrêter. Napoléon hésite une nouvelle fois. Le besoin d'une victoire le tenaille ; l'orgueil aussi. Camper à Riga ou à Kiev en attendant l'hiver lui semble mesquin. Il lui faut frapper les imaginations. En attendant, il recourt à un moyen terme : il lance en avant Murat et les deux corps d'armée de Ney et Davout. A Doroghobouj, le 23 août, Murat croit se trouver en présence de toute l'armée russe. Il prévient l'Empereur. Celui-ci accourt : enfin la bataille décisive lui est offerte. Barclay réussit encore à se dérober. Ce sera donc Moscou.

Sur la route de Moscou, Murat suit la rive gauche du Dniepr et Grouchy la rive droite. Davout et Eugène sont en arrière. En réalité, Davout et Murat ne s'entendent pas. Davout est un temporisateur, un esprit prudent, un chef qui ménage ses hommes, plus à l'aise dans la défense que dans l'offensive. Il critique Murat qu'il accuse de se comporter « en fou », sans souci de la peine et du sang de ses cavaliers. De son côté Murat lui reproche de ne pas avoir, à deux reprises, au passage de l'Osma puis à Viazma, appuyé ses actions. Belliard empêche de justesse un duel entre les deux hommes[5]. C'est dire l'exacerbation des esprits dans cette épuisante poursuite de l'armée russe.

Celle-ci est elle-même divisée sur l'opportunité de la retraite. Comment pourrait-on abandonner Moscou, la ville sainte, à l'ennemi considéré par beaucoup comme l'antéchrist ? Koutousov remplace Barclay et se décide à défendre la cité. C'est le choc de Borodino, plus connu en France sous le nom de bataille de la Moskowa, le 7 septembre 1812. Terrible boucherie où s'illustre la cavalerie. De Lejeune à Tolstoï, que de fois a-t-on évoqué Murat, tunique de velours vert rehaussée de fourrure, toque à plumes, uniforme brodé, fonçant au milieu des cosaques qui cherchaient à s'emparer de lui en criant : « Houra ! Houra ! Mourat ! »

Dès le 5 septembre, Murat avec l'appui de la division Compans enlève la redoute de Schwardino. L'armée peut s'établir dans la plaine de Borodino où elle souffle un peu, le 6. Point culminant de la bataille : la charge, à midi, de La Tour-Maubourg, pour soutenir la division de Friant qui réussit à s'emparer du village de Semenovskoïe. Rapp a laissé un récit fameux de cette phase de la bataille : « Nous avions trop appuyé sur la droite ; le roi de Naples restait seul, exposé aux ravages des batteries russes de Semenovskoïe. Il n'avait que des troupes à cheval, un ravin profond le séparait du village. Il n'était pas facile de l'emporter ; il le fallait cependant sous peine d'être écrasé par la mitraille. Le général Belliard, qui n'aperçoit qu'un rideau de cavalerie légère, conçoit le dessein de la refouler au loin et de se porter par un mouvement à gauche sur la redoute. “Cours à La Tour-Maubourg, lui répond Murat, dis-lui de prendre une brigade de cuirassiers français et saxons, de passer le ravin, de tout sabrer, d’arriver au galop sur le revers de la redoute et d’enclouer les pièces. S’il ne réussit pas, qu’il revienne dans la même direction. Tu disposeras une batterie de quarante pièces et une partie de la réserve pour protéger la retraite”[6]. » La Tour-Maubourg s’empare sans coup férir des positions adverses.

En position de soutien derrière Ney, Montbrun est tué par un boulet. Auguste de Caulaincourt le remplace au commandement de son corps. Murat lui donne l’ordre d’attaquer entre la grande redoute, terrible bastion russe, et le village de Semenovskoïe, puis de se rabattre à gauche pour pénétrer dans la grande redoute. Nouvelle charge au cours de laquelle le frère de Caulaincourt est mortellement blessé. Seul Murat semble invulnérable. La grande redoute est enfin prise. Menacés sur leur gauche par Poniatowski, les Russes battent en retraite. Mais Napoléon, malgré la demande pressante de Murat, refuse de faire donner la cavalerie de la garde afin de transformer ce repli en déroute.

Moscou tombe aux mains de Napoléon, mais c’est une ville en flammes qu’occupent les Français. Murat a contourné la citadelle et presse la retraite de l’ennemi. Des contacts se nouent entre cette avant-garde française et l’arrière-garde russe. Murat est sensible aux témoignages d’admiration que multiplient à son égard les cosaques. L'un d'eux, fait prisonnier, affirme qu'ils aiment tous le roi de Naples qui a un grand panache parce qu'il est brave et toujours le premier au feu. Ils se sont donné le mot pour ne pas le tuer mais ils veulent le capturer. D'autres témoignages confirment cette admiration que les cavaliers ennemis portent à Murat[7].

En fait, Murat découvre vite la réalité. Il écrit à Belliard, le 10 octobre : « Ma position est affreuse ; toute l'armée ennemie est devant moi. Les troupes de l'avant-garde sont réduites à rien ; elles souffrent de la faim et il n'est plus possible d'aller fourrager sans courir presque la certitude d'être pris. Il n'y a pas de jour que je ne perde de cette manière 200 hommes. Comment cela finira-t-il ? J'ai peur de dire la vérité à l'Empereur ; je lui ferais de la peine[8]. »

L'inaction pendant les négociations, ou plutôt l'absence de négociations, lui pèse. Loin de rêver, comme l'ont prétendu de méchantes langues, à une royauté cosaque (que n'a-t-on prêté comme rêves à Murat ?), il regrette son royaume napolitain. Que fait Caroline ? Régente, elle a su s'affranchir des limites dans lesquelles avait voulu l'enfermer son époux en gardant un contact direct avec ses ministres, contact qui n'a pas résisté aux distances. Murat écrit de façon pressante à son épouse pour être tenu au courant des affaires et il lui annonce (menace voilée) son prochain retour. Un retour que ne souhaite en aucune manière Caroline. On peut juger du ton des lettres de

Murat par celle du 21 octobre : « Votre Majesté doit s'occuper exclusivement de l'expédition des affaires courantes et ajourner pour des temps plus tranquilles toutes les idées de grands projets ou modifications à ce qui existe. » Les réponses de la reine contribuent encore à accroître l'inquiétude de Murat qui devine le secret désir de son épouse de le tenir éloigné pour mieux s'emparer du pouvoir : « Mon ami, je reçois ta lettre du 20 septembre qui m'a fait une peine infinie. J'y vois que tu es mécontent et triste. Je ne puis te dire combien j'en suis peinée. Calme-toi, ne va pas un instant perdre le fruit d'une campagne si périlleuse et si brillante. Je me fais une fête de te revoir, mais ta lettre me le fait craindre. Espère, mon ami. Au moment où je croyais n'avoir plus qu'à me féliciter et à jouir de ton bonheur, tu parais te plaire à le repousser et à le détruire. »

Brusquement, Murat retrouve son moral. Après l'échauffourée de Winkowo, le 18 octobre, où les pertes françaises ont été sévères, Napoléon le rappelle auprès de lui. Murat ne quitte plus l'Empereur et parle de lui en termes émus : « L'Empereur a été si bon pour moi que mon amour pour lui augmenterait si c'était possible », écrit-il le 20 octobre. Il est désormais associé à toutes les décisions, dont celle du retour. Il voyage dans la berline de l'Empereur, partage son ordinaire, l'écoute discourir sur la prochaine campagne. Son bonheur serait parfait s'il ne voyait fondre sa cavalerie. Au départ de Moscou, on compte encore 10 000 cavaliers avec leur monture ; ils ne sont plus que 4 400 à Smolensk et 1 800 au passage de la Bérésina.

Le 5 décembre, à Smorgoni, Napoléon réunit tous ses commandants de corps. Il leur annonce son départ pour Paris. Le roi de Naples reçoit le commandement en chef ; Berthier sera major général. Le décret du 5 décembre nomme Murat lieutenant général pour commander « en notre absence » la Grande Armée. La mission de Murat est définie dans une lettre à Berthier : conduire l'armée jusqu'à Vilna, terme de la retraite, et s'y établir pour protéger le duché de Varsovie. En route pour la France, Napoléon précise ses intentions à Caulaincourt : « Vilna bien approvisionnée fera tout rentrer dans l'ordre. On y a plus de moyens qu'il en faut pour résister à l'ennemi. Les Russes, au moins aussi fatigués que nous et souffrant comme nous du froid, prendront des cantonnements... Les cosaques se tiendront au large dès qu'ils verront qu'on leur montre les dents. » Murat accuse le coup. Cette nomination devrait flatter son orgueil. En réalité, ses projets de retour à Naples – une véritable obsession chez lui – se trouvent subitement anéantis par la décision impériale. Il écrit à Caroline le 9 décembre : « L'Empereur a quitté l'armée et est en route pour Paris. Le froid qui a frappé l'armée d'une manière terrible, et qui l'a excessivement diminuée, a forcé l'Empereur à cette détermination. Le dernier bulletin d'ailleurs ne vous fera que trop connaître notre véritable situation. Sa Majesté m'a laissé le commandement de la Grande Armée malgré mes instances. » Protester ? Murat comprend vite la vanité d'une telle attitude. Il préfère négocier et obtient pour son fils aîné, le prince Lucien, la principauté de Ponte-Corvo laissée libre par Bernadotte. Pressé de partir – il s'éloignera à 10 heures du soir en compagnie de Caulaincourt –, Napoléon accepte les demandes de son beau-frère sans discuter. Murat se retrouve, le 6 décembre, chef d'une armée encore importante, investi d'un commandement comme il n'en a encore jamais exercé. Dans ses Mémoires, Jean-Pierre Barrau écrit : « Le roi de Naples prit le commandement de l'armée, mais on marchait avec un tel désordre et une si grande précipitation que ce ne fut qu'à Vilna que les soldats furent informés d'un départ aussi décourageant qu'imprévu. » C'est à Vilna qu'il décrit « le roi de Naples, arrivant dans cette ville sur un traîneau à découvert, sans connaissance, transi de froid et de faiblesse et sans pouvoir agir [9] ».

Louise Fusil [10], qui le vit un peu auparavant, fournit une explication de ce coup de froid. « Le costume du roi de Naples me parut des plus bizarres pour un semblable moment et par un froid de 20 degrés. Son col ouvert, son manteau de velours jeté négligemment sur une épaule, ses cheveux bouclés, sa toque de velours noir ornée d'une plume blanche lui donnaient l'air d'un héros de mélodrame. » Brandt [11], de son côté, rappelle qu'aucune circonstance n'empêchait Murat de viser à l'effet dans ses costumes et de nous l'évoquer au passage de la Bérésina avec « un bonnet de fourrure surmonté d'une grande plume de héron ».

Tous les témoins tombent d'accord sur cette excentricité vestimentaire alliée à un non moins extravagant courage. C'est Castellane qui note dans son *Journal* : « Il est impossible de voir un homme plus brave que le roi de Naples ; il s'expose plus qu'un soldat ; il ne se tire pas un coup de fusil qu'il n'y soit dans le costume ci-après : un grand chapeau bordé d'un large galon d'or à plumet blanc surmonté d'une aigrette blanche, très haute, entourée d'autres panaches, cheveux longs bouclés, pelisse verte de velours brodé d'or ; dessous, une tunique bleu de ciel, également brodée d'or, à larges brandebourgs ; il la porte souvent sans sa pelisse ; un pantalon cramoisi à la polonaise, galonné d'or, des bottes jaunes [12]... »

Faut-il attribuer à cette popularité la cause de la désignation de Murat au commandement en chef ? Il semble pourtant que cette nomination ait surpris certains. Coignet résume dans ses célèbres *Cahiers* les griefs que l'on nourrissait contre le souverain : « Tout le monde était déconcerté d'être commandé par le roi de Naples, premier soldat pour donner un coup de sabre, pour braver les dangers. On peut lui reprocher d'être le bourreau de notre cavalerie [...]. C'était le plus beau cavalier de l'Europe mais sans prévoyance pour sa cavalerie. Il ne s'agit pas d'être un intrépide soldat, il faut ménager ses ressources pour le lendemain. Il nous fit – de l'aveu de mes supérieurs (je l'ai entendu dire au maréchal Davout) – la perte de 40 000 chevaux, de sa faute. De blâmer ses chefs on a toujours tort, mais l'Empereur pouvait faire un meilleur choix[13]. » Il faut bien sûr se méfier des affirmations du vieux grognard – fantassin, de surcroît – qui écrit bien après les événements et qui s'inspire d'ouvrages hostiles à Murat pour la rédaction de ses Mémoires. Reste que la jalousie des maréchaux, stimulée par la volonté de Murat de se faire traiter avec les égards dus à son rang par ses nouveaux camarades, peut expliquer le sourd mécontentement qui se serait alors manifesté.

Au choix de Napoléon, Coignet assigne une raison des plus logiques : le titre de roi donnait à Murat le commandement de l'armée. N'était-il pas le plus titré des chefs militaires ? Il était délicat de le placer sous l'autorité d'Eugène de Beauharnais. Mais le roi de Naples n'ayant montré aucun empressement, bien au contraire, pourquoi l'Empereur a-t-il maintenu sa décision ? C'est que Napoléon voulait peut-être éviter un retour du roi dans la péninsule italienne. Le commandement de l'armée de Russie n'était-il pas une sorte de piège ? Murat l'a-t-il compris comme tel ?

Dans son livre, par ailleurs si documenté, Jean-Paul Garnier écrit : « Reculer sans ordre, sans direction, fuir les Cosaques, tel est le but unique que s'assigne le roi qui n'a plus qu'un seul objectif : regagner Naples presque aussi vite que l'Empereur Paris[14]. »

Le jugement est un peu rapide. J. Chavanon et G. Saint-Yves seraient plus nuancés. Ils énumèrent les décisions prises par Murat : dans un premier temps, après avoir laissé l'arrière-garde à Ney qui est chargé de couvrir la retraite, Murat fait replier l'armée vers Vilna. Mais il se rend compte (le 9 décembre, semble-t-il) qu'il ne pourra s'y maintenir. Il faut rejoindre le Niémen, mais « on agira avec lenteur pour arrêter les progrès de l'ennemi et on ne conservera de toutes les conquêtes de la campagne de Russie que Kovno comme tête de pont [15] ».

Le 11 décembre, Murat doit se rendre à l'évidence ; sous l'effet du froid, le désordre est total ; les convois sont pillés et brûlés ; les cosaques deviennent de plus en plus pressants et Ney, avec ses hommes, ne peut accomplir des miracles. Murat renonce à Kovno ; il juge nécessaire de repasser le Niémen. Puis il abandonne la ligne du fleuve pour les places fortes de la Vistule. L'évacuation s'effectue par Dantzig cependant que les cosaques passent à leur tour le Niémen. La démoralisation est générale, le désordre persiste. Seul Macdonald évacue la Courlande de façon parfaite et rejoint Murat. Pourrait-on reprendre l'offensive ? Murat y songe. La défection du corps prussien de York et celle de la division prussienne du corps d'armée du duc de Tarente lui portent un coup terrible. Il s'inquiète : la Prusse vient de donner le signal ; l'Autriche et le reste de l'Allemagne ne vont-ils pas suivre ? Cette fois le désastre est certain. Convient-il d'en porter la responsabilité ? Macdonald décrit dans ses *Mémoires* un Murat hésitant, prêt à commettre des fautes stratégiques que le maréchal corrige aussitôt, le roi se ralliant à son point de vue. Macdonald reproche à Murat de ne pas s'être replié assez vite sur l'Oder pour y attendre des renforts. Napoléon ne sera pas de cet avis. Dans ses notes sur le livre du baron Rogniat, *Considérations sur l'art de la guerre*, dictées à Sainte-Hélène, il accuse : « Si l'empereur fût resté à l'armée, elle n'aurait jamais dépassé Vilna. Un corps de réserve était à Varsovie, un autre à Kœnigsberg ; mais on s'en laissa imposer par quelques cosaques, on évacua en désordre Vilna dans la nuit. C'est de cette époque que datent les grandes pertes de cette campagne ; et ce fut un des malheurs des circonstances que cette double obligation où se trouvait Napoléon, dans les grandes crises, d'être à la fois à l'armée et à Paris. Rien n'était et ne pouvait être moins prévu par lui que la conduite insensée que l'on tint à Vilna [16]. » C'est le grand reproche que Napoléon lance contre son beau-frère : « Un capitaine de voltigeurs eût mieux commandé l'armée que lui [17]. » A-t-il été influencé par Berthier, jaloux de Murat, qui écrivait dans une dépêche chiffrée du 16 décembre : « Le roi de Naples est l'homme le plus incapable de commander en chef sous toute espèce de rapports [18] » ?

Incontestablement, la retraite s'est transformée en débâcle à partir de Vilna. Mais le roi de Naples aurait-il pu tenir cette position ? La menace d'encerclement était réelle. Il est de surcroît toujours difficile d'arrêter une armée qui recule depuis longtemps. A Kovno cela devenait impossible ; à Kœnigsberg, enfin, la position était rendue intenable par la défection du général York. Clausewitz et Jomini sont moins sévères pour Murat que Napoléon. Il n'est guère aisé de commander des troupes aussi hétérogènes quant à leur nationalité en pleine débandade, et dont la fidélité était, en ce qui concerne les régiments allemands, très suspecte. De plus la tâche de Murat n'était guère facilitée par le comportement des autres chefs militaires.

Le 16 janvier 1813 à Posen, Murat renonce en faveur d'Eugène aux responsabilités que lui a confiées Napoléon pour rejoindre au plus vite le royaume de Naples, alors que sa mission n'est pas achevée [19]. Départ qui lui sera vivement reproché par Napoléon puis par la majorité des historiens qui ont dans l'ensemble adopté le point de vue de l'Empereur. Berthier, Eugène, Daru l'ont supplié de rester. Il invoque la fièvre et l'intérêt de ses sujets. Toutefois, la fureur de Napoléon paraît disproportionnée quant aux conséquences de ce départ. Note sèche dans *Le Moniteur* du 27 janvier : « Le roi de Naples étant indisposé a quitté le commandement de l'armée qu'il a remis entre les mains du vice-roi. Ce dernier a plus l'habitude des grandes administrations. Il a la confiance de l'Empereur. » Le 23, Napoléon avait écrit une longue lettre à Eugène : « Mon fils, je reçois votre lettre du 16. Je vous ai déjà fait connaître que je vois avec plaisir le commandement de l'armée entre vos mains. Je trouve la conduite du roi fort extravagante et telle qu'il ne s'en faut de rien que je le fasse arrêter pour l'exemple. C'est un brave homme sur le champ de bataille, mais il manque de combinaison et de courage moral[20]. » Autre lettre, celle-là à Murat : « Je ne vous parle pas de mon mécontentement de la conduite que vous avez tenue depuis mon départ de l'armée, qui a été diamétralement opposée à vos devoirs. Cela provient toutefois de la faiblesse de votre caractère. Vous êtes un bon soldat sur le champ de bataille, mais hors de là, vous n'avez ni vigueur, ni caractère... Je suppose que vous n'êtes pas de ceux qui supposent que le lion est mort. Si vous faisiez ce calcul il serait faux. Vous m'avez fait tout le mal que vous pouviez depuis Vilna mais nous ne reparlerons plus de cela. Le titre de roi vous a tourné la tête. Si vous désirez le conserver, conduisez-vous bien. » Lettre dont l'authenticité a été mise en doute[21].

Le départ de Murat ne pouvait surprendre l'Empereur. Diverses missives reproduites par Albert Espitalier[22] montrent que le souverain de Naples avait prévenu Napoléon de son désir de regagner l'Italie. Sans doute les excuses invoquées varient-elles d'une lettre à l'autre, mais les motifs ne sont pas entièrement imaginaires. Cette volonté, Murat l'a même manifestée avant l'entrée dans Moscou.

Quelles sont les raisons d'une telle attitude ? Le comportement de Napoléon sans nul doute. Mais surtout les affaires de Naples. Murat craint d'être supplanté par Caroline qu'il n'entend pas laisser trop longtemps régner seule. D'autres causes peuvent être évoquées. Ainsi, l'impopularité de l'expédition de Russie dans la Péninsule (40 000 Italiens disparus). Le commandement qui lui est confié ne sert en rien son prestige aux yeux des Italiens. Et que se passera-t-il si le désastre russe amorce un effondrement de l'Europe napoléonienne ? Il comprend, semble-t-il, que sa présence est indispensable à Naples pour y sauver son royaume. Est-ce trop prêter à ce sabreur réputé sans intelligence, que d'imaginer que cette idée trotte dans son esprit tandis qu'il galope vers Naples ?

CHAPITRE VIII

Premiers contacts officiels avec l'ennemi

Le 4 février 1813, Murat fait son entrée solennelle à Naples. Les acclamations de la population versent-elles un baume sur ses blessures d'amour-propre ? Le témoignage de l'ambassadeur français Durant le montre inquiet et irritable. La note du *Moniteur*, les reproches de Caroline, les silences de Napoléon, tout contribue à exacerber un tempérament de plus en plus susceptible, à jouer avec les nerfs d'un homme dont l'épuisement est incontestable (et comment pourrait-il en être autrement ?), affoler un esprit politiquement timoré quand le courage physique paraît sans limites. La fièvre ronge à nouveau Murat, fièvre d'origine nerveuse qui le saisit dans ses moments de dépression. Désormais deux idées l'obsèdent : ne plus s'éloigner de ses États en sorte que l'autorité ne soit pas exercée par la reine ; maintenir l'indépendance du royaume vis-à-vis de l'Empire. Ce sont en fait des idées qu'il ressasse depuis longtemps. Le désastre de Russie en ajoute une troisième : conserver à tout prix le trône de Naples.

La menace anglaise persiste : deux vaisseaux de guerre, le *Thames* et le *Furious* viennent de s'emparer, le 26 février 1813, de l'île de Ponza. Est-ce le prélude à une nouvelle attaque rendue possible par les échecs de Napoléon ? Murat, conscient des difficultés impériales, découvre qu'il pourrait bien être entraîné dans l'écroulement de la domination napoléonienne. Les marches de l'Empire seraient à coup sûr les premières sacrifiées. Passant dans sa tête toutes les solutions possibles pour sauver sa couronne, Murat s'avoue séduit par la position de l'Autriche, qui a choisi de rester neutre, approbation qu'il laisse filtrer devant le représentant autrichien à Naples. Il envoie à Vienne le prince Cariati pour sonder Metternich. Il espère obtenir la garantie de son trône contre une attitude de neutralité dans le conflit qui oppose les alliés à Napoléon. Metternich reste prudent. Dans le même temps, Murat laisse entendre qu'une lettre de Napoléon lui confiant la défense de l'Italie en ferait à nouveau le fidèle lieutenant de l'Empereur.

Durant alerte Paris : le roi, craignant de se voir abandonné dans une négociation générale, pourrait songer à sauver lui-même son trône en se rapprochant des adversaires de l'Empereur par le biais de la neutralité.

Pourtant, en février 1813, on n'en est pas encore là puisque Murat envoie 2 escadrons pour renforcer l'armée impériale et écrit à Napoléon : « Sire, ne permettez pas que l'on doute de votre confiance en moi plus que de mon attachement pour vous et la France. Je sais et j'ai toujours déclaré hautement que mon existence politique ne peut être soutenue que par la puissance de l'Empire. Je sais surtout, et surtout je déclare, que je ne voudrais jamais d'une existence qui n'eût pas un tel appui. Daignez, Sire, de votre côté, faire connaître que la protection de l'Empire ne doit jamais me manquer. C'est par là que Votre Majesté peut affermir et accroître la confiance des Napolitains dans mon gouvernement[1]... » C'est tendre la perche à Napoléon en lui demandant l'engagement de ne rien négocier sur le dos ou dans le dos du roi de Naples. Ainsi Murat n'aura nul besoin de réclamer à Vienne des garanties quant à son avenir et, en évitant toute rupture avec son beau-frère, il gardera le beau rôle. Napoléon ne répond pas. Il se contente d'échanger avec Caroline des lettres que celle-ci dissimule à son époux. Peut-être l'Empereur, absorbé par les affaires d'Allemagne, n'a-t-il pas le temps de répondre. Mais c'est une faute : il se met dans son tort.

Devant le silence impérial, Murat cherche de nouvelles assurances. Désormais il a bonne conscience. Cette fois il pousse ses pions plus avant du côté anglais. Il n'ignore pas l'existence d'une intrigue montée avec l'or anglais à Capoue. Le 22 avril, le roi envoie un émissaire, Giuseppe Cerculi, à Ponza : en échange de la reconnaissance par Londres de la royauté de Murat, celui-ci s'engage à faire, avec 40 000 hommes, une diversion contre Eugène[2]. Murat est allé loin, trop loin indiscutablement. Même si Napoléon par son silence l'a acculé à cette négociation qui est une trahison. D'autant que les Anglais ne peuvent sacrifier leurs alliés de Palerme. Lord William Bentinck, chef des forces britanniques en Sicile et envoyé extraordinaire auprès de la cour de Naples, autorise les pourparlers mais fait connaître, par une note du 16 mai, ses conditions : « Murat déclarera la guerre à Bonaparte et se mettra de suite en mouvement avec toutes ses forces vers le nord de l'Italie. Les Alliés s'uniront à lui avec toutes leurs forces en un point et à un temps fixés. Murat cédera au roi de Sicile le royaume de Naples aux conditions suivantes : 1. Murat aura un équivalent. 2. Jusqu'à ce qu'il obtienne cet équivalent il gardera Naples[3]. »

Toute communication est interrompue entre Ponza et Naples du 22 avril au 29 mai. La situation militaire et diplomatique demeure incertaine. Napoléon a triomphé à Bautzen. L'Autriche, du coup, reste dans l'expectative, soucieuse d'imposer une médiation favorable à ses intérêts. Le rapport des forces est encore favorable à l'Empereur, mais Vienne peut tout changer en intervenant au côté des alliés. Murat ne se presse pas d'envoyer des renforts à son beau-frère. Il attend. L'ambassadeur de France prévient Paris : « Le roi est sur le bord de l'abîme où la vanité plus que l'ambition le conduit ; il suffit peut-être d'un mot de l'Empereur pour le retenir et le ramener[4]. » Ce mot ne vient pas. Au contraire Napoléon renvoie à Milan Eugène, le vice-roi. Avertissement sans frais à

Murat. Ce n'est pas à lui que sera confiée la défense de la Péninsule ainsi que le roi de Naples l'avait suggéré dans sa lettre, non sans une arrière-pensée inspirée par le parti italien. Ce parti retrouve toute l'influence perdue après l'élimination de Maghella tandis que le clan de la reine, tenue de plus en plus à l'écart, décline.

Le 29 mai, Murat reprend les négociations avec l'Angleterre. Bentinck devant se rendre à Ponza, Murat y envoie un homme de confiance, Felice Nicola, ancien secrétaire du général Acton. Nicola rencontre, le 3 juin, lord Bentinck. Celui-ci maintient les conditions exposées dans la note du 16 mai. Une nouvelle entrevue a lieu le 5 juin. Murat fait connaître qu'il ne peut renoncer à la couronne de Naples et s'inquiète de l'attitude de l'Autriche. Bentinck exprime ses regrets de « voir des négociations aussi importantes se terminer de la sorte ». Il ajoute, pour maintenir une certaine pression sur Murat : « Je dois faire constater que c'est en ce moment surtout que son concours [celui de Murat] aurait été le plus utile. L'Angleterre lui en aurait su gré et en aurait assurément tenu grand compte. Peut-être n'en sera-t-il plus de même quand l'Autriche se sera déclarée. J'aurais pris sur moi de signer séance tenante une convention militaire avec Murat, convention que mon gouvernement aurait assurément ratifiée. Je dois au contraire faire toutes mes réserves pour l'avenir. » Convaincu que Murat ne résistera pas longtemps, Bentinck laisse au lieutenant-colonel Coffin le texte d'une convention avec autorisation d'y souscrire au nom du gouvernement anglais si Murat appose sa signature. Les clauses de cette convention reprennent les conditions stipulées dans la note du 16 mai, mais l'article Ier mérite attention : « Le but des parties contractantes est la liberté de l'Italie et son indépendance de la domination de Bonaparte. » L'Italie, non pas Naples, Rome ou Milan. « L'Italie » : le vieux rêve des Carbonari passe dans les textes. Ainsi est reconnue l'action de la mystérieuse Charbonnerie qui n'a pas fini d'agiter les esprits [5].

D'où vient la Charbonnerie ? Plusieurs hypothèses ont été présentées. Selon certains auteurs, elle serait issue de sociétés secrètes fondées en Italie du Nord en 1798 pour lutter contre toutes les formes d'oppression étrangères, la française comme l'autrichienne. On la trouverait à l'origine du soulèvement du Piémont en février 1799 lorsque celui-ci fut annexé à la France. Pour d'autres, elle a été créée en 1801 par les Anglais dans le royaume de Naples pour lutter contre l'influence française. Ni l'une ni l'autre de ces solutions ne résistent à l'examen. Pourquoi aurait-elle alors plus ou moins pactisé avec Murat ? Jacques Godechot a proposé une explication plus séduisante : la *Carboneria* aurait été fondée par le Français Briot qui fut intendant de l'Abruzze citérieure [6].

Venant du barreau de Besançon, Pierre-Joseph Briot avait milité très tôt dans le mouvement révolutionnaire. Il aurait été initié en 1793 aux Bons Cousins Charbonniers, organisation secrète d'inspiration mystique proche de la franc-maçonnerie, et qui avait des ventes dans les régions forestières, Jura, Vosges, Forêt-Noire. Soldat, prisonnier des Autrichiens, évadé, Briot est élu député au conseil des Cinq-Cents en avril 1797. Il s'y fait remarquer par plusieurs interventions sur l'Italie, réclamant la déchéance des souverains de la Péninsule et la proclamation d'une République italienne une et indivisible. Intervention insolite qui montre l'intérêt que portait déjà la Charbonnerie à l'unité italienne. Après une éclipse de quelques années, Briot, qui avait acquis une réputation de spécialiste des problèmes de l'Italie, est envoyé par Bonaparte à l'île d'Elbe le 29 août 1801 comme commissaire du gouvernement français. Il aurait introduit la franc-maçonnerie dans l'île. Joseph l'appelle comme intendant de l'Abruzze citérieure après l'occupation française du royaume de Naples. En 1810 Murat en fait un conseiller d'État.

De nombreuses traces de son appartenance à la Charbonnerie ont été retrouvées, montrant la filiation entre Bons Cousins et Charbonniers. Briot aurait créé dès 1808 des ventes à l'intérieur du royaume. Dans ces ventes est reprise l'idée – lancée sous le Directoire par Briot – d'une nécessaire unification de la Péninsule.

Quand Murat a-t-il prêté l'oreille aux suggestions de ce qu'on appelle désormais le parti italien ? Lors de l'annexion de Rome par Napoléon, annexion qui ruinait une extension de Naples caressée par Murat ? Au moment du mariage « autrichien » de l'Empereur ? Plus vraisemblablement, lorsque s'accentue la brouille entre le roi et son épouse. Napoléon, au moment du voyage de Murat à Paris pour la naissance du roi de Rome, ne lui reproche-t-il pas ses liens avec ce parti dont le représentant de la France, Durant, ne va pas cesser de dénoncer les menées ? Preuve de cette emprise : le chef des gardes du corps de Caroline, Louis-Xavier Morel, beau-frère de Briot, s'affilie aux Carbonari en 1811.

Mais l'emprise des Carbonari ne s'arrête pas à la cour de Naples. Ils sont en liaison à Palerme avec Bentinck gagné à son tour à l'idée d'une unification de la Péninsule. N'est-ce pas lui qui a rédigé l'article Ier de la convention qu'il serait prêt à signer avec le roi et où il parle de la liberté et de l'indépendance de l'Italie ? Bentinck a été plus vite convaincu que Murat. En fait, vis-à-vis de Londres, il insiste sur l'intérêt d'une diversion en Italie, surtout si l'Autriche rejoint le camp des coalisés. Le Cabinet britannique se laisse séduire. Le 7 août, il envoie enfin à Bentinck de nouvelles instructions : il se montre « disposé à offrir à la famille royale de Sicile une compensation pour le royaume de Naples dans le cas où l'Autriche insisterait sur ce point afin de s'assurer la coopération effective de Murat, et comme, si l'on se bornait à maintenir Murat en possession de Naples jusqu'à ce qu'on lui trouve un équivalent, cela ne le disposerait guère à donner une coopération effective au point de vue militaire, on lui assurera et garantira son royaume ». La concession est de taille.

Mais entre la fin du mois de juin et le 7 août,

les événements se sont précipités. Napoléon, redoutant à Dresde la défection de l'Autriche, avait demandé à Murat l'envoi de toute urgence d'une division à Bologne. La demande s'accompagnait d'une menace voilée : l'ambassadeur Durant quitterait Naples si le 10 juillet la division demandée n'était pas partie.

Empêtré dans ses intrigues, Murat s'efforce de gagner du temps. Dans sa réponse du 18 juin, il fait savoir à l'Empereur qu'il est prêt à intervenir si l'Autriche entre en guerre, mais il entend marcher lui-même à la tête de ses troupes et refuse leur dispersion dans des contingents français. Réponse habile qui flatte l'orgueil italien et permet à Murat d'attendre dans un moment où l'on ignore encore qui sortira vainqueur du conflit[7].

L'irritation de Napoléon ne cesse de croître. Les allusions à une trahison de Murat se multiplient dans *Le Moniteur* qui accuse d'abord les défenseurs napolitains de Ponza d'avoir pactisé avec les Anglais au lieu de défendre l'île, puis reproduit une note du *Morning Chronicle* faisant allusion à des contacts entre Bentinck et des ministres de Murat. La note s'achève sur ces mots : « La mission de Beauharnais à Milan a-t-elle quelque liaison avec la défection supposée de Murat ? »

Impressionné par les menaces de son beau-frère, le roi de Naples n'ose aller jusqu'à la rupture. Le 4 juillet, il rappelle à nouveau les conditions qu'il met à son intervention : conserver le commandement de ses troupes et ne pas s'éloigner de l'Italie. « Mes déterminations sont inébranlables. Je me dois à moi-même de ne pas m'en écarter, car après que le nom du vice-roi a été employé pour m'humilier par un parallèle offensant, je ne puis convenablement mettre des Napolitains sous ses ordres quels que soient mes sentiments particuliers d'estime et d'amitié pour lui [8]. » Une fermeté de ton qui s'explique par le revirement de Caroline. Non seulement celle-ci a pris maintenant pour amant le comte de Mier, ambassadeur d'Autriche (à quoi tiennent les grands revirements politiques !) mais elle ne croit plus dans l'étoile de son frère et souhaite, elle aussi, sauver le trône qu'elle partage avec Murat. Informée par celui-ci, elle approuve ses négociations et le pousse à ménager Vienne. Désormais, il n'y a plus de parti français à Naples où Durant se trouve complètement isolé.

Napoléon doit céder. Pour la première fois. En effet il a besoin de cavalerie, celle-ci lui ayant cruellement fait défaut à Lützen et Bautzen. De Dresde, il convoque son beau-frère. Surprise : c'est Fouché qui se voit chargé de l'opération. Il écrit à Murat en flattant sa vanité de soldat : l'armée s'étonne de son absence [9]. Parallèlement, Napoléon prévient sa sœur qu'il n'ignore rien des intrigues nouées par le roi. Celui-ci hésite, confère le 27 juillet avec ses ministres. Le 2 août de cette année 1813 qui amorce la chute du Grand Empire, à 10 heures du soir il part pour Dresde, laissant la régence (et sans arrière-pensées cette fois) à Caroline. Les deux époux sont maintenant solidaires. « Vingt-quatre heures après le départ de Murat, au moment qu'il quittait Rome, une dépêche chiffrée du prince Cariati arrivait à Naples ainsi que de nouvelles instructions de Metternich au comte de Mier : l'Autriche faisait des propositions fermes que Murat eût certainement accueillies si l'Empereur avait tardé davantage à l'appeler auprès de lui [10]. »

A Dresde, Murat ne trouve que lassitude et morosité. De Caulaincourt à Berthier, tout le monde est inquiet. Après la décision de l'Autriche de passer à la coalition des ennemis de la France, celle-ci doit affronter un adversaire supérieur en nombre et combattre sur deux fronts, l'écroulement de la domination française en Espagne étant maintenant certain. Pour beaucoup, la catastrophe est inéluctable. Or c'est le moment que choisit Murat pour se réconcilier avec Napoléon. Tout jugement sur Murat ne peut faire abstraction de son attitude en août 1813. L'odeur de la poudre, ce besoin de combattre, son enthousiasme naturel, autant de raisons qui le précipitent dans le camp de Napoléon au moment où chacun songe à s'en éloigner.

L'Empereur lui confie le commandement de cinq corps de la réserve de la cavalerie. Non seulement le roi ne se dérobe pas, mais à la bataille de Dresde, les 26 et 27 août, il culbute l'aile gauche de ceux avec qui il est en train de négocier à Naples, prenant plusieurs centaines de soldats et 30 canons. Poursuivant les Autrichiens, Murat fait encore 6 000 prisonniers, le 28 août. Malheureusement Vandamme est battu à Kulm le 30 et Macdonald à Katzbach. Rien n'est toutefois perdu. Grisé par le hennissement des chevaux, le vent des boulets et le son des trompettes, Murat a tout oublié ; il n'est plus qu'un soldat. Et quel soldat ! Il reçoit mission de contenir l'armée de Bohême que commande Schwartzenberg cependant que Napoléon affrontera l'armée de Silésie et du Nord. Une nouvelle fois, il révèle ses qualités d'entraîneur d'hommes, son sens de l'offensive, son goût pour les charges qui brisent les lignes ennemies, son mépris du danger, tout ce qui a établi sa réputation auprès des soldats de la Grande Armée. Le 6 octobre, il balaie les Autrichiens à Waldkirchen ; le 10, il écrase Wittgenstein à Borna et empêche la jonction des armées de Bohême et de Silésie. Contraint de se replier sur Cröbern, il livre, le 14, l'un des plus beaux combats de sa carrière à Liebertwolkwitz. Chaque fois la cavalerie fait des miracles. La bataille décisive a lieu à Liepzig les 16, 17 et 18 octobre 1813. Les folles charges où s'illustre Murat ne peuvent forcer le destin. Épuisée, l'armée française plie sous le nombre. L'Allemagne est perdue.

Du 19 au 24 octobre, Murat ne quitte pas l'Empereur. A quoi pense-t-il ? Il a fait son devoir, mais, au soir du 16 octobre, Alexandre Ier, apercevant le roi de Naples en train de sabrer les escadrons de Pahlen, s'est penché vers le prince Cariati dont il connaît le rôle et lui a murmuré : « Vraiment notre allié cache trop bien son jeu ! » Le 22, près d'Ollendorff, un émissaire autrichien rejoint Murat et l'invite à quitter sans tarder l'armée française. Murat obéit-il à cette injonction lorsqu'il annonce à Napoléon, deux jours plus tard, à Erfurt, sa volonté de rejoindre son royaume ? Est-il sincère quand il justifie ce départ par la nécessité de soutenir le vice-roi Eugène en difficulté dans le nord de l'Italie depuis la défection de la Bavière ? Les deux explications peuvent être retenues ; elles ne s'excluent pas l'une l'autre. Mais l'on ne peut parler pour l'instant de trahison. Des contacts ont été pris avec l'ennemi, et c'est déjà beaucoup ; c'est même trop aux yeux de certains. Pourtant Murat ne s'est à aucun moment engagé dans le camp adverse ; il n'a en rien desservi Napoléon ; il a même fait, dans la dernière phase de la campagne d'Allemagne, plus que ne pouvait en attendre l'Empereur. Le 24 octobre 1813, les deux hommes se séparent ; ils ne se reverront jamais.

CHAPITRE IX

L'alliance avec l'Autriche

Le 31 octobre, Murat est à Milan. La menace autrichienne pèse désormais sur l'Italie du Nord tandis que la flotte anglaise croise au large de la Sicile. La France pourra-t-elle maintenir sa domination sur la Péninsule ? Les pertes en hommes dans les campagnes de Russie et d'Allemagne ont été très lourdes pour l'Italie. En Russie, la moitié des effectifs envoyés par Eugène a disparu dès le 1er août 1812. Pas moins de 150 officiers furent tués à la bataille de Maloiaroslavets, le 24 octobre. A l'issue de la campagne, Eugène ne retrouvait que 223 de ses 27 000 soldats. La campagne d'Allemagne fut tout aussi meurtrière : 3 000 survivants sur 28 000 hommes. Pertes irréparables car ces régiments, dans l'ensemble fidèles à l'Empereur, eussent assuré une solide défense de la frontière du Nord. On n'oubliera pas que les pertes napolitaines n'étaient pas moins importantes et que Murat en fut sincèrement affecté. L'effet sur l'opinion italienne ne doit pas être négligé. Un mot court : « Des morts inutiles au service d'une domination étrangère. » Il résume le sentiment diffus qui règne dans la Péninsule[1].

Murat ne séjourne que quelques heures à Milan, le temps d'écrire à Napoléon une lettre qui lui sera vivement reprochée : « Je vais tout disposer pour faire marcher 30 000 hommes, mais j'ai besoin de connaître vos intentions d'une manière positive. Je prie Votre Majesté de me les faire connaître sans retard. Ce n'est plus le moment de temporiser ni d'éluder les réponses. J'ai besoin d'avoir le commandement des États romains, si je marche, et en cas de réunion avec le vice-roi, qui commandera ? »

Ton comminatoire assurément, mais le destin de l'Italie est en train de se jouer. Rome, d'autre part, apparaît comme la base arrière indispensable, Naples étant trop éloignée. Plus grave est le reproche qui a été adressé à Murat de desservir Eugène auprès de Napoléon en accusant le vice-roi de trahison. Mais Eugène n'est-il pas le gendre du roi de Bavière qui vient d'abandonner le camp français ? Et sa retraite pouvait prêter à confusion. Eugène avait reçu, le 15 octobre, une offre d'armistice séparé que lui faisait l'Autriche à la condition qu'il reculât jusqu'au Tagliamento. Le prince de Thurn et Taxis vint même lui proposer, le 22 novembre, la souveraineté de l'Italie à partir de l'Adige. Eugène sut refuser avec dignité les propositions qui lui étaient faites et qu'il aurait pu accepter sans problème, d'autant qu'après la perte de l'Illyrie et l'absence de soutien de Murat, sa situation devenait particulièrement difficile.

Le comportement de Murat fut différent. A Milan, il retrouva un ancien amant de Caroline, le duc de La Vauguyon, colonel général de la garde, chassé de Naples et retiré dans la capitale lombarde. Le duc lui expliqua que le moment était enfin venu de libérer et d'unifier l'Italie ; seul Murat pouvait mener à bien une telle entreprise [2]. Déjà préparé par ses contacts avec le parti italien, Murat se laissa aisément convaincre et chargea même La Vauguyon du commandement d'une division napolitaine qui devait s'emparer des États romains.

Arrivé dans la Ville éternelle le 3, Murat noue des contacts avec les Carbonari romains. Le lendemain il est à Naples. Il expose au Conseil d'État son programme : sortir du Blocus continental désormais condamné et préserver l'armée napolitaine de nouvelles aventures.

Le 8, il abat ses cartes. Malgré l'entrée en guerre de l'Autriche contre la France, le comte de Mier, représentant de l'Autriche, est toujours à Naples où il coule des heures agréables auprès de Caroline. Murat le convoque. L'entretien dure de 10 heures du soir à 4 heures du matin. Le roi expose qu'il a quitté l'armée française conformément au désir des Autrichiens : « Mon parti est pris, affirme-t-il ; je veux m'unir aux Alliés, défendre leur cause, contribuer à chasser les troupes françaises d'Italie, et j'espère qu'on me fera contribuer aux avantages qui devront en résulter. Je promets de renoncer franchement à mes relations avec la France. Je veux bien me lier avec l'Autriche et agir entièrement dans ses vues, pourvu qu'elle me soutienne en toutes occasions et me procure des avantages indispensables[3]. »

Le cynisme du ton n'est pas sans surprendre. Faut-il l'attribuer à l'influence de Caroline passée sans transition du camp français dans le camp autrichien[4] ?

Murat poursuit : il compte, à la tête de 80 000 hommes, marcher sur le Nord ; il trompera Miollis, qui tient Rome, et Eugène sur ses véritables intentions et dès que les Autrichiens entreront en scène sur l'Adige, il agira de concert avec eux. Pour prix de cette intervention, il réclame son maintien à Naples et l'attribution des États pontificaux.

Si les propos qu'il a tenus à Mier ont été fidèlement rapportés, il s'agit bien de trahison. On ne peut qu'être choqué de le voir adopter une telle attitude et force est de reconnaître que nous voilà loin du héros de Leipzig.

Ce qui est certain, c'est que dans le même temps Murat renoue avec Bentinck. Il abandonne plus ou moins ouvertement le Blocus continental comme gage de sa bonne volonté. Mais cette fois, Bentinck demeure réservé. Son attitude dilatoire explique que Murat, par crainte d'une action anglaise, n'ait finalement pas marché vers le Nord.

De son côté, Napoléon feint de ne pas croire aux avertissements de Durant qui lui écrit que « tous les nœuds qui attachent le royaume de Naples à l'Empire vont être dénoués pièce par pièce ». L'Empereur annonce à Eugène que Murat lui enverra prochainement des renforts. Il ne faut surtout pas démoraliser le vice-roi. Mais il n'est pas dupe. Pour sonder Murat, il lui adresse un ambassadeur inattendu... Fouché. Celui-ci est sans emploi depuis la perte des Provinces illyriennes et Napoléon tient à tout prix à le tenir éloigné de Paris. N'ignorant rien des relations qu'entretiennent les deux hommes depuis le Consulat et des intrigues de 1808, il nomme Fouché, réfugié à Bologne, commissaire général d'Italie avec objectif de maintenir Murat dans l'alliance française : « Il faut faire sentir au roi l'importance qu'il marchât avec 25 000 hommes sur le Pô. Vous le ferez connaître aussi à la reine et vous ferez tout votre possible pour empêcher que dans ces pays on se laisse fourvoyer par les promesses fallacieuses de l'Autriche et par le langage mielleux de Metternich [5]. » Si Murat se montre réticent, Fouché doit retourner à Turin pour y trouver de nouvelles instructions.

Le duc d'Otrante (Fouché) semble vouloir jouer le jeu. Il écrit à Murat : « Notre fortune, Sire, quel que soit l'intervalle du rang, notre fortune n'a qu'une même base. Nous la devons à l'Empereur. Elle repose sur l'intégrité de sa puissance [6]. » Le 30 novembre 1813, il est à Naples. Il passe la journée du lendemain avec Murat et Caroline et il avertit l'Empereur : Murat lui reste fidèle de cœur. S'il laisse croire aux Anglais qu'il agit pour leur compte, c'est afin de préserver les côtes du royaume. Mais pas un mot des tractations avec l'Autriche. Après La Vauguyon, souffle-t-il à

Murat que le champ est libre pour une unification de l'Italie à son profit ? Ou se contente-t-il de prendre acte de la détermination du roi de Naples ? La situation n'a jamais été aussi favorable. Eugène est condamné à reculer au Nord et Miollis ne peut espérer se maintenir à Rome. Les Autrichiens sont impopulaires, les Anglais ne peuvent, hors de Sicile, tenter de grandes opérations. Il y a un vide qu'il faut combler au plus vite. Seul conseil connu de Fouché : que Murat évite de trop se lier aux Autrichiens, ce qui affaiblirait sa position. Décidément, le duc d'Otrante paraît plus soucieux de l'avenir de Murat que de celui de Napoléon. Le 17 décembre, il quitte Naples. Grâce aux conseils de Fouché, Murat se trouve au centre de toutes les intrigues : lui seul, ne cesse-t-on de dire, peut sauver l'Italie. Les patriotes voient en lui le nouveau « prince » qui fera l'unification de la Péninsule : les Carbonari, les loges maçonniques, des généraux comme Lechi et Pino lui prodiguent leurs encouragements. Cela va jusqu'aux Autrichiens qui annoncent dans leurs proclamations qu'ils ne sont venus en Italie que pour la libérer de la domination française et « aider Murat à créer le royaume indépendant d'Italie [7] ».

Caulaincourt adresse à Napoléon un long rapport : « Si les Autrichiens prennent Milan, traversent le Pô, veulent rétablir le pape et partager de nouveau l'Italie, le roi de Naples ne voit qu'un seul moyen qui lui paraît tout-puissant : ce serait de proclamer la réunion de toute l'Italie et son indépendance. Il pense qu'à ce signal toute la nation se lèverait en armes sous le drapeau de celui que Votre Majesté aurait désigné. Il ne croit pas qu'on puisse sauver autrement l'Italie. Il ne voit même que ce seul moyen pour sauver sa propre couronne au milieu des mouvements qu'on a cherché à exciter dans son royaume[8]. »

Les anciennes Maisons exilées, le pape prisonnier à Fontainebleau, les Autrichiens impopulaires, les Anglais dans l'incapacité d'établir une tête de pont, Napoléon aux prises avec la plus forte coalition que la France ait eu à affronter, c'est en effet le vide en Italie. Seul Murat semble en mesure de le combler. Au lieu de le rabrouer, Napoléon n'aurait-il pas dû le laisser jouer cette carte qui eût préservé l'influence française en Italie ?

Alors que les Anglais demeurent réservés (lord Bentinck semble s'orienter vers une solution avantageuse pour la Grande-Bretagne : Naples aux Bourbons, la Sicile à l'Angleterre), Metternich – qui a compris le danger – n'entend plus se contenter de la neutralité de Murat, une neutralité qui mettrait le roi en position d'arbitre dans la Péninsule. Il faut le « compromettre » avec les Autrichiens, danger sur lequel Fouché avait attiré l'attention de Murat avant son départ. S'il tombe dans le piège, il perd toute chance d'unifier à son profit l'Italie, car il devient l'homme des Autrichiens haïs dans le nord de la Péninsule et qui, de toute manière, n'entendront pas lâcher Milan et Venise.

Un moment, Murat a songé à un compromis.

Dans une lettre de la fin novembre retrouvée par Lumbroso, il propose à Napoléon la création de deux royaumes en Italie séparés par le Pô : le Sud à Murat, le Nord à Eugène. L'Italie pourrait se soulever alors pour chasser les Autrichiens et préserver son indépendance. Murat a probablement des assurances des Carbonari. Fouché, toujours commissaire général, écrit dans le même sens à Napoléon. Mais à Paris, Caulaincourt défend la thèse opposée et plaide pour le maintien du morcellement de l'Italie. Une péninsule unifiée, explique-t-il, deviendrait redoutable pour les intérêts de la France : « L'Italie a 16 millions d'habitants et tous les avantages d'un sol fertile et d'une heureuse situation maritime et commerciale, une bonne administration peut en une seule génération augmenter de moitié cette population. Si ses arsenaux, son commerce et sa marine s'étendent en même temps, elle enlève à la France le commerce du Levant, la prépondérance sur la Méditerranée, et, forte de sa position entre une chaîne de rochers et les deux mers, elle devient la première puissance du Midi[9]. » Quant à la solution des deux royaumes, elle créera fatalement un conflit et qui choisir : Murat ou Eugène ? Pour éviter un tel conflit il faudrait rétablir comme tampons les États pontificaux. En fait, Caulaincourt prêche un convaincu. Napoléon ne répond pas aux propositions de Murat, lequel envoie pourtant ses vœux, le 21 décembre : « Que cette année soit le terme des malheurs de la guerre ; que l'année qui va commencer nous amène des jours plus tranquilles. Sire, je vous aimerai toute ma vie, mon attachement à Votre Majesté sera toujours indépendant des événements politiques. » La lettre a été retrouvée et publiée par le *Carnet historique et littéraire* en 1899.

Le 31 décembre 1813 arrive à Naples le plénipotentiaire envoyé par Vienne, le comte de Neipperg, qui jouera plus tard un grand rôle dans la vie sentimentale de Marie-Louise. Les conditions de Vienne sont dépourvues d'ambiguïté : Murat doit entrer dans la guerre aux côtés des alliés sous peine de perdre son royaume. S'il veut encore tenter d'unifier l'Italie, en l'absence de réponse de Napoléon, le roi se voit donc acculé à faire partie de la coalition contre la France. Le 8 janvier, le traité d'alliance entre Naples et l'Autriche est signé. Joachim renonce à toute prétention sur le royaume de Sicile, il fournira un contingent de 30 000 hommes qui ne pourra servir en aucune manière au-delà des Alpes (un autre conseil de Fouché, celui-là suivi ; Murat pourra ainsi préserver ses droits au trône de France) et ne signera aucune paix séparée. En retour, l'empereur d'Autriche utilisera tous les moyens en son pouvoir pour obtenir une renonciation formelle du roi de Sicile à ses possessions de terre ferme.

Murat s'est justifié par avance dans une lettre à Napoléon du 3 janvier 1814 où il demandait à l'Empereur de répondre à ses propositions : « Je vois d'un côté la perte inévitable de mes États, de ma famille, de ma gloire peut-être ; de l'autre des engagements contraires à mon éternel attachement. » Caroline et Gallo ont appuyé de toutes leurs forces cet accord[10]. Un accord auquel Fouché n'est pas étranger qui, de Florence, lui envoie arguments et conseils : « Aujourd'hui que votre décision est arrêtée, je dois à l'amitié que vous avez pour moi de vous dire que la moindre hésitation serait funeste. Votre conduite dans cette circonstance sera appréciée, comme toutes les choses en ce monde, par le succès. Si vous pouvez contribuer à la pacification générale, si votre nom acquiert assez de poids dans la balance des affaires de l'Europe pour relever la dignité des trônes et l'indépendance des nations, on vous bénira sur la terre. Hâtez-vous de dire que vous n'avez fait alliance avec la coalition que parce qu'elle prête son appui à ce noble dessein. »

Un nouveau traité, plus précis, est proposé par Mier le 11 janvier. Murat versera une indemnité importante à Ferdinand IV, la rectification de frontière en faveur du roi de Naples se fera aux dépens des États romains (400 000 âmes environ, soit trois départements), mais Joachim ne pourra réclamer aucune concession supplémentaire.

La trahison est consommée, mais elle l'est au nom de l'intérêt supérieur de l'Italie. En restant dans le camp napoléonien, Murat aurait dû renoncer à son unification. Il croit l'entreprise possible avec les Autrichiens. Le peuple le croit aussi : il est acclamé dans les rues ; on applaudit au théâtre San Carlo l'envoyé de Vienne. Jamais Murat n'a été aussi populaire. Les Anglais ont conscience du danger. Dans une lettre, Bentinck est forcé de reconnaître que Murat a fort bien joué.

Il faut encore se justifier auprès de Napoléon. Murat lui envoie, le 14 janvier, une longue lettre que l'on trouvera en annexe de ce livre (p. 409-412).

Le 17 janvier 1814, le roi lance une proclamation aux habitants de la Péninsule : « De justes motifs nous ont déterminé à rechercher une alliance avec les puissances coalisées contre l'empereur des Français et nous avons eu le bonheur d'en être accueilli. Les autorités qui ne s'opposeront pas à nos mesures lorsque, au nom des puissances, nous prendrons légitimement possession de l'Italie jusqu'à la rive droite du Pô, ne seront jamais traitées en ennemies [11]. » Le 19, Rome tombe en son pouvoir. Maghella était arrivé le 17 dans la ville où le vice-consul Zucchari avait préparé le terrain et où la foule acclamait les forces napolitaines. La Vauguyon en devient le gouverneur. Pris à revers, Eugène envoie un messager à Murat : quelles sont ses intentions ? Le roi se dérobe tant que l'armistice n'a pas été signé avec l'Angleterre. C'est chose faite le 26 janvier, ce qui permet à Murat de quitter Naples sans redouter un débarquement, même si Bentinck a refusé tout engagement pour l'avenir.

Nouvelle proclamation qui dissipe toute équivoque. Elle est adressée à l'armée : « Soldats ! Tant que j'ai pu croire que l'Empereur Napoléon combattait pour la gloire et le bonheur de la France, j'ai combattu à ses côtés ; mais aujourd'hui il ne reste aucune illusion : l'Empereur ne veut que la guerre. Je trahirais les intentions de mon ancienne patrie, ceux de mes États et les vôtres, si je ne séparais pas sur-le-champ mes armes des siennes pour les réunir à celles des puissances alliées et dont les intentions magnanimes sont de rétablir la dignité des trônes et l'indépendance des nations. Je sais qu'on cherche à égarer le patriotisme des Français qui servent dans mon armée sous de faux prétextes d'honneur et de fidélité comme s'il y avait encore de l'honneur à servir la folle ambition de l'empereur Napoléon, à lui assujettir le monde ! Soldats ! Il n'y a plus que deux bannières en Europe. Sur l'une vous lisez : religion, morale, justice, modération ; là : paix et bonheur ; sur l'autre : artifices, violences, tyrannie, persécutions, guerre et deuil dans toutes les familles ! Choisissez [12] ! »

La stupéfaction puis la colère de Napoléon lorsqu'il prend connaissance de cette proclamation sont attestées par de nombreux Mémoires. Après l'Espagne et l'Allemagne, l'Italie est maintenant perdue pour lui. « Trahison » est le mot qui revient le plus souvent dans sa bouche : « Il n'y a que deux hommes qui ne m'ont jamais pardonné d'être roi de France. [...] Bernadotte et Murat ; on dirait que je me suis mis à leur place. » Il pourrait ajouter que ces deux maréchaux sont peut-être ceux qui ont donné le plus de gages à la Révolution. C'est plus encore Caroline qui suscite son indignation. « La conduite du roi de Naples est infâme et celle de la reine n'a pas de nom. J'espère vivre assez pour venger moi et la France d'une ingratitude aussi affreuse[13]. »

Aussitôt après la déclaration de guerre de son beau-frère, Napoléon ordonne le rappel de son ambassadeur à Naples ainsi que des Français servant dans le royaume. C'est alors que le fidèle Agar, comte de Mosbourg, remet lui-même sa démission de ministre des Finances. Prudence ou désaveu de la politique de Murat ? Celui-ci refuse la démission d'Agar et le place simplement en congé. La marine impériale reçoit mission d'attaquer la flotte napolitaine. En réalité, Napoléon ne peut faire grand-chose. Une seule possibilité : embarrasser Murat. Il renvoie dans ses États Pie VII alors en captivité à Fontainebleau. Murat avait profité du vide pour s'emparer de la Ville éternelle. Il sera désormais gêné par le retour du pape.

Pour l'instant le roi de Naples pousse ses avantages. « C'est une marche triomphale, écrit-il à Zurlo, le 30 janvier, vu que partout l'enthousiasme est à son comble. [...] Vous aurez besoin de calmer nos têtes napolitaines qui pour trop vouloir, finiraient par faire échouer tous mes projets. » Ses troupes s'emparent de Florence et de la Toscane. A leur tour tombent Livourne, Pise et Lucques que lui abandonne sans beaucoup de résistance le duc d'Otrante. Toute l'Italie jusqu'au Pô est à Murat. Son calcul semble s'être révélé juste. Non seulement il a sauvé son trône mais la Péninsule est en voie d'unification sous sa domination. Restent Venise et la Lombardie. Au Nord, les Autrichiens piétinent sur la rive gauche du

Mincio. Leur commandant en chef Bellegarde appelle à l'aide le roi de Naples l'invitant à se porter sur Plaisance. Murat ne bouge pas. Il redoute, s'il s'avance trop, un débarquement anglais à Livourne qui remettrait en cause l'occupation par ses troupes de la Toscane qu'au fond de lui-même il entend annexer. Bellegarde rappelle, dans une proclamation du 3 février, que la Toscane doit revenir à son ancien souverain, ce que Murat, grisé par son rêve de conquête de l'ensemble de la Péninsule, accueille fort mal. Comment a-t-il pu croire que les Autrichiens (comme les Anglais) le laisseraient s'installer à Florence sans réagir ? Comme il refuse de se porter au secours de Bellegarde, son inertie permet au général Grenier de battre Nugent à Parme, de dégager Plaisance et de se retirer sans être inquiété sur la rive gauche du Pô. Sérieux revers pour l'Autriche. Finalement, au reçu d'une lettre de l'empereur d'Autriche qui lui donne des assurances sur l'avenir, tout en restant muet pour la Toscane, Murat se décide à agir. Pour se remonter, il ressasse dans une lettre à Fouché ses griefs contre Eugène : « Il me considère et m'a toujours considéré comme un obstacle à ses projets en Italie et en France, et sa mère [*Joséphine*] me reproche le divorce [14]. » Il se porte sur le Taro et attaque les troupes franco-italiennes du général Severoli. Toutefois, quand le soir tombe, il donne ordre de ne pas poursuivre les forces du prince Eugène qui peuvent se replier en bon ordre. Il paraît accablé et, nouveau revirement, refuse de se porter sur

Plaisance. C'est alors qu'il écrit à Napoléon une lettre où il lui expose ses remords et se déclare prêt à rejoindre son camp. Lettre pathétique dont on voit mal comment certains historiens peuvent mettre en doute la sincérité en parlant de double jeu, alors que Napoléon se trouve dans une situation désespérée : « Sire, Votre Majesté court des dangers. La France est menacée jusque dans sa capitale et je ne puis mourir pour vous, et l'ami le plus affectionné de Votre Majesté est en apparence son ennemi ! Sire, dites un mot et je sacrifierai ma famille, mes sujets ; je me perdrai, mais je vous aurai servi. Les larmes qui remplissent mes yeux m'empêchent de continuer. Je suis seul ici, au milieu d'étrangers. Je dois cacher mes larmes. Cette lettre vous rend entièrement, Sire, le maître de mon sort. Ma vie est à vous. Aussi bien avais-je fait le serment de mourir pour Votre Majesté. Aimez-moi toujours. Jamais je ne fus plus digne de votre tendresse. Si vous pouviez vous faire une idée de ce que je souffre depuis deux mois, vous auriez pitié de moi. Jusqu'à la mort votre ami [15]. » Une telle missive devrait en partie absoudre Murat. On découvre un homme déchiré entre son attachement personnel, son désir égoïste de conserver un trône et le rôle politique d'unificateur qu'il a cru et qu'il croit toujours pouvoir jouer. Murat n'est ni Talleyrand ni Fouché. Quand il découvre où le conduisent les conseils du parti italien : tirer sur des Français, il s'effondre. C'est plutôt à son honneur.

Sa lettre parvient à Napoléon dans un des

moments cruciaux de la campagne de France. Contenant sa rancœur, il donne aussitôt ordre à Eugène de prendre contact avec ce « traître extraordinaire » et de faire un traité en son nom où sera reprise la division de l'Italie préconisée par Murat. Il ajoute, lucide : « Rien ne doit être épargné dans la situation actuelle. » Il recommande : « Ne touchez ni au Piémont ni à Gênes et partagez le reste de l'Italie en deux royaumes. Que ce traité reste secret jusqu'à ce qu'on ait chassé les Autrichiens du pays [16]. » Trop tard. Murat se raccroche pourtant à ce frêle espoir. Il écrit à Mosbourg avec lequel il conserve des relations : « Les alliés sont de mauvaise foi ; l'Empereur paraît décidé à nous abandonner l'Italie, au vice-roi et à moi. Il est revenu au système des deux royaumes. Tout porte à croire que les Anglais et toutes les puissances seront pour ce plan. Dieux ! Je commence à respirer, après trois mois, mes larmes se tarissent ; je retrouve mon énergie et mon courage. Je suis enfin moi-même : Dieux ! Ne m'abandonnez pas. Jamais cause ne fut plus sainte [17]. » En réalité la situation est devenue franchement mauvaise pour Murat. Le rêve italien se dissipe. Bentinck a débarqué à Livourne et n'entend pas abandonner la Toscane à Murat. L'entrevue entre les deux hommes est des plus froides. Le noble lord ne dissimule pas son mépris à l'égard du roi parvenu. Pour couper l'herbe sous les pieds du rival abhorré, il a lancé le 14 mars une proclamation « aux Italiens » les appelant à libérer leur « patrie ». Pie VII a regagné la Ville éternelle et Murat, la mort dans l'âme, doit, dans une lettre du 4 avril, renoncer à son droit de conquête sur les États pontificaux. De plus, l'Autriche est furieuse de sa mollesse devant Plaisance. Encore, sous la pression de Caroline qui redoute maintenant un ultime rapprochement entre Napoléon et lui, a-t-il dû sans grande conviction attaquer les troupes du général Maucune, le 13 avril, à Borgo San Donnino. C'est répondre un peu tard à l'attente des coalisés. Metternich ne sera-t-il pas tenté, malgré ses anciens liens avec Caroline, de revenir sur la promesse de François II de sauvegarder les intérêts de Murat à Naples ?

Lorsqu'il rentre dans sa capitale, le 2 mai 1814, Murat a perdu ses illusions.

CHAPITRE X

Viva l'Italia

L'abdication de Napoléon mit fin aux opérations en Italie. Au début de mai, les Autrichiens occupèrent le Piémont au nom de Victor-Emmanuel qui fit son entrée à Turin, le 20, mettant ainsi un terme à son long exil en Sardaigne. Le grand-duc Ferdinand III reprit le chemin de la Toscane évacuée par les forces de Murat et François IV d'Autriche-Este fit de même à Modène. Le 24 mai, Pie VII, de retour à Rome, était acclamé par la population. Venise était à nouveau autrichienne ; le sort de Milan demeurait en revanche incertain. Gendre du roi de Bavière, Eugène aurait pu essayer de tirer son épingle du jeu. Il s'y refusa. Le parti autrichien exploita tout à la fois le vide laissé par le vice-roi et l'exaltation anti-française, pour s'opposer avec succès aux indépendantistes comme Carlo Verri ou l'avocat Traversi et aux muratistes, les généraux Lechi et Pino. Des désordres se produisirent le 20 avril ; ils aboutirent au massacre du ministre des Finances Prina. L'Autriche en profita pour envoyer des troupes à Milan, et obtenir par la convention de Mantoue, le 23 avril, la garde du royaume. Le 12 juin, la Lombardie est annexée à l'Empire autrichien. L'unité italienne paraît définitivement compromise[1].

La responsabilité en incombe au parti « italique » qui n'a su agir dans les villes ou les campagnes faute d'un réel soutien populaire. Si les loges maçonniques[2] semblent divisées entre francophiles et francophobes, trois organisations restent influentes : les sublimes maîtres parfaits ou Adelfi, les Guelfes et surtout les Carbonari dont l'action nous est connue grâce à l'étude de John Rath[3]. Elles n'ont nulle part donné l'impression de pouvoir renverser la situation.

Au même moment, les Bourbons restaurés à Paris et à Madrid remettent en cause la présence de Murat sur le trône de Naples enlevé à un autre Bourbon. Alors que Bernadotte adopté régulièrement comme prince héritier ne paraît pas menacé en Suède, il n'en va pas de même pour le beau-frère de Napoléon. Dès le 26 décembre 1814, Talleyrand, oubliant ses anciennes intrigues avec Murat, réclame le retour du royaume de Naples à « son légitime souverain ». « Il faut chasser Murat, affirme-t-il, car il ne faut d'illégitimité dans aucun coin de l'Europe, sans cela la Révolution subsisterait[4]. » En réalité, Talleyrand se fait l'interprète de Louis XVIII violemment hostile à Murat. Même offensive menée par l'*alter ego* de Talleyrand, le comte de Labrador, représentant de l'Espagne, qui attire l'attention sur le danger que représenteraient des relations suivies entre Murat et l'île d'Elbe où vient d'être exilé Napoléon. Du côté anglais, Bentinck fait pression sur Castlereagh au Foreign Office : il pousse l'Angleterre à s'emparer de la Sicile en dédommageant Ferdinand par les États de Murat. Un Murat auquel il ne pardonne pas d'avoir des idées voisines des siennes sur l'unité italienne. La mort de Marie-Caroline survient au même moment, laissant Ferdinand veuf et livré davantage encore aux intrigues des adversaires de Murat.

Capo d'Istria, conseiller du tsar, ajoutait sa voix au concert. Il ne cessait de recommander l'élimination de Murat : « Il est le chef des maçons et des indépendantistes d'Italie et vous n'avez qu'à lire attentivement ce qui sort de sa boutique et vous y verrez toujours ces mots d'unité, d'indépendance et de force nationale par lesquels il essaie de chauffer les Italiens pour grossir son parti en Italie [5]. »

Dans le congrès qui s'ouvre à Vienne pour régler le sort du Grand Empire, la partie d'emblée s'engage mal pour le roi de Naples. Murat ne trouve de défenseurs qu'à la Hofburg : fidélité de l'empereur François aux accords conclus, vieux restes de tendresse de Metternich pour Caroline ou plutôt froid réalisme : que gagnerait Vienne à la restauration de Ferdinand à Naples alors qu'elle a barre sur Murat ?

C'est en vain que ce dernier multiplie les démonstrations de bonne volonté en direction de Paris, allant même, ce qui donne la mesure de son désarroi, jusqu'à proposer une alliance défensive contre l'Autriche. N'est-il pas allé jusqu'à écrire, le 21 mai 1814 à Louis XVIII : « Je prie Votre Majesté d'agréer mes félicitations. La providence vous a rappelé sur le trône de Saint Louis et d'Henri IV. Né Français, j'ai dans le cœur des sentiments de vénération et d'amour pour le sang d'Henri IV et de Saint Louis. » Dans le même temps, il est vrai, il encourage les créations de loges, dont celle des indépendantistes à Ancône, dont l'objectif est la lutte pour l'indépendance de l'Italie. Il renoue avec Napoléon, désormais monarque de l'île d'Elbe. Pauline assure la liaison entre les deux beaux-frères qu'elle réconcilie. Napoléon a vite compris le parti qu'il pourrait tirer du roi de Naples dont la situation semble désespérée sans un grand événement venant bouleverser l'Europe. Il le tient au courant, prudemment, de ses intentions de retour en envoyant un émissaire, Colonna, à Naples. Il attend de Murat qu'il neutralise l'Autriche en assurant la Hofburg des intentions pacifiques de l'Empereur tout en faisant peser la menace d'une marche sur Milan. C'est du moins ce que Napoléon affirmera plus tard. Le 1er mars, Colonna fut-il aussi précis ? Nous n'en savons rien. Ses lettres de créances, datées du 17 février 1815 et conservées dans les papiers de la famille Murat (sous la cote 31 AP 20 334), sont très vagues. Il y est fait allusion à des « communications importantes et pressées ». « Je vous prie, écrit Napoléon, d'ajouter foi à tout ce qu'il vous dira. » En tout cas, de la menace à l'acte, il y eut un pas rapidement franchi par le bouillant roi de Naples. Aussitôt connue la nouvelle du départ de Napoléon de l'île d'Elbe, vers le 5 mars, semble-t-il, Murat fut en effet repris par son rêve d'unification de l'Italie. A d'Ambrosio qui lui suggérait la modération, dans l'attente des décisions du congrès de Vienne à l'égard de Napoléon, Murat affirmait avec superbe que les Italiens le saluaient déjà comme leur « libérateur ». « En envahissant l'Italie, je peux m'établir rapidement sur le Pô, le passer, diriger mes forces sur Venise, la surprendre et réunir sous mes enseignes les Piémontais, fatigués de l'ineptie de leur roi, Milan, patrie nouvelle des idées libérales, les Vénitiens qui se souviennent de leur ancienne gloire, les Ligures qui ont tant de peine à supporter la domination sarde et les peuples de la Romagne, naturellement belliqueux et capables de me seconder dans une telle entreprise[6]. » Murat a-t-il été abusé par les indépendantistes ? Il fait répandre des placards dans Rome, concentre ses troupes dans les Marches qu'il occupe encore, accélère ses préparatifs militaires, lève des contributions extraordinaires, fait de Manhès le gouverneur de Naples et replace Maghella, autre tête du nationalisme, à la Police.

Le 14 mars, il écrit une lettre enthousiaste à Napoléon : « C'est avec un bonheur inexprimable que j'ai appris le débarquement de Votre Majesté sur les côtes de son Empire. » Il ajoute : « J'aurais bien désiré recevoir quelques instructions sur la combinaison de nos mouvements en Italie avec les vôtres en France », ce qui prouverait que Napoléon ne lui a pas, contrairement aux affirmations très suspectes de Bourrienne, ou de Belliard, donné de directives précises [7]. Il informe l'Empereur que son armée est en route et que, très certainement avant la fin du mois, il sera sur le Pô. « C'est maintenant, conclut-il, que je vais vous prouver que je fus toujours dévoué et que je vais justifier à vos yeux et aux yeux de l'Europe l'opinion que vous avez conçue de moi. » Quatre jours plus tard, le 18, il déclare la guerre à l'Autriche. Malgré les instances répétées de Caroline et de Gallo, c'est donc la rupture. La reine va même jusqu'à blâmer publiquement cette folie : « N'est-ce point assez pour un paysan du Quercy d'occuper le plus beau trône d'Italie ? Non, il voudrait toute la Péninsule [8]. » Le 27 mars Murat se justifie auprès de l'empereur François Ier. C'est en fait un acte d'accusation. Comment ce souverain a-t-il pu engager la guerre contre son gendre qu'il traite en « criminel » « voué à la vindicte publique », brisant ainsi des liens de famille aussi étroits en faveur des Bourbons qui le haïssent et en un moment où plus rien ne permettait de craindre, de la part de la France, « cette étendue de puissance, qui avait inquiété et armé tous les souverains de l'Europe ». Murat affirme de surcroît qu'il est contraint d'attaquer pour prévenir un complot des puissances contre son trône [9].

C'est une fantastique chevauchée qui commence. Les troupes de Murat traversent Rome sans rencontrer de résistance, le souverain pontife s'étant enfui vers Florence. A Ancône, Murat établit son quartier général et révèle, au milieu de l'enthousiasme de ses fidèles, son dessein d'assurer « l'indépendance de l'Italie, une Italie qui n'aura d'autres limites que les monts et les mers ».

Il sépare son armée (40 000 hommes environ) en deux groupes. Objectif : Rome déjà traversée et Florence. Murat croit aux vertus de l'offensive. Il a d'ailleurs raison : s'il veut que l'Italie se soulève, il doit montrer partout sa force. Le 30 mars, il est à Rimini. Il y lance une proclamation appelant la Péninsule à l'insurrection :

« Italiens,

« L'heure est arrivée où de grandes destinées doivent s'accomplir. La providence vous appelle enfin à la liberté : un cri se fait entendre depuis les Alpes jusqu'au détroit de Scylla et ce cri est : l'indépendance de l'Italie.

« De quel droit des étrangers pourraient-ils vous ravir cette indépendance, le premier droit et le premier bien de tous les peuples ?

« Non ! Non ! que toute domination étrangère disparaisse du sol italien ! Vous avez été jadis les maîtres du monde et vous avez expié cette gloire dangereuse par vingt siècles d'oppression. Mettez désormais votre gloire à ne plus avoir de maîtres. Tous les peuples doivent se tenir dans les bornes que la nature leur a assignées ; des mers, des montagnes inaccessibles, voilà vos limites. Ne pensez jamais à les franchir, mais repoussez l'étranger qui ne les a pas respectées s'il ne se hâte de rentrer dans les siennes. 80 000 hommes du pays de

Naples entrent en campagne sous les ordres de leur roi et jurent de ne prendre aucun repos avant que l'Italie soit délivrée, et déjà ils ont prouvé qu'ils savaient tenir leurs serments...

« Italiens, unissez-vous et qu'un gouvernement de votre choix, une constitution digne de ce siècle et de vous protègent votre liberté et vos propriétés. Mais il faut que votre courage devienne le gage de votre indépendance. Je somme tous les braves de venir combattre à mes côtés ; j'appelle tous ceux qui ont réfléchi sur les intérêts de leur patrie à préparer la constitution et les lois qui doivent régir désormais l'heureuse et indépendante Italie [10]. »

Le 1er avril, Murat est à Bologne. L'accueil est tout aussi triomphal qu'à Ancône et achève de le griser. Le voici à Modène, le 4 du même mois.

Tout s'est déroulé de sa seule initiative, ce qui inquiète Napoléon. Ne recevant que des fragments d'information, l'Empereur envoie Belliard auprès de son beau-frère [11]. Le général a conservé les propos de l'Empereur : « “Je suis très contrarié que Murat ait commencé. Je ne veux pas la guerre. – Il me paraît bien difficile, réplique Belliard, de l'éviter, à moins, comme on le dit, que vous n'ayez des arrangements pris avec l'Autriche. – Je n'en ai aucun, répond l'Empereur ; je n'ai pas encore pu faire passer un courrier. Murat a agi pour moi. Je le soutiendrai. Vous lui direz que j'organise une armée sur la frontière du Piémont, pour lui donner la main ; il faut arriver à Milan. Murat rêve la souveraineté de l'Italie ; je ne conçois pas l'unité mais bien deux divisions possibles séparées par le Pô. Si la division a lieu, Murat prendrait la rive droite et je disposerais de la rive gauche. Quant au Piémont et à Gênes qui doivent être reliés à la partie de la rive gauche, dans les intérêts de la France, on en parlera plus tard". »

Cependant, en Italie, les événements s'accélèrent. Murat a pu prendre Ferrare mais non la citadelle que défend le général Lauer. Il doit immobiliser une brigade pour en faire le siège. Et quand il veut pousser plus avant, ses offensives sur le Pô échouent faute de mordant. Le moral de ses troupes en est vivement affecté ; les désertions se multiplient. Le recrutement en volontaires est depuis longtemps tari. La contre-offensive autrichienne se dessine : les forces de Neipperg marchent sur Bologne, celles de Bianchi sur Florence. Elles ont pour mission d'atteindre au plus vite les frontières du royaume de Naples. Menacé d'encerclement, Murat doit se replier. Repli qui se transforme en désastre quand, le 21 avril, l'arrière-garde que commande Lechi est surprise par Neipperg. En vain Murat demande-t-il un armistice. La bataille décisive se déroule à Tolentino d'où, le 2 mai, Murat tente de chasser Bianchi. Il se heurte à une résistance acharnée et perd l'un de ses meilleurs généraux, d'Ambrosio. Le 3 mai, l'attaque reprend. Murat fait donner d'Aquino qui a succédé à d'Ambrosio mais ne le vaut pas. L'échec des offensives qu'il mène avec trop de mollesse (il a l'excuse d'une chaleur torride) contraint finalement le roi de Naples à donner l'ordre de battre en retraite vers Pescara puis Capoue. A peine est-il parti que c'est la débandade ; d'Aquino ne parvient pas à retenir ses troupes. La panique devient générale et le 4 mai, Murat ne peut que constater l'étendue du désastre lorsque d'Aquino le somme d'abdiquer. Le 11 mai, dans la déroute, Murat retrouve Belliard : « Belliard, mon brave Belliard, tu viens donc mourir avec moi ! » Froidement Belliard examine la situation : elle est désespérée. On ne peut même plus prétendre assurer la défense de Capoue faute de troupes. De plus, les Anglais que Murat avait cru neutraliser par de bonnes paroles menacent de débarquer sur les côtes napolitaines.

Sept jours plus tard, Murat est à Naples. Caroline, par son sang-froid, a contenu jusqu'alors tout mouvement séditieux. A elle de jouer, cependant que Murat quittera le royaume. « La fortune m'a trahi, je veux qu'elle n'accable que moi », dit le roi. Une dernière fois, les époux se font face, ils ne se reverront plus. Pendant que Colletta et Carrascoa négocient avec l'Autriche, Caroline prend contact avec les Anglais et se réfugie à bord du *Tremendous* en rade de Naples. C'est de ce bateau qu'elle entend les cris d'enthousiasme qui saluent l'entrée triomphale du fils de Ferdinand IV. A Vienne, les alliés ont rétabli en effet Ferdinand dans tous ses droits sur la terre ferme.

« *La commedia è finita* », ironisent les adversaires de Murat.

CHAPITRE XI

La fin

Le 19 mai 1815, accompagné de quelques fidèles dont le duc de Rocca-Romana, le baron Rossetti, le colonel Bonafous, son secrétaire Auguste de Coussy et le valet de chambre Leblanc, des diamants cousus dans sa ceinture et 300 000 francs en espèces dans des sacs, le roi déchu prend la route de Pouzzoles et embarque à Miniscola. Il songe d'abord à gagner par mer Gaète où il compte s'enfermer et résister, mais la flotte anglaise rend l'entreprise aléatoire.

Le petit groupe parvient, non sans peine, à l'île d'Ischia. Là, Murat retrouve l'un de ses principaux séides, Manhès, qui a loué un navire battant pavillon anglais, la *Santa Caterina*. A bord de ce bateau au capitaine peu regardant, changeant tous ses projets, Murat fait voile vers la France et débarque, au prix de quelques difficultés, à Cannes, le 25 mai. « La fortune faisait jouer à Joachim la parodie de Napoléon », soulignera non sans cruauté Chateaubriand. L'Empereur est aussitôt prévenu par Brune qui commande l'armée du Midi et qu'a alerté le sous-préfet de Grasse.

Pendant quinze jours, Murat vit en reclus : nécessité mais aussi dépression. Son désespoir est grand d'apprendre que Caroline s'est livrée aux Anglais. De plus l'inactivité le ronge et Napoléon n'entend pas l'en sortir. La rancune impériale ne désarme pas : « Voilà deux fois que cet homme trahit mes destinées. [...] Il ne peut compter que sur ma sévérité et je fais preuve d'une force d'âme peu commune en ne disant pas ma haine. » Sans cesse Napoléon revient à la charge, accusant Murat d'avoir attaqué sans instructions, trop tôt et trop vite. Mais il est une autre raison qui pousse l'Empereur à refuser de recevoir Murat. Ne voit-il pas en lui la préfiguration de son propre destin [1] ? Chateaubriand écrit que l'Empereur mit « au lazaret cet homme attaqué de la peste des vaincus ». C'est bien ainsi qu'il faut comprendre la mission dont Napoléon charge Baudus, ancien gouverneur des enfants royaux. Murat doit choisir une campagne entre Gap et Sisteron et y attendre le retour (problématique) de Caroline. L'Empereur ne désire le voir que lorsque tout sera arrangé. En attendant, il le tient à l'écart. Il ne peut au demeurant se retenir de continuer à l'accabler de reproches. « M. Baudus fera sentir au roi, lit-on dans les instructions impériales, que si l'Empereur avait voulu qu'il entrât en Italie, il lui aurait fait connaître ses intelligences ; que des proclamations datées de Paris auraient produit un tout autre effet ; qu'il a perdu la France en 1814 ; en 1815, il l'a compromise et s'est perdu lui-même ; que sa conduite en 1814 l'a perdu dans l'esprit des Italiens parce qu'ils ont vu qu'il abandonnait la cause de l'Empereur[2]. »

Jugement profondément injuste et inexact. C'est en vain que Fouché, décidément fidèle en amitié ou soucieux de faire oublier son rôle en 1813, plaide en faveur de Joachim. Ce dernier obtient tout au plus de se rapprocher de Paris en venant s'installer à Lyon. Son amertume déborde dans des lettres très curieuses qu'il adresse à Mme Récamier. On lit dans l'une d'elles : « La patrie est en danger, j'offre mes services ; on en ajourne l'acceptation. » Dans une autre : « J'ai tout perdu pour la France, pour son Empereur, par son ordre et aujourd'hui il me fait un crime de l'avoir fait. Il me refuse la permission de combattre et de me venger, et je ne suis pas libre sur le choix de ma retraite[3]. » Et sans doute n'a-t-il pas tort. Peut-être aurait-il fait mieux que Ney à Waterloo.

La nouvelle du désastre rend sa situation en France intenable. Il envisage toutes les solutions : une retraite en Autriche (et il fait écrire dans ce sens à Metternich), puis il songe à l'Angleterre (mais Wellington veut une abdication du roi en échange de passeports) ; reste la France, mais Louis XVIII lui est toujours hostile et il ne peut plus compter sur Fouché dont l'autorité est déjà contestée. Certains partisans de Murat sont arrêtés, dont Coussy et Bonafous. Désormais il faut se cacher, d'autant que sa tête est mise à prix :

24 000 francs, ce qui est peu. Heureusement les autorités ne montrent guère d'ardeur à le retrouver. Mais la Terreur blanche secoue le Midi. Les royalistes déchaînés massacrent les bonapartistes confondus avec les jacobins. Que ne ferait-on au beau-frère de l'Empereur ? Une occasion s'offre à Murat, le 23 août. Une mauvaise barque le prend à son bord et lui permet de rejoindre le bateau poste de Corse. Le capitaine ne pose pas de questions. Deux jours plus tard, Murat débarque à Bastia « enveloppé dans une capote grise, un large chapeau rond sur la tête, des besicles vertes, une large barbe et tenant un petit paquet de hardes sous le bras », selon le rapport du consul de Livourne adressé à Talleyrand et que celui-ci retransmet aussitôt à Fouché, le 15 septembre. L'île est alors déchirée par les factions : anglophiles, anciens partisans de Paoli restés fidèles à leur idéal d'indépendance et bonapartistes s'opposent dans un concert de violences. L'autorité de Louis XVIII se limite à quelques garnisons. Murat espère avoir enfin trouvé, à la faveur de cette confusion, le refuge auquel il aspire.

Aidé d'un ancien commissaire des guerres, Galvani, il rejoint Vescovato où s'est retiré le général Franceschetti, chez son beau-frère qui administre la localité. « Il faut, lui dit Murat, me donner l'hospitalité ; il faut me sauver ; je m'abandonne à vous. – Sire, répond Franceschetti, je ne trahirai pas votre confiance, ma fortune est à vous, vous pouvez en disposer ; vos droits sont toujours les mêmes sur moi ; ma famille n'a jamais repoussé un malheureux[4]. »

Hélas ! le beau-frère de Franceschetti, Colonna-Ceccaldi, est royaliste. Il prévient le général Verrier, gouverneur militaire de l'île. Celui-ci envoie aussitôt 30 gendarmes pour s'emparer de Murat. Toutefois, devant l'attitude menaçante des habitants, ceux-ci reviendront bredouilles.

L'ascendant de Murat est tel qu'il a bientôt levé une troupe de 600 hommes armés auxquels s'ajoutent quelque 200 anciens soldats. Effondré il y a peu, le roi retrouve soudain son allant. Il pourrait conquérir la Corse, il la dédaigne ; l'île d'Elbe le séduit un moment, mais c'est Naples qui l'obsède. Murat a été comme envoûté par son royaume ; il ne peut l'oublier ; il ne peut vivre loin de lui, il en est prisonnier. Fort d'une petite armée, le voilà repris par ses démons.

Il envoie au général Dalesme, qui commande la garnison de l'île d'Elbe, un habitant de Bastia avec un message qui révèle toute l'étendue de ses illusions : « Général, vous me connaissez ; je ne suis pas emporté par une vaine préoccupation : si nous sommes maîtres de l'île d'Elbe, nous pourrons conserver une grande influence en Italie et disposer de nouveau de toutes les ressources du royaume de Naples. Après le grand Napoléon, auquel nul ne doit être comparé, j'ose me flatter qu'il n'y a que moi seul qui sois capable de mettre encore à flot le vaisseau de la liberté[5]. » Ce messager arrive malheureusement trop tard. Dalesme vient de capituler. Qu'importe ! Le Bastiais, du nom de Lambruschini, poursuit sa route vers Livourne puis de là gagne Naples où il doit interroger les anciens muratistes sur les chances d'une restauration du roi déchu.

Celui-ci brûle d'impatience ; la réponse de Lambruschini tarde et la situation devient bientôt intenable à Vescovato. Les royalistes corses s'inquiètent en effet et vont jusqu'à demander l'intervention de Bentinck qui commande alors la place de Gênes : Murat multiplie les déclarations apaisantes, mais les Anglais prennent leurs précautions : une frégate vient mouiller devant Livourne. Poussé par les partisans de Louis XVIII, Verrier envoie une nouvelle expédition, mieux préparée que la précédente, contre Vescovato. Rendons justice à Murat : pour éviter une guerre civile, il rend leur parole à ses soldats. Ses derniers mots ne sont pas dépourvus de grandeur : « Je n'oublierai jamais l'hospitalité des Corses et surtout des habitants de Vescovato. Un jour viendra peut-être où je pourrai leur prouver d'une manière digne d'eux et de moi que j'ai de la mémoire. Maintenant, mes amis, rentrez dans vos familles et vivez en paix avec l'autorité du roi qui vous gouverne. » Puis, à cheval, avec 400 hommes qui n'ont pas voulu le quitter, il prend par les montagnes la route d'Ajaccio. Envoyé en éclaireur, Franceschetti se heurte, le 21, à la mauvaise volonté de la famille Bonaparte, les Ramolino en tête, qui refuse d'avancer à Joachim l'argent du départ. Celui-ci passe outre. « A la tête de ses compagnies, près de 600 anciens soldats, que grossit sur la route l'afflux de la population des villageois, sur le beau cheval bai précédemment offert par le curé Moracinole, au pont de Vacchio, il fit, le 23 septembre, à 4 heures de l'après-midi, au milieu des acclamations, des vivats, des chansons, des cloches et des feux de joie, dans la capitale de la Corse, où les gardes nationaux lui rendaient les honneurs, une entrée véritablement sensationnelle. Les autorités civiles et militaires avaient disparu de même que les Ramolino furieux[6]. »

Murat pourrait se rendre maître, sans coup férir, d'une partie de l'île. Il n'y songe pas. A Franceschetti qui l'interroge sur ses intentions, il répond : « C'en est fait, je ne puis plus vivre ou mourir qu'au milieu de mon peuple. [...] Naples ! Naples ! Il me faut Naples, hâtons-nous de partir. » En vain lui présente-t-on des objections. « Ne comprenez-vous pas, répond-il imperturbablement, que l'expédition est le seul moyen honorable qui me reste de sortir de Corse ? Puis-je me fier à la générosité de l'Autriche ? Dois-je croire à la loyauté britannique ? L'exemple de Napoléon est là pour m'en dissuader. [...] Ma cause est du reste plus populaire à Naples que vous ne semblez le croire. Elle compte de nombreux partisans dans la bourgeoisie, le peuple et l'armée. Le roi Ferdinand l'ignore si peu que, craignant l'explosion de leur mécontentement, il a attaché à mes pas des espions, des sbires qui guettent mes moindres mouvements. [...] Encore une fois, espoir et confiance. [...] Nous reverrons Naples et nous vaincrons nos ennemis [7]. »

Pourtant Fouché, encore ministre de la Police, lui avait fait parvenir par Macirone, un ancien agent secret de Murat [8], de l'argent et un passeport pour se rendre en Autriche sous le nom de comte de Lipona (anagramme de Napoli) ; il y retrouverait Caroline et vivrait en « particulier de marque ». Macirone rejoint le roi, le 28. Trop tard. Murat ne veut plus rien entendre : « Je ne reverrai la reine qu'assise sur le trône de Naples. » Ses propos révèlent une détermination aveugle. « Le sort en est jeté, rétorque-t-il à Macirone. Quand il arrive que par le sort de la guerre un roi est chassé de sa capitale, il a le droit d'y retourner s'il en a les moyens. » Murat considérait qu'il restait le roi légitime, n'ayant signé aucune abdication. Sa couronne ne pouvait lui être enlevée par la défaite, mais seulement son royaume qu'il entendait reconquérir.

Dans la nuit du 28, une flottille, sous la responsabilité de l'ancien corsaire maltais Barbara, emporte Murat vers son destin. *Quos vult Jupiter perdere, dementat prius*. Jamais entreprise ne parut plus folle que cette reconquête du royaume de Naples. Entreprise si folle que l'on a parlé d'un guet-apens tendu à Murat pour mieux se débarrasser de lui.

C'est l'idée développée par le marquis de Sassenay dans son étude sur les derniers mois de Murat : « Le plan consistait à attirer Murat sur un point choisi d'avance, à s'y emparer de sa personne pour le mettre à mort et à débarrasser ainsi le roi légitime d'un rival qui pouvait devenir un jour redoutable. » A l'appui de cette thèse, Sassenay a publié les lettres du feld-maréchal lieutenant baron Koller, lieutenant général de l'armée d'occupation autrichienne à Naples[9].

Ainsi le 3 novembre 1815 écrivait-il : « Le gouvernement a su mettre dans ses intérêts quelques amis de Murat qui entretenaient avec lui, depuis son arrivée en Corse, une correspondance sur la possibilité d'un débarquement et sur la certitude d'une heureuse réussite. Cette affaire a été menée par le baron Petroni, intendant de Monteleone. Lui-même a écrit, et c'est par son entremise que Murat a reçu les encouragements et les adresses d'autres personnes... » Une tentative d'assassinat avait même été prévue, en cas de ralliement de la population.

Dans une lettre du 29 novembre de la même année, Koller cite le corsaire Barbara comme gagné au complot. On prit grand soin d'éviter les navires de commerce qui auraient pu renseigner le roi sur les dispositions exactes de la population.

Aucun autre document n'est venu, depuis la publication du livre du marquis de Sassenay en 1896, confirmer ou infirmer cette thèse à mettre en parallèle avec celle affirmant que Napoléon fut également attiré dans un guet-apens lorsqu'il quitta l'île d'Elbe pour la France. Dans le cas de Murat, on tiendrait en tout cas l'explication du comportement quasi démentiel du souverain déchu.

Pour reconquérir son royaume, sur qui peut-il compter ? S'embarquent avec lui quelques compagnons dévoués, mais trop de personnages équivoques dont l'avenir paraît bouché en France pour diverses raisons. Dès le départ, l'entreprise est condamnée.

Pendant cinq jours, la flottille va longer la côte de Calabre à la recherche d'un point de débarquement propice. Le 6 mai, la tempête disperse une partie des embarcations. Finalement Murat se retrouve avec 26 officiers ou soldats, pas davantage. Que faire ? L'échec est patent. Murat donne l'ordre de se diriger vers Trieste. Mais l'équivoque Barbara insiste (ce qui confirmerait la thèse du complot) : il faut débarquer pour se procurer des vivres. Il a des relations à Pizzo où le roi, affirme-t-il, jouit de plusieurs sympathies. Ce sera Pizzo.

Des nombreux récits consacrés à ce débarquement, le plus sûr, parce que le plus sobre, semble être celui de Carmelo Greco [10] :

« Le drame de Joachim Murat à Pizzo, auquel ma famille prit part, m'a été souvent raconté par mon père Domenico Greco, témoin oculaire qui avait alors vingt ans. Il racontait :

« Le 8 octobre 1815, le roi Joachim Murat débarquait avec sa suite à Pizzo et marchait immédiatement sur la ville ; au début de l'avenue qui venait de la plage se trouvait un poste de garde occupé par des légionnaires, sortes de gardes civils. A ceux qui étaient de service, Murat intima l'ordre de crier : Vive Joachim notre roi, mais ils restèrent indifférents et ne répondirent pas. La place était déserte ; Murat prit subitement la route de Monteleone, mais arrivé dans la campagne, il s'arrêta sous une oliveraie appelée La Parrera pour s'y reposer.

« Cependant le bruit de son arrivée se répandit dans le pays et M. Giorgio Pellegrino, homme très attaché aux Bourbons de Naples, s'arma d'un fusil ainsi que ceux qu'il décida à le suivre, et rejoignit Murat par un autre chemin. Ils tirèrent une décharge et ce fut alors que Murat prit la fuite, descendant la colline des oliviers qui mène à la mer où il chercha avec ses hommes à mettre à flot une barque pour rejoindre Barbara qui avait fait voile en l'abandonnant ; mais comme la barque était grande et pesante, ils ne réussirent pas à la déplacer.

« A cet instant, une foule de canailles excitées et féroces voulurent le massacrer sur place. Ce fut alors que Pasquale Greco, mon aïeul, qui travaillait au mur de sa maison en construction, laquelle était à peu de distance de l'endroit où se déroulait la scène, en descendit pour voir ce qui se passait ; il supposait qu'il s'agissait d'un crime.

« Mon aïeul, commerçant aisé et armateur, âgé alors de 45 ans et très populaire, sans se soucier de sa vie, se lança comme un lion au milieu de la foule qui entourait le roi Joachim et, la mettant en déroute, cria de le laisser libre.

« Joachim tenta d'embrasser son inespéré sauveteur et défenseur et l'interrogea : "Comment vous appelez-vous ? – Pasquale Greco, répondit-il. – Ô Pasquale Greco, sauvez votre Joachim", dit-il en se jetant dans ses bras et en l'embrassant ; et mon grand-père répétait toujours en famille : ici Joachim m'embrassa, en touchant du doigt la place où il avait reçu le baiser.

« Ensuite il prit son bras et ils marchèrent vers Pizzo ; arrivés au milieu de la montée, ils rencontrèrent le capitaine Trentacapilli qui signifia son arrestation à Joachim ; mais celui-ci ne voulut pas abandonner le bras de son sauveur jusqu'à ce qu'il arrivât devant le château.

« Le peuple, tout le long du chemin, insultait le prince qui reprenait peu à peu ses forces, s'appuyant toujours sur le bras de Greco et qui, tout essoufflé, s'exclamait : "Oh ! quelle journée fatale !" Il avait sa magnifique chevelure en désordre. Mon grand-père le soutenait non seulement de la voix, mais aussi de son bras, roulant à terre quand il ne pouvait pas soutenir une personne aussi grande et forte.

« Du château, Joachim lui écrivit un mot de remerciement qui fut perdu parmi les papiers de famille. »

La relation de Franceschetti, plus colorée et plus animée, un peu trop héroïque, paraît moins sûre. Retenons-en pourtant la fin :

« La foule était prête à accabler le roi. Pendant que les assassins cherchaient à le frapper, il nous criait : "Mes enfants, cessez d'opposer vos faibles efforts pour me défendre." En achevant ces mots, il offrit son épée à ses ennemis : "Gens du Pizzo, prenez cette épée qui s'est montrée avec gloire dans les armées et qui a combattu pour votre patrie, je vous la donne, mais épargnez la vie des braves qui m'entourent.” Les lâches, furieux, redoublèrent leurs coups : le roi vit mourir à ses côtés le capitaine Pernice et le sergent Giovanni ; j'étais tombé blessé à ses pieds ainsi que les capitaines Lanfranchi et Biciani, le lieutenant Pasqualini, son valet de chambre Armand et le sergent Granceschi ; tous les soldats qui étaient restés au haut de la montagne, avec le commissaire de guerre Galvani, dangereusement blessé, avaient été terrassés. Nous succombâmes et fûmes faits prisonniers. On se mit en devoir de nous conduire ou plutôt de nous traîner dans les prisons du Pizzo [11]. »

Murat fut incarcéré au château jadis construit par Ferdinand d'Aragon pour assurer la défense des côtes. Nourrissait-il désormais la moindre illusion ? Il refusait à tout tribunal la compétence nécessaire pour juger un roi. Cet ancien jacobin s'était convaincu du droit divin des monarques : « Les particuliers peuvent juger un roi ; il n'y a au-dessus de lui que Dieu et le peuple. Si je suis considéré comme un maréchal d'Empire, seul un conseil de maréchaux peut me juger, et comme général, un conseil de généraux. » Au capitaine Starace désigné comme défenseur, il déclare : « Vous ne pouvez sauver ma vie, faites que je sauve mon honneur. » Il écrit plusieurs lettres : une à la reine, une autre à Ferdinand, les deux suivantes aux ambassadeurs d'Angleterre et d'Autriche. Il y demande à être placé sous la protection des puissances alliées.

Cependant une commission de sept membres a été constituée pour le juger. La présidence en revient à l'adjudant général Fasulo qui avait servi sous Murat. Sans entendre l'accusé, la commission, après avoir pris connaissance du « dossier », prononce sa sentence : la mort.

Pouvait-elle faire autrement ? Le décret de Ferdinand IV ne lui laissait aucune autre solution. Il vaut la peine d'être cité :

« Article 1. Le général Murat sera traduit devant une commission militaire dont les membres seront nommés par notre ministère de la Guerre.

« Article 2. Il ne sera accordé au condamné qu'une demi-heure pour recevoir les secours de la religion. »

Ce décret était en fait conforme aux articles 87 et 91 du Code pénal édicté par Murat lui-même et qui punissait de mort toute tentative pour changer le gouvernement [12].

Murat s'est-il alors souvenu du duc d'Enghien ? C'est peu probable. Il dénonça l'infamie de l'arrêt puis se prépara à la mort. On sait qu'il écrivit une dernière lettre destinée à sa femme et à la postérité. Le texte en a beaucoup varié selon les copies qui circulèrent après sa mort malgré la censure. La version la plus sûre serait celle donnée par Franceschetti en 1826 :

« Ma chère Caroline,

« Ma dernière heure est arrivée ; dans quelques instants j'aurai cessé de vivre ; dans quelques instants tu n'auras plus d'époux. Ne m'oublie jamais ; ma vie ne fut entachée d'aucune injustice.

Adieu mon Achille, adieu ma Letizia, adieu mon Lucien, adieu ma Louise ; montrez-vous au monde dignes de moi. Je vous laisse sans royaume et sans biens, au milieu de mes nombreux ennemis ; soyez constamment unis, montrez-vous supérieurs à l'infortune, pensez à ce que vous êtes et à ce que vous avez été, et Dieu vous bénira. Ne maudissez pas ma mémoire. Je déclare que ma plus grande peine dans les derniers moments de ma vie est de mourir loin de mes enfants[13]... »

Ce 13 octobre 1815, le moment de mourir est arrivé. Le seul récit que nous possédions de son exécution est celui du chanoine Masdea qui recueillit la confession de Murat :

« Arrivé sur le lieu de l'exécution, s'adressant aux assistants, il dit : "Ne croyez pas que je reçoive la mort de quelqu'un d'autre que des mains de Dieu, c'est seulement le procédé qui me déplaît ; dites-moi, monsieur l'officier, où dois-je me mettre ?" Et s'étant placé à un endroit un peu surélevé, il ouvrit ses vêtements et dégagea sa poitrine avec ses mains. "Tirez, dit-il, et n'ayez pas peur, faites la volonté de Dieu !" Alors l'officier reprit : "Tournez le dos." A cet ordre, Murat revient sur ses pas et avec un sourire plein de pitié, les mains et les yeux levés au ciel : "Croyez-vous, dit-il, que je puisse m'opposer à ces malheureux soldats qui sont obligés de faire ce qu'ils ne voudraient pas ? que je puisse m'opposer à qui que ce soit ? Vous êtes aveugle, tout est ordonné et établi par le Ciel et il faut accomplir la volonté de Dieu." Il retourne à sa place. Il dénude sa poitrine et de nouveau il dit : “Tirez !” Telles furent ses dernières paroles. Le prêtre crie : “Je crois en Dieu tout-puissant” et la sentence fut exécutée. Le corps de Joachim Murat, déposé dans une bière doublée de taffetas noir, fut enseveli dans l'église principale dont il avait été le bienfaiteur et qui fut terminée après sa mort avec les écus du roi. Dans l'église, le lendemain, on chanta une messe solennelle de Requiem. Ainsi mourut le grand général Joachim Murat [14]. »

L'acte de décès, plus sec, est conservé dans les archives de Pizzo. Il donne l'heure de l'exécution : 21 heures, en fait heure du jour usuel qui avait pour limite le lever et le coucher du soleil. Il faut comprendre 6 heures du soir.

Passons sur quelques détails macabres : le cercueil, mal fermé, qui s'ouvre lorsqu'on le descend dans la fosse, selon R. de Cesare, ou la légende de l'enlèvement du corps du roi et de la tête tranchée. Alexandre Dumas s'en fait l'écho dans *Les Crimes célèbres* : « A la mort du roi Ferdinand on retrouva dans une armoire secrète de sa chambre à coucher cette tête conservée dans de l'esprit-de-vin. Comme je ne crois pas aux atrocités sans motif, je demandai au général T. la raison de celle-ci ; il me répondit que, comme Murat avait été jugé et fusillé dans un coin perdu de la Calabre, le roi de Naples craignait toujours que quelque aventurier ne se présentât sous le nom de Joachim ; on lui eût répondu alors en lui montrant la tête de Murat [15]. »

Cette lugubre légende est née de l'impossibilité

où l'on est aujourd'hui encore de savoir où repose la dépouille de Murat. Sans doute ses restes ont-ils été dispersés, « mêlés sans possibilité d'identification possible à ceux d'un millier de personnes dans le souterrain de l'église Saint-Georges-Martyr de Pizzo[16] ».

Seul Murat avait été exécuté ; ses compagnons furent graciés et renvoyés. La ville de Pizzo reçut des félicitations, une médaille en or et l'abolition de la gabelle. Caroline n'apprit que tardivement la nouvelle. Après quelques pleurs, elle se consola facilement avec le général Francesco Macdonald, ancien ministre de la Guerre de Murat ; elle l'épousa morganatiquement en 1817. La presse française fit des gorges chaudes de l'épopée « burlesque » du « Paillasse de Bonaparte ». Plus lucide ou plus objectif, l'ambassadeur d'Autriche à Naples tira la leçon de l'expédition dans un rapport qu'il adressa à Metternich le 12 octobre 1815 : « La catastrophe de Murat consolide la tranquillité de ce pays et contribuera à calmer les têtes dans toute l'Italie. » C'était reconnaître en Murat le précurseur du Risorgimento.

CONCLUSION

Dans l'épopée napoléonienne popularisée par l'image d'Épinal, la littérature et la petite histoire, où voisinent traîtres ténébreux, maîtresses à l'émouvante fidélité et ganaches héroïques, tous les personnages qui entourent le héros éponyme, y compris les « troisièmes couteaux », ont des rôles bien définis. Un seul conserve une relative ambiguïté : Joachim Murat. Il est écartelé entre une légende dorée qui en fait un magnifique sabreur alliant le courage à l'élégance, et une légende noire, peignant un pitoyable politicien entraînant dans sa chute celui auquel il doit tout.

La légende noire est née moins des pamphlets de la Restauration, que leur outrance disqualifiait, que des propos de Napoléon à Sainte-Hélène, propos fidèlement rapportés par Las Cases dans son *Mémorial*, le livre le plus lu sur la période.

Napoléon présentait Murat « sans vrai jugement, sans vues solides, sans caractère ». Il le rendait responsable, par ce qu'il appelait « une trahison », du désastre de 1814. Il le jugeait à nouveau coupable de l'avoir « trahi » en 1815 en attaquant l'Autriche, contrairement à ses instructions. « Je l'eusse amené à Waterloo, mais l'armée française était tellement patriotique, si morale qu'il est douteux qu'elle eût voulu supporter le dégoût et l'horreur qu'avait inspirés celui qu'elle disait avoir trahi, perdu la France. »

Fort de ce jugement, la plupart des biographies consacrées à Murat lui ont été franchement hostiles. Nul n'est allé aussi loin sans doute que Frédéric Masson dans *Napoléon et sa famille*. Attaché à exalter l'Empereur, il a volontairement noirci ses parents. Dans la rupture entre Napoléon et le roi de Naples, il n'hésite pas à donner tous les torts à Murat. A sa suite, d'aimables vulgarisateurs comme Jean Lucas-Dubreton ou Jules Bertaut ont imposé l'image d'un personnage empanaché, couvert de dorures, des anneaux aux oreilles, mené par sa femme et incapable de voir plus loin que le bout de son sabre. Même un ouvrage plus sérieux, comme le fort bien documenté *Murat roi de Naples* de l'ambassadeur Garnier, reste très réservé : « Un lion splendide mais un pitoyable renard. »

Les romantiques, en revanche, ont été séduits par Murat et ont contribué à l'essor de la légende dorée. Balzac, dans *Le Colonel Chabert*, l'évoque chargeant à Eylau dont le cimetière a inspiré à Hugo un poème célèbre. Stendhal lui-même, peu favorable aux maréchaux, parle dans *Vie de Henri Brulard* de « l'âme noble » de Murat. Ce qui sauve le roi de Naples, ce qui en fait l'une des principales figures de l'épopée fascinant Chateaubriand et bien d'autres, c'est indiscutablement son goût pour le panache. Tous les souvenirs militaires, même défavorables, ne manquent pas d'y faire allusion. Chargé d'illustrer des livres sur Napoléon, Job immortalisera le maréchal, sabre au clair, à la tête de ses cavaliers. Si grand est le talent du dessinateur que ce personnage empanaché paraîtra plus vrai que le portrait de Gérard ou le buste de Canova. Désormais Murat ne cessera d'être populaire. Non seulement en France mais en Italie : sa statue se dresse devant la façade du palais royal à Naples à côté de celles des rois qui ont fait la splendeur de la ville. Fusillé en 1815, il est vénéré un demi-siècle plus tard comme l'un des héros du Risorgimento.

On s'est proposé ici de dépouiller Murat de ses deux légendes. N'exagérons ni les talents militaires ni l'intelligence politique du roi de Naples. Il fut indiscutablement ambitieux et souvent prêt à tout pour satisfaire cette ambition. Patriote en 1793, flattant Barras sous le Directoire tout en courtisant Bonaparte, il n'hésite pas à tirer sur le peuple affamé lors de l'insurrection de mai 1795, puis à lâcher sans remords Barras lors du coup d'État de Brumaire. Le tyrannicide de l'an II se coule sans problèmes de conscience dans la peau d'un roi de Naples. Lors de l'effondrement de l'Empire, il cherche à tirer avant tout son épingle du jeu et caresse à plusieurs reprises le rêve d'une monarchie italienne à son profit. Quel fut le rôle exact de Caroline dans certains de ces retournements ? Fouché en tout cas a joué en 1808 et en 1813 auprès de Murat un jeu dangereux.

Reste que les propos de Napoléon à Sainte-Hélène paraissent trop sévères. Indiscutablement, Murat a eu tort de s'entendre avec l'Autriche mais il l'a fait quand tout paraissait perdu et qu'il importait de sauver ce qui pouvait l'être encore. C'est à tort que Napoléon prétend que, si Murat s'était allié avec Eugène, ils auraient pu « forcer les gorges du Tyrol, descendre en Allemagne et venir sur Bâle et les rives du Rhin, détruire, saisir les derrières des alliés et leur couper toute retraite de France ». Le croyait-il vraiment ?

Sans doute en 1815 Murat a-t-il agi trop vite et dans un but personnel, mais l'émissaire de Napoléon, Colonna, expédié à Naples quelques jours avant le départ de l'île d'Elbe, fut-il aussi explicite que l'affirmera l'Empereur à Sainte-Hélène ?

Ce que l'on peut retenir en toute certitude des rapports de Napoléon et de Murat, c'est, à travers leur correspondance, la dureté de l'Empereur envers son beau-frère, un certain mépris, un incontestable refus de comprendre les problèmes auxquels le roi se trouvait confronté à Berg et plus encore à Naples. Ces humiliations répétées ont dû peser lourd lors de certaines décisions prises peut-être à contrecœur par Murat. La bonne foi des partisans de Napoléon est souvent prise en défaut ; ils ont eu trop tendance à rejeter d'emblée sur Murat la responsabilité de toutes les catastrophes. Ainsi la fausse lettre de l'Empereur du 29 mars 1808, incorporée dans le *Mémorial*, et qui fait retomber sur le lieutenant de Napoléon à Madrid le poids de l'insurrection du 2 mai. A partir de l'exécution du duc d'Enghien, Murat devient facilement le bouc émissaire que l'on crédite de toutes les erreurs du règne.

Maintenant que les passions sont retombées et que, grâce à l'obligeance des princes Louis, Napoléon et Joachim Murat, les archives du roi de Naples sont accessibles aux chercheurs sans la moindre restriction, ce qui est – hélas – exceptionnel, on peut juger en toute objectivité le beau-frère de l'Empereur, soldat de la Révolution, maréchal d'Empire, grand-duc de Berg puis roi de Naples. Napoléon s'est plu, dans le *Mémorial*, à dresser un parallèle qui tournait à son avantage. Sur un point, Murat l'emporte pourtant. Ce soldat entré en conquérant dans toutes les capitales de l'Europe, Milan, Vienne, Berlin, Varsovie, Madrid, Moscou..., a compris avant Napoléon (qui ne découvrira qu'à Sainte-Hélène, pour le revendiquer un peu tard, le principe des nationalités) que l'on ne pouvait bâtir une Europe sur la seule force. De Berg, il dénonce l'égoïsme économique de la France qui finira par détacher les Allemands de Napoléon. A Varsovie, il conseille à l'Empereur, contre l'avis de Talleyrand, de ressusciter le royaume de Pologne. Madrid le confirme dans ses craintes sur le réveil des nationalismes. En Russie, il cherche à s'entendre avec les cosaques. Mais surtout, il rêve, avant Garibaldi et Verdi, d'une Italie unifiée et indépendante, mais liée par des relations dynastiques avec la France. Lucidité et générosité caractérisent cette vision de l'Europe dont les maîtres mots auraient été « indépendance » et « nationalisme », des mots que le jeune Murat a entendus pour la première fois lors de la fête de la Fédération à Paris, le 14 juillet 1790, et qu'il a su utiliser, mieux que Napoléon, dans sa quête d'un trône.

Qui sait si l'Europe dont il a plus ou moins rêvé – avant Napoléon III, mais de façon plus réaliste et moins désintéressée – n'aurait pas été plus solide que le Grand Empire et n'aurait pas évité non seulement les révolutions de 1830 et 1848 mais les cataclysmes de 1914 et de 1940 ?

ANNEXES

ANNEXE I

Un poème de Murat

Lors de la campagne de Russie, au château de Belmonte, près de Mattuzewo (province de Smolensk), il compose des vers qui sont mis en musique par Caraffa. Délassement inattendu du guerrier.

Un moment à Belmonte
Abandonnons Bellone.
Adieu soucis guerriers,
Fuyez soucis du trône !
Que j'aime m'égarer
Dans ces lieux enchanteurs
Où les jeux et les ris,
Les grâces de l'amour,
Auprès de ma Constance
Ont fixé leur séjour.
Ici l'on n'entend plus
Ces foudres destructeurs,
Ici la douce paix
Règne malgré la guerre,
Le silence des bois,
Leur ombre hospitalière
Invitent au repos
Le guerrier désarmé.
Tout respire ici
Bonheur et volupté.

(A.N. 31 AP 19 249 *bis*)

ANNEXE II

Deux lettres inédites de Murat sur la situation en 1813

Dans les deux lettres qui suivent, Murat décrit la situation en Italie et insiste sur la nécessité d'accorder l'indépendance à la Péninsule.

A Napoléon, Naples le 13 novembre 1813

Sire,

J'arrivai ici dans la nuit du 2 au 3 et j'ai voulu bien connaître l'état des choses avant d'écrire à Votre Majesté ; elle peut donc compter sur la vérité de ce rapport. J'écrivis à Votre Majesté de Milan, mais crainte que ma lettre se soit perdue, je lui envoie ci-joint une copie. J'en ferai autant de toutes les lettres que je lui écrirai. Je trouvai l'Italie fort alarmée de la retraite du Vice-Roi et des progrès effrayants des Autrichiens. Le découragement et la terreur étaient à leur comble, d'autant plus que les événements de Leipzig commençaient à y être connus. Les membres du gouvernement fesaient [*sic*] leurs paquets et tout le monde était persuadé que les Autrichiens allaient bientôt arriver à Milan. Je cherchai à rassurer les esprits et je déclarai que j'allais marcher à la tête de 40 000 hommes. Cette promesse parut rassurer, et depuis, chaque courrier m'apporte ici l'expression du désir qu'on a de me voir arriver promptement à Bologne.

Les départemens de la Romagne refusent de fournir leurs

contingents et on nous les dit en armes : on nous annonce en même temps que le Vice-Roi [*Eugène*] s'est retiré derrière l'Adige et qu'il a son Q.Gal à Villafranca. Alors qui empêche que l'ennemi ne jette des partis sur la rive droite du Pô et ne vienne appuyer ces 1ers mouvements d'insurrection ? L'ennemi ne trouvera les provinces des États Romains et de la Toscane que trop bien disposés à les imiter et cette 1re étincelle de révolte peut devenir un incendie général pour toute l'Italie. Si enfin l'ennemi passe le Pô je puis être sans communication avec la France et avec l'armée d'Italie et cependant, dans ce cas, je devrais marcher avec mon armée pour pacifier ces provinces, et je ne me croirais pas autorisé à pénétrer sur le territoire impérial ou italien avec mon armée. La malveillance qui s'attache toujours à me poursuivre resterait-elle alors inactive, et ne me ferait-on pas un crime d'avoir violé le territoire de Votre Majesté ? cependant, comme Votre Majesté me dit en me séparant d'elle de faire ce que je voudrais, et de peur qu'en restant ici on puisse m'accuser d'être d'intelligence avec vos ennemis, en les laissant agir sans les inquiéter, je vais mettre mon armée en mouvement. Je n'ai point trouvé les provinces de mon royaume animées d'un meilleur esprit et les Anglais y avaient soufflé avec succès des principes et des sentiments contraires au gouvernement, ses ennemis commençaient à ne plus garder mesure. Ses véritables amis étaient consternés. Des placards, des proclamations révolutionnaires se trouvaient affichés toutes les nuits dans presque toutes les villes de Calabre, des nouvelles de ma mort ou de mes blessures s'y succédaient rapidement et le silence de nos journaux sur mon existence, qui semblait accréditer tous ces bruits, n'a pas que peu contribué à ce changement dans l'opinion publique. On ne parle partout que des défaites de la Grande Armée, partout on exagère ses malheurs, en faut-il davantage pour échauffer des têtes méridionales, pour révolter des peuples avides de nouveautés qui n'aiment pas les Français et ne rêvent que la réunion de toute l'Italie ?

Je joins à ma dépêche quelques rapports du général Manhès ainsi que des placards envoyés de Calabre. Il est bien permis de dire, Sire, qu'on n'est pas ici près des volcans mais sur des volcans. Cependant, comme je suis persuadé que je ne puis plus tarder à recevoir quelques instructions de Votre Majesté sur la conduite que j'aurai à tenir, soit que les Autrichiens passent l'Adige et poursuivent leurs succès sur le Haut Pô, soit que l'insurrection interrompe momentanément mes communications avec la France et l'Italie, je vais m'occuper avec la plus grande activité à organiser et rendre mobile mon armée, et me mettre conséquemment à même d'agir avec succès dans la Haute Italie, mais j'ai besoin de bien connaître vos intentions. Que devrais-je faire si les circonstances dont je viens de vous entretenir se réalisaient ? Quel langage dois-je tenir, quels moyens puis-je employer ? Il y en a un qui serait tout-puissant, celui de parler aux Italiens de leur indépendance, et de la réunion de toute l'Italie. Ce langage ne peut être tenu sans autorisation de Votre Majesté et lorsque les Autrichiens auraient passé le Pô ou conquis Milan. Une proclamation aux Italiens dans ce sens agirait d'autant plus fortement sur eux, que le bruit est public en Italie que les Autrichiens veulent rétablir le Pape, diviser l'Italie et y rétablir plusieurs autres princes. Sire, hâtez-vous de me répondre, le projet de l'ennemi est positif. Une proclamation de Votre Majesté aux Italiens où elle leur annoncerait la réunion de l'Italie et son indépendance serait un coup de foudre pour l'Autriche. Les Italiens se lèveraient en masse, et l'Italie vous devrait une fois encore son existence politique. Mais je le répète, cette proclamation ne doit pas être faite ni par le Vice-Roi ni par moi, elle doit émaner directement de vous et vous devez charger un homme de votre confiance de ce noble et généreux projet, Sire, croyez-moi, je suis incapable de vous tromper, il n'y a que cette grande détermination de Votre Majesté qui puisse sauver l'Italie déjà conquise à moitié et presque entièrement découragée. C'est alors, Sire, que cette couronne de fer que vous avez fait revivre sera conservée. Quel Italien et quel Français en Italie pourrait rester sourd à votre appel ? Tous se rangeraient sous le drapeau de celui que vous auriez désigné pour être leur conservateur de tout ce que Votre Majesté a fait en Italie et de toute la gloire dont vous l'avez couverte. Ce noble procédé, Sire, est digne de la magnanimité de votre âme. Ah ! pourquoi, si vous vous trouviez dans l'impossibilité de conserver ce beau Royaume, ne pas prouver aux Italiens d'une manière si noble que Votre Majesté a constamment voulu sa gloire et son bonheur ? Depuis la défection de la confédération du Rhin, depuis les malheurs de Leipzig les Autrichiens pourront renforcer leur armée autant qu'ils le voudront. Que feront 30 000 hommes dont je puis disposer ? Je le répète, Sire, ce n'est plus une armée qu'il faut opposer aux ennemis en Italie, c'est une force morale, une force invincible, celle qui doit inspirer tout Italien, l'espoir de voir toute l'Italie réunie en une nation. Jusqu'à maintenant j'avais parlé avec orgueil des sentiments d'amour que me portaient mes sujets. Ces sentiments ont été cruellement altérés par mon absence et par les circonstances et je n'ai plus l'espoir de conserver la couronne que je tiens des bontés de Votre Majesté que par la détermination que je viens de lui indiquer. Cependant je ne dois pas cacher à Votre Majesté que mon retour a produit sur l'esprit des peuples un changement favorable parce que l'on est généralement persuadé qu'il ne me reste aucun autre parti à prendre que celui d'obtenir des puissances belligérantes la paix et ma neutralité. Je dois déclarer à Votre Majesté que ce parti répugne à mon cœur, parce que je veux lui être utile jusqu'au dernier moment, parce que je suis convaincu que si les ennemis pouvaient se déterminer à m'accorder la paix, ce que je ne crois pas, ils me feraient payer cher un jour mon imprudence. Je supplie Votre Majesté de ne voir dans tout ce que je viens de lui écrire que l'expression d'un cœur qui lui sera constamment dévoué, constamment reconnaissant et qui n'a jamais éprouvé la plus vive douleur que lorsqu'il a pu penser que vous pouviez douter de ses véritables sentiments.

(A.N. 31 AP)

A Napoléon, Naples le 16 décembre 1813

Sire,

Le duc d'Otrante [*Fouché*] est à Naples depuis 4 jours. J'ai vu sa mission avec plaisir ; je suis persuadé qu'en traversant l'Italie, il vous aura fait, Sire, des rapports vrais sur la situation de cette partie de vos états. J'espère aussi qu'arrivé dans mon Royaume, il fera connaître avec la même exactitude à Votre Majesté quel est l'esprit dont mes sujets sont animés et qu'elles [*sic*] sont les circonspections dont je dois faire usage, en secondant votre politique pour ne pas choquer autrement l'opinion générale.

L'Italie est pleine d'agitation. Les événements de l'Espagne et de l'Allemagne ont fait fermenter dans toutes les têtes des idées d'indépendance, et à ces idées, les divers partis attachent des projets divers suivant les passions ou les intrigues qui les travaillent. Ligue italienne, réunion de l'Italie, affranchissement du joug étranger, voilà des mots auxquels tout le monde à peu près se rallie, mais des classes nombreuses qui n'ont qu'à gagner dans le désordre voudraient des mouvements révolutionnaires, et les propriétaires ayant un intérêt opposé invoquent des combinaisons qui préviennent des troubles publics. Ceux-là reconnaissent pour unique pouvoir l'autorité monarchique et ceux-là ont formé des sociétés très multipliées qui, sous le nom de charbonniers, propagent parmi le peuple les idées de République. Les Anglais les excitent par des promesses et de l'argent. Mon Royaume ayant une armée alors que le reste de l'Italie est dégarnie de troupes, c'est sur les Napolitains, c'est sur le Roi de Naples que tous les regards se sont tournés et que beaucoup d'espérances se sont fixées. Partout sur mon passage en revenant d'Allemagne, je vis se manifester des vœux que je feignis de ne pas comprendre ou que je cherchai à contenir par des paroles vagues. Ces vœux ont été exprimés depuis avec plus de force parce que les nouvelles de nos désastres ont donné plus de hardiesse, peut-être aussi parce que le silence des bulletins et du *Moniteur* français sur mon départ de l'armée a pu faire croire que je l'avais quittée contre le gré de Votre Majesté et que je n'étais pas en bonne intelligence avec elle. Les Napolitains fiers de se voir appelés de toute part, fiers de penser que leur souverain et eux-mêmes pourraient jouer en Italie un rôle brillant se sont exaltés au plus haut degré, et ne dissimulent ni leurs désirs ni leurs espérances d'indépendance et leurs prétentions se sont fortifiées, parce qu'ils ont été informés des propositions avantageuses qui m'ont été faites par les Anglais et par les souverains coalisés du Nord. Les agents de ces puissances ont pris soin de les faire connaître, comme il paraît que l'on publie en Allemagne les conditions de paix qu'on offre à Votre Majesté afin d'armer contre elle les forces de l'opinion, si elle refuse de les accepter.

En de telles circonstances, Sire, Votre Majesté ayant désiré que mon armée marchât sur le Pô, je me hâtai d'ordonner ce mouvement. Mais pour n'en avoir pas dissimulé le véritable objet, je dus craindre un instant d'échouer dans mes desseins. On répandit que les Napolitains allaient de nouveau combattre contre la coalition : on forme sur l'issue d'une telle guerre les plus fâcheuses conjectures. On prétendit que je sacrifiais à Votre Majesté non seulement mes troupes mais l'existence de mon Royaume ; l'inquiétude passa jusque dans l'esprit des soldats, et les désertions se multiplièrent d'une manière effrayante. En vain des mesures sévères furent employées pour les faire cesser ; elles eussent été insuffisantes si je m'étais obstiné à lutter contre l'opinion publique si fortement prononcée, il fallait donc la flatter. Je laissai entrevoir alors que mes projets pouvaient n'être pas contraires aux vœux qu'on manifestait. Je feignis de cacher des desseins profonds dans une grande réserve et je déclarai qu'on devait interpréter mon silence dans le sens le plus favorable aux intérêts du Royaume.

C'en fut assez pour ramener partout la confiance et même pour éveiller l'enthousiasme. Les troupes demandèrent à partir, et sont hors du Royaume, n'ayant perdu que quelques hommes par la désertion ; si j'eusse pris un autre parti, je n'aurais pas amené un seul homme jusqu'à Bologne. Ainsi mon armée marche et l'Italie la voit marcher avec des sentiments qui me donnent l'incertitude sur la manière dont je pourrai l'employer.

Cependant les principales intentions de Votre Majesté sont remplies : la nouvelle du mouvement de mes troupes arrête déjà l'ennemi. Du moment que je borderai le Pô, il est impossible que les Autrichiens s'aventurent vers la Haute Italie sans laisser une armée de 40 000 hommes pour m'observer ; et ils ne pourront former un tel corps d'observation sans appeler de l'Allemagne de nombreux renforts ce qui serait une division puissante en faveur de la France, mais Sire, comment finira une scène dans laquelle je me suis engagé peut-être avec imprudence pour vous servir ? Voudrai-je faire passer le Pô à mon armée pour la conduire contre les Autrichiens ? ne m'accuserais-t-on [*sic*] pas de l'avoir trompée et n'aurai-je pas à craindre une de ces éclatantes défections dont l'Allemagne a donné de si funestes exemples ? n'aurai-je pas à redouter des séditions dans mon Royaume où l'on me reprochera de sacrifier les plus chers intérêts de mes sujets ? les Anglais me laisseront-ils tranquille ? De tels événements n'entraîneraient-ils pas le soulèvement de l'Italie tout entière ou du moins de l'Italie méridionale contre la France ? je ne puis m'arrêter sans frémir à l'idée d'une semblable catastrophe et cependant il n'y a peut-être qu'un seul moyen certain de la prévenir.

Ce moyen est la paix, oui Sire, la paix. L'Europe entière et surtout la France et l'Italie, la demandent à Votre Majesté. La paix est nécessaire à la France que la ruine de son commerce et les énormes pertes des 2 dernières campagnes ont plongée dans un état de détresse, les plaintes des départemens du Midi dépeuplés de toute leur jeunesse, obérés d'impôts, tourmentés de réquisitions de toute espèce retentissent jusqu'à Naples et si on ne les laisse pas parvenir jusqu'au trône de Votre Majesté on la trahit et ce qui est pire et plus dangereux peut-être, on la flatte avec lâcheté [1].

La paix est nécessaire à l'Italie qui éprouve une grande partie des maux de la France et qui de plus peut être livrée d'un moment à l'autre à des agitations qu'on ne saurait prévenir, qu'en fixant enfin son état politique. Pourquoi, Sire, Votre Majesté refuserait-elle de traiter à des conditions qui concilient l'honneur et les intérêts de la France ? La coalition ne vous en offrira pas d'autres, elle n'en a pas le droit : vous avez éprouvé des malheurs et non pas des défaites, sans doute votre génie avait conçu et presque réalisé un grand projet qu'il vous sera pénible d'abandonner. Vous vouliez dominer l'Europe, c'était pour la pacifier, l'organiser sur de nouvelles bases et lui assurer des siècles de bonheur [2]. Un tel plan était digne de Votre Majesté et vous avez la gloire d'avoir fait pour l'exécuter ce que nul monarque ne fit avant vous, vous avez la gloire de n'avoir pas cédé à vos ennemis, mais seulement à un fléau, à des événements qu'il n'était pas au pouvoir des hommes de prévenir ni de combattre.

Je sais que votre âme [*est*] forte et que nul revers ne saurait l'ébranler, elle peut se livrer à l'idée de recommencer l'exécution d'un projet si vaste et renversé si près de son accomplissement, mais votre prévoyance comparera, je n'en doute pas, la probabilité de succès avec la certitude des malheurs attachés à tant de guerres qu'il faudrait soutenir et avec la probabilité de nouveaux désastres auxquels votre empire serait exposé. La France vous a servi avec le plus généreux dévouement dans les entreprises qui intéressaient votre gloire et peut-être le bonheur des autres peuples que sa propre félicité [*sic*]. Aujourd'hui, Sire, consacrez votre génie et attachez votre gloire à la félicité de la France en annonçant à l'Europe ce noble projet, ce grand changement de système, lorsque vous avez encore une grande puissance, vous désarmerez tous vos ennemis, et vous leur commanderez un nouveau genre d'admiration, vous recueillerez l'amour et la reconnaissance de tous les Français ; vous jouirez du bonheur de rendre en peu d'années à cette belle France la prospérité dont tant de guerres l'ont dépouillée, vous offrirez aux contemporains et à la postérité un modèle de gouvernement et vous obtiendrez plus de puissance réelle et solide qu'un siècle de victoires pourrait vous en donner. Pardonnez-moi, Sire, ces mouvements qui n'ont pu m'être inspirés que par mon dévouement à Votre Majesté, par mon attachement à la France.

Les nouvelles qui viennent à Naples de Paris peuvent me donner quelque espérance de voir mes vœux accomplis. Toutes les lettres annoncent un congrès et parlent de paix. Toutefois, dois-je croire que, si Votre Majesté traitait, elle me laisserait dans l'ignorance, sur un sujet si important pour mon Royaume et pour moi ? Je suis le seul allié qui vous reste, voudriez-vous payer par des trahisons ma constante fidélité et tous les efforts que j'ai faits en Allemagne, sous vos yeux, pour la cause commune.

Si des négociations sont ouvertes ou doivent s'ouvrir, je désire y participer et faire stipuler directement les intérêts de mon Royaume par un ministre plénipotentiaire. J'ose penser que ma position et les services rendus à la guerre me donnent droit à un tel avantage, et je crois devoir à ma nation comme à la dignité de ma couronne de le réclamer. Beaucoup d'avances m'ont été faites par les puissances coalisées, je ne les ai pas repoussées mais je ne les ai pas accueillies, et je n'en ai point profité, parce que je n'ai pas voulu séparer ma cause de la vôtre [3]. Si maintenant Votre Majesté traitait sans moi, si elle cherchait à faire sa paix sans m'en prévenir, ne serais-je pas dans la nécessité de m'attacher à des négociations particulières ?

Les Napolitains ont de la pénétration, ils n'ont pas oublié que Votre Majesté dans ses dernières négociations avec l'Angleterre offrit d'abandonner la Sicile. Ils sont effrayés de l'idée que Votre Majesté peut aujourd'hui traiter sans le concours du roi de Naples, et je ne puis pas, je l'avoue, me défendre moi-même de quelque inquiétude. Le Roi, disent-ils, qui a pris tant de part à la guerre restera-t-il étranger aux négociations de la paix ? restera-t-il dans l'ignorance des combinaisons politiques ? resterons-nous dans la crainte d'être sacrifiés quand toutes les puissances nous offrent indépendance et agrandissement ? quand les vœux de l'Italie appellent le Roi à la tête des Italiens qui veulent réunion et indépendance ?

J'espère, Sire, que vous jugerez convenable d'accéder au vœu de la nation et au mien. Je prie Votre Majesté de me faire donner les communications nécessaires entre souverains alliés concernant les négociations ou les projets de négociation pour la paix, afin que je désigne un ministre aussitôt que les circonstances l'exigeront, il agira toujours de concert avec les ministres français et il ne sera pas, peut-être, pour ceux-ci sans utilité de trouver toujours une voix favorable à leurs propositions dans des conférences où ils auront à combattre tant d'intérêts divers réunis contre eux.

Je me flatte d'un autre côté que les ministres français s'attacheront à la cause du Roi de Naples en tout ce qui n'aura rien d'opposé aux intérêts de la France. Je voudrais pouvoir espérer que Votre Majesté fera la paix en conservant toutes les provinces d'Italie devenues françaises ; alors sans doute, je dois m'opposer moi-même aux espérances d'agrandissement que les Napolitains entretiennent et aux idées de réunion qui fermentent dans l'Italie méridionale. A Dieu ne plaise que je porte jamais un œil d'ambition sur la moindre des possessions que la France pourra garder, quoique je ne pense pas qu'il soit dans ses intérêts de posséder des provinces aussi lointaines que celles des anciens États Romains et de la Toscane. Mais si ces provinces doivent être détachées de la France, si comme j'ai lieu de le craindre, Votre Majesté ne peut faire la paix sans y renoncer, je dois me flatter qu'elle aimerait les remettre à son allié fidèle, à l'enfant de la France, à celui qui ne peut jamais avoir que des sentiments français plutôt qu'à tout autre prince.

Qui pourrait, dans la supposition que j'ai faite, blâmer en moi la pensée de former une nouvelle monarchie, moins précaire que ne l'était l'ancienne monarchie napolitaine, moins dépendante des Anglais qui abusaient de sa faiblesse, plus capable d'être utile à la France dont l'alliance lui sera toujours nécessaire ?

Il me semble, Sire, que ces vues devraient se concilier parfaitement avec votre politique et même avec la politique de l'Europe, s'il est vrai qu'on veuille enfin mettre un terme aux maux de la guerre et en empêcher le retour par des institutions permanentes. L'Autriche parle de rétablir le pape et de petites organisations en Italie. Que résulterait-il d'une telle organisation ou plutôt d'une telle désorganisation de l'Italie ? que l'Autriche ayant un débouché toujours ouvert sur le centre de la péninsule y entrerait quand elle le jugerait à propos ; que la France devrait s'opposer aux invasions de cette puissance et que le territoire italien serait encore le champ de bataille où les deux empires viendraient porter la désolation en y épuisant l'un et l'autre leurs propres forces.

Deux monarchies italiennes ayant leur frontière de séparation vers le Pô, ainsi que Votre Majesté m'en expliqua l'idée en Allemagne[4], préviendraient pour toujours ces luttes sanglantes, aucune des deux ne serait assez puissante pour former des desseins ambitieux et chacune le serait assez pour opposer un obstacle presque invincible aux ambitions étrangères. Il serait en effet impossible et à l'Autriche d'avancer contre la France et à la France d'avancer contre l'Autriche par l'Italie, sans une alliance avec les deux souverains italiens qui auraient l'intérêt le plus évident à prévenir de semblables guerres dont ils éprouveraient tous les maux sans en recueillir aucun avantage.

Daignez, Sire, accorder une attention sérieuse à tout ce que je viens de vous exposer. Les faits sont exacts. Le duc d'Otrante ne vous laissera aucun doute à ce sujet, si comme je le pense, il a le courage de vous dire la vérité, et les vues que je vous soumets me paraissent dignes de votre approbation puisqu'elles ont pour objet de conserver à la France tout ce que la force des circonstances ne lui ravirait pas, et puisque d'un autre côté, elles tendent à m'assurer les moyens de seconder la politique de la France, si elle se voyait forcée à des renonciations. Ma première demande tendant à intervenir par un ministre plénipotentiaire dans les négociations ne pourrait être repoussée par Votre Majesté sans une sorte d'offense pour ma couronne à laquelle je devrais être fort sensible et dont mes sujets seraient profondément blessés. Je perdrais à leurs yeux, en demeurant étranger à la politique de l'Europe, la considération qui fait toute ma force. C'est par l'opinion seule, Sire, que j'ai quelque puissance dans mon Royaume et en Italie, puisque je n'y suis soutenu par aucune troupe étrangère. Détruire cette puissance en affectant de me compter pour rien et me demander des efforts utiles à la France, ce sont deux choses contradictoires et que Votre Majesté jugera sûrement inconciliables. Si mes sujets cessaient de m'affectionner ou de me respecter, je ne pourrais pas plus vous servir en Italie, dans les moments de crise, que le Roi de Westphalie n'a pu vous servir en Allemagne, et le Roi de Westphalie aurait pu, je n'en doute pas, vous offrir de puissantes ressources, s'il eût précédemment été traité en Roi ; si gouvernant ses sujets avec une juste indépendance, il eût pu vous faire sentir qu'ils formaient une nation et les animer d'un esprit national.

Ma deuxième demande qui n'est qu'éventuelle et que je subordonne entièrement aux stipulations que Votre Majesté pourra faire pour l'Empire doit vous trouver favorable, ne me laissez pas croire que les ennemis que j'ai combattus avec Votre Majesté puissent être envers moi plus généreux qu'elle. Au commencement de la dernière campagne, ils me fesaient [*sic*] offrir tout ce dont je voudrais m'emparer en Italie. Ma réponse fut d'aller vous rejoindre à Dresde, et de conduire vos soldats dans des actions qui ne furent pas sans gloire. Aujourd'hui ils m'offrent de me garantir mes états, de me remettre la renonciation au royaume de Naples déjà signée par Ferdinand [5], de m'assurer enfin une indemnité pour la Sicile, et ma réponse est de faire marcher mon armée sur le Pô.

Cependant on me dit sans cesse, et on dit hautement dans ma capitale, dans l'Italie, en France même et dans l'Europe entière peut-être, que j'ai fait pour la France tout ce qu'il était en mon pouvoir de faire, que j'ai acquitté ma dette envers l'Empire et envers Votre Majesté, que j'ai passé les limites de la reconnaissance, puisque évidemment, j'ai compromis, en m'exposant si souvent comme un soldat, et ma famille et mon Royaume. On dit maintenant que j'ai des devoirs à remplir envers mes sujets, envers mes enfants, envers moi-même et je ne puis m'empêcher de reconnaître qu'il y a de la vérité dans ce langage.

Donnez-moi, Sire, je vous en supplie les moyens d'accorder mes sentiments pour vous et pour la France avec mes obligations comme Roi envers mes sujets, car un tel titre, s'il donne de grands droits, donne aussi de grands devoirs.

J'attendrai avec la plus vive impatience votre réponse ; daignez vous expliquer avec franchise, faites-moi connaître clairement vos intentions. Ces moments sont durs : la force de l'opinion qui me presse est si puissante, je sens que je suis dans une position fausse, contraire peut-être aux intérêts de la France comme aux miens. Une marche libre et noble convenue entre Votre Majesté et moi peut seule concilier ces intérêts que j'ambitionne de ne jamais séparer.

(A.N. 31 AP)

ANNEXE III

Le document essentiel sur la « trahison »

Le 14 janvier 1814, Murat justifie auprès de Napoléon le traité d'alliance qu'il vient de signer avec l'Autriche et qui consacre sa défection. Cette longue lettre mérite d'être citée en entier. Le texte reproduit ici est celui des archives Murat.

Sire,

Je viens de conclure un traité avec l'Autriche. Celui qui a combattu si longtemps près de vous, votre beau-frère, votre ami, a signé un acte qui semble lui donner une attitude hostile contre vous. C'est vous en dire assez. Votre Majesté peut apprécier dès lors et la nécessité à laquelle je cède et les déchirements que j'éprouve. Il serait inutile de rappeler le passé. Votre Majesté a toutes mes lettres sous les yeux, celles surtout des 23 novembre et 25 décembre. J'étais alors faussement persuadé qu'en agissant dans le sens que j'avais indiqué, on pouvait assurer l'indépendance d'une grande portion de l'Italie, peut-être de l'Italie tout entière.

Dans l'espoir d'une réponse précise et toujours attendue, j'avais fait marcher mes troupes et j'agissais déjà conformément au système proposé. Mais Votre Majesté s'est tue pendant deux mois entiers ou ce qu'elle m'a écrit ne pouvait ni me rassurer ni me diriger.

Cependant les événements pressaient et par le résultat

même de mes mouvements je me trouvais en présence des armées autrichiennes. Il n'y avait plus à délibérer ; il fallait ou se battre ou accepter, avec la paix, les conditions qu'on y mettait.

Dans le premier parti, j'avais à combattre un ennemi supérieur dont les forces pouvaient s'augmenter chaque jour ou les pertes se réparer aisément, disposant de toutes les ressources des pays occupés par ses armes, dont les communications étaient assurées par terre et par mer, et qui, surtout, avait pour lui cette force morale qui ne connaît pas d'obstacles insurmontables, l'opinion ; et moi, je n'avais à lui opposer qu'une armée encore peu nombreuse et sans expérience, qui, cependant, composait seule toutes mes ressources militaires, qu'une défaite anéantissait, qu'une victoire même aurait inutilement affaiblie. Je ne disposais d'ailleurs de rien hors de mes États, mes demandes pouvaient à chaque pas éprouver des refus ; pour comble d'inquiétude, je laissais à découvert toutes les côtes de mon royaume, et je pouvais ainsi me voir enveloppé d'ennemis et séparé de tout ce que j'aurais laissé de plus cher à Naples. Enfin tous mes sujets me demandaient hautement la paix ; et mon armée aurait combattu à regret sans énergie et dès lors sans succès ceux qui nous offraient cette paix tant souhaitée. Ainsi ce parti extrême des armes, funeste pour moi-même, aurait été sans objet pour la France elle-même puisque, seul, je ne pouvais espérer de changer l'état des choses ; je n'aurais fait qu'affliger encore le cœur de Votre Majesté en lui offrant en moi le spectacle de son ouvrage détruit, et en venant compliquer encore par mon infortune les difficultés pour arriver à une paix générale.

Il a donc fallu me résoudre à traiter et à consentir presque malgré moi à ma conservation, à celle de ma famille, à celle de ma couronne, et cependant, malgré l'évidence de toutes ces considérations, j'hésitais encore quand je reçus le rapport de la commission sénatoriale et la réponse de Votre Majesté à l'adresse du Sénat. J'y vis que la paix était le vœu général de la France comme celui de Votre Majesté, que pour la donner au monde vous consentiriez à renoncer à toute conquête. L'Italie n'était donc plus rien pour Votre Majesté. Cet avertissement que vous me donniez, sans doute à dessein, a été entendu. J'ai senti qu'il n'y avait plus un instant à perdre ; ma position devenait tous les jours plus difficile et les Coalisés plus exigeants. On ne me donnait plus aujourd'hui ce qu'on m'eût offert hier, et mes lenteurs à conclure m'ont coûté le sacrifice de beaucoup d'avantages. Je ne les regrette pas, puisque ce sont encore des témoignages d'attachement que j'ai donnés à la France et à Votre Majesté.

Si la neutralité eût été possible, je l'aurais acceptée avec transport, mais on ne me permettait pas de rester spectateur d'une lutte dans laquelle toutes les puissances de l'Europe prenaient une part active. Il a donc fallu signer un traité avec ceux qui sont encore vos ennemis. Au milieu de ce changement apparent, mon cœur est toujours lui-même. Non, je ne combattrai point contre la France et contre vous. Le champ de cette guerre malheureuse et terrible est assez vaste pour qu'on puisse espérer de ne s'y pas rencontrer ; et cette paix générale dont votre modération même nous donne l'assurance viendra bientôt ôter à celle que j'ai particulièrement conclue tout ce qu'elle peut avoir de triste et d'amer pour moi.

Et toutefois, Sire, cette paix particulière aura le bon effet de consolider mon trône, de me faire reconnaître par l'Europe entière et d'assurer mon indépendance fondée sur l'intérêt même des autres puissances.

Ou je me trompe beaucoup ou le résultat ne peut être sans quelque intérêt pour Votre Majesté elle-même. Au milieu des prétentions et des préjugés de toutes les vieilles dynasties régnantes, j'ai traité d'égal avec elles ; j'ai su prendre et garder mon rang ; parmi les débris qui couvrent l'Europe, votre élève, votre beau-frère, a conservé la couronne que vous lui aviez donnée, et, après le court orage qui nous sépare, vous retrouverez avec plaisir celui qui vous est éternellement attaché.

Je ne saurais vous exprimer combien cette réflexion qui se reporte à vous-même, qui me rattache encore à Votre Majesté lors même que je parais m'en éloigner davantage, apporte d'adoucissement aux chagrins que j'éprouve. J'arrive à penser aussi qu'elle trompera dans votre cœur le premier mouvement qui pourrait s'y élever contre moi. Ramené ainsi à des sentiments plus calmes, vous ne consentirez jamais, Sire, à me considérer, à me laisser traiter comme votre ennemi personnel. Les relations d'amitié et de famille doivent-elles être interrompues entre Votre Majesté et moi parce que celles de la politique l'auront été momentanément ? J'ai besoin d'apprendre quelquefois que vous m'aimez encore parce que je vous aimerai toujours. Lorsque ces nuages se seront dissipés, il faut, pour mon cœur, que je puisse vous revoir comme un ami, après une pénible absence. Il ne faut surtout pas que, pendant cette séparation forcée, il se passe rien qui puisse laisser de tristes souvenirs.

Sire, permettez en finissant que je recommande à votre sensibilité les Français qui se trouvent dans mon Royaume. Je puis répondre qu'ils ne sont pas moins dévoués de cœur et d'esprit à Votre Majesté. Leur situation serait affreuse si vous permettiez qu'on leur appliquât les rigueurs de nos lois. Rappelés en France, ils n'y trouveraient que la misère et deviendraient une charge embarrassante pour notre gouvernement, tandis que, tolérant leur séjour dans mes États, ils continueraient à y jouir de la protection et des avantages qui ont toujours été assurés et dont j'aimerais à leur faire sentir plus particulièrement encore les effets dans les circonstances pénibles où nous nous trouvons tous.

(A.N., 31 AP 20 300)

ANNEXE IV

Relation du débarquement fait par Murat et sa troupe sur la plage du Pizzo en Calabre, et des événements suivants jusqu'à sa mort

Il s'agit de la version officielle de la mort de Murat, établie par et pour le souverain restauré à Naples, Ferdinand.

Archives d'État de Naples

Archivio Borbonne Fascio 622, fogli 3-5.

Vers dix heures du matin le 8 octobre deux embarcations s'approchèrent de la plage du Pizzo avec 30 personnes armées de fusils et de pistolets. De ces deux embarcations une était une « scorridora », l'autre de celles qu'on appelle « bove » (bœuf).

Un canot mit à terre sans opposition tous les individus énumérés dans la note n° 1, lesquels sans se présenter au service de santé, ni aux autorités constituées, descendirent à terre avec une célérité incroyable, et se dirigèrent vers la place publique, où MURAT se déclarait être le Roi des Deux-Siciles disant : « Je suis votre Roi Joachim MURAT, vous devez me connaître, et me prêter obéissance. C'est à moi que vous devez obéir et non à Ferdinand IV. »

La population prit les armes, et commença à les suivre ; mais eux, se voyant mis au pied du mur, se précipitèrent, par les escarpements, vers la plage sur laquelle les habitants dirigèrent leurs feux. Alors MURAT, suivi de quelques-uns de ses compagnons, ayant retrouvé là par hasard un bateau qui s'était échoué à terre, essaya de le remettre à la mer et de s'échapper, mais leurs efforts furent vains, parce qu'ils furent surpris par les gens qui étaient accourus. Ils furent tous arrêtés. Le capitaine PERNICE de la suite de MURAT fut tué et huit furent blessés, comme indiqué dans la note 2.

Dans cette rencontre, MURAT et les siens tentèrent de se défendre avec pistolets et « sciable » (sabres) mais accablés sous le nombre, et maltraités à coups de bâton et de poings, dont ne fut pas exempt MURAT lui-même, ils furent arrêtés comme il a été dit, et conduits au fort du Pizzo.

On a su depuis que MURAT, dans la journée du 7 octobre, avait fait des tentatives pour débarquer à la Marine de San Lucido, et que poursuivi par la force publique, il fut contraint à fuir, laissant sur la plage deux de ses compagnons.

Le capitaine TRENCAPILLI qui, avec d'autres gens du pays, fut un des premiers à arrêter MURAT, lui prit tous les documents qu'il avait sur lui, et également un fermoir de brillants d'une valeur de 100 louis l'un, et les expédia à sa Majesté à Naples. On trouva aussi un drapeau tricolore sans la hampe.

Dans le même temps le commandant côtier de la flottille prit dans les eaux de PALINORO deux autres barques, avec 42 hommes corses à bord, lesquelles étaient également des transports appartenant à la nouvelle armée de MURAT.

Ayant été arrêté, il (MURAT) remit au général NUNZIANTE, qui le tenait prisonnier, une lettre cachetée destinée à S.M., et une autre, ouverte, à l'adresse de sa femme, lesquelles furent expédiées à Naples par le général, portées par le lieutenant-colonel MARSIGLIA.

Il convient ici de savoir que MURAT, étant interrogé sur les différents faits en question, voulut prétendre à la qualité imaginaire de Roi des Deux-Siciles, ne voulant pas se soumettre aux questions, mais répondant par une lettre qui, comme il a été dit, fut remise à S.M.

Des papiers trouvés sur les prisonniers et de leurs interrogatoires, on déduit qu'ils sont partis de Corse le 28 septembre, faisant route par ces mers. Ils cherchèrent à falsifier cette mission criminelle, déclarant qu'ayant besoin de vivres, d'eau et pour louer un meilleur bateau, ils avaient été contraints d'aborder sur cette plage. Cette invention spirituelle est bien évidemment démentie par les circonstances mentionnées ci-dessus, c'est-à-dire que, loin de se présenter au service de santé, ou se diriger vers les Autorités du Pays comme ils auraient dû le faire, ils utilisèrent tout l'art pour soulever le Peuple en leur faveur. Ceci est confirmé par les décrets datés d'Ajaccio les 25 et 27 septembre, par lesquels, usant abusivement du titre de Roi des Deux-Siciles, ils promettaient les honneurs et l'avancement aux officiers qui le suivraient. Le texte d'une longue lettre que lui avait écrite une personne inconnue fait clairement apparaître sa hâte d'accomplir un pas désespéré. Dans cette même lettre on lui donnait l'espoir de récupérer son royaume, le perfide correspondant l'assurait que les gens l'attendraient les bras ouverts, et qu'un seul régiment suffirait pour combler ses vœux.

Il est à noter la constance de MURAT à soutenir qu'il se dirigeait vers l'Autriche, où il pouvait se rendre grâce au passeport obtenu des Hautes puissances Alliées, et que son débarquement avait résulté du besoin qu'il avait de vivres, comme on l'a déjà noté.

MURAT et les siens prisonniers ont été traités avec toute décence, les Calabres sont tranquilles, et l'exaltation de joie se lit sur les visages de tous pour cet heureux événement.

A la suite des faits ici rapportés, la nouvelle de l'arrestation de MURAT de la manière décrite ci-dessus parvint à S.M. à Naples par le télégraphe. Sa Majesté ayant fait immédiatement rassemblé le Conseil de l'État, celui-ci fit expédier, sans délai, les ordres suivants au Général NUNZIANTE, qui gardait le fort du Pizzo, Murat et sa suite : 1) Réunir un Conseil de Guerre ou plutôt une Commission militaire pour le juger comme ennemi public. 2) La sentence prononcée, lui accorder un quart d'heure pour se préparer religieusement, puis procéder à l'exécution. 3) Pour ceux qui l'accompagnaient, juger de la même manière ceux qui seraient sujets du Roi Napolitain ou Sicilien, et passer à l'exécution de la sentence dans le même délai d'un quart d'heure. 4) Le Général Commandant est responsable de l'exécution. 5) Pour les suivants Etrangers, les tenir enfermés vie pour vie, et attendre les ordres ultérieurs. Naples 10 octobre 1815, à 9 h 1/4.

En conséquence de ces ordres la Commission militaire fut rassemblée dans le fort du Pizzo le 13 octobre à 10 heures du matin ; après la lecture des documents existants dans le procès, après avoir entendu les témoins, et l'avocat de l'accusé, il fut décidé à l'unanimité des voix, que Murat soit condamné à la peine de mort avec confiscation de ses biens. Cette sentence fut exécutée à 5 heures de l'après-midi de ce même jour.

Lorsque la sentence fut annoncée il dit qu'il ne pouvait échapper à la Justice, mais que son sang serait vengé. On le conduisit au lieu indiqué, très courageux, avec une montre dans la main où figurait le portrait de sa femme ; et il le serrait sur sa poitrine. Puis il écrivit une lettre cachetée à son épouse ; il fit cadeau de la montre à l'Officier Commandant la troupe, lui demandant de faire parvenir la lettre à sa femme. Ceci étant fait il se dressa devant la troupe, et le bras levé dit : « Braves soldats, courage, tirez. » Son cadavre fut mis dans un cercueil et fut porté à l'église Saint-Georges : église qui, à l'époque de son règne, avait été réparée à ses frais, comme si elle avait dû lui servir de tombe.

Des dépositions que feront les Prisonniers, on pourra avoir de plus amples éclaircissements sur cette affaire.

Il est nécessaire d'ajouter que MURAT, appelé devant la Commission, répondit que ses pairs n'en faisaient pas partie, tandis que lui ou bien devait être considéré comme Roi, et devait dépendre d'une Haute Assemblée, ou bien comme Général, et la Commission devait être composée de Généraux. Ses protestations ne furent pas acceptées comme valables, et on passa à la sentence de mort comme révolutionnaire.

Sans date ni signature.

(Retrouvé et publié par le colonel Annequin dans *Cavalier et roi*, 1987, p. 66)

ANNEXE V

L'église de San Giorgio à Pizzo où repose Murat

L'église avait été très endommagée le 28 mars 1783 par un très violent tremblement de terre. En la reconstruisant, on projeta de l'allonger d'un tiers de sa longueur initiale (à l'époque la population était de 5 000 personnes). Les travaux durèrent plusieurs décennies. Le 25 mai 1810, Murat, de passage au Pizzo, accorda un don de 2 000 ducats. Les tombes communes furent abandonnées et recouvertes d'un pavement. Les tombes nobiliaires situées dans la nef centrale ne furent pas déplacées, il en fut construites d'autres (vers l'entrée de l'église). Joachim Murat fut enseveli dans la troisième fosse commune – de construction récente – tout le monde étant convaincu qu'elle contenait seulement la dépouille d'un certain Cimina.

A la fin de l'année 1837, il y eut une épidémie de choléra au Pizzo, et de nombreux cadavres furent jetés dans la fosse commune, le dernier ensevelissement est daté du 10 décembre 1837, un cimetière ayant été construit.

RECHERCHES DE 1899 : la tombe fut ouverte en avril 1899 en présence de personnalités et de savants, en présence d'une petite-fille de Murat, la comtesse Lætitia Rasponi. Les difficultés présentées par l'état des ossements firent abandonner les travaux de déblaiement.

RECHERCHES DE 1976 (28 novembre) : une nouvelle tentative faite en 1976 aboutit au même résultat, la pierre tombale abîmée fut remplacée par une autre portant l'inscription :

Ici est enseveli le Roi Joachim Murat
La Bastide Fortunière 25.3.1767
Pizzo 13 X 1815

M. Festa a plus récemment tenté de poursuivre les travaux de recherches qu'il a dû interrompre, en raison du manque de disponibilité financière.

(*Cavalier et roi*, 1995, p. 62)

ANNEXE VI

Iconographie de Murat

Murat a fait l'objet de nombreux portraits et apparaît dans de nombreux tableaux de l'époque où il est facilement reconnaissable. On remarquera qu'il est parfois représenté avec une moustache.

Murat sous-lieutenant au 12e chasseur (tableau anonyme. *Cavalier et roi*, 1987, p. 18)

Murat maréchal des logis aux chasseurs à cheval (litho de Vayron, *Cavalier et roi*, 1988, p. 17)

Murat à 22 ans en costume d'incroyable (dessin à la plume d'Isabey. Musée Carnavalet)

Murat commandant la garde des consuls (tableau par Gérard, salon de 1801. Musée de Versailles)

Joachim Murat maréchal d'Empire vers 1805 (huile sur toile par Gérard. Musée de l'Armée)

Murat grand-duc de Berg (gravure anonyme de 1806. *Cf.* Vanel, *Cavalier et roi*, 1974, p. 12)

La Bataille d'Aboukir (tableau par Gros, salon de 1806. Musée de Versailles)

Le Sacre (tableau de David, salon de 1808. Musée du Louvre)

La Bataille d'Eylau (tableau par Gros, salon de 1808. Musée du Louvre. *Cf.* Bulit, « Gros et Murat », *Cavalier et roi*, 1993, p. 14)

Murat en hussard napolitain (tableau par Gérard vers 1808. Coll. part.)

Joachim Murat (miniature sur ivoire par Isabey)

Joachim Murat roi des Deux-Siciles en habit de Grand Amiral (dessin de Bosio, gravure de Louis Rados de Parme, 1809.)

Murat en officier supérieur des grenadiers de la Garde (tableau par Wicar. Musée des Beaux-Arts de Lille)

Combat naval de Bayes (par Guillaume Descamps)

Murat roi de Naples (tableau par Joseph Odevaere. Bibliothèque Marmottan)

Murat donne l'ordre de prendre Capri en 1808 (par Schmidt, vers 1811. Bibliothèque Marmottan)

Murat roi de Naples (tableau par Gérard, vers 1812. Col. part.)

Murat à cheval (tableau par Gros, vers 1812. Musée du Louvre)

Portrait de Murat (par Galliano, en 1813. Musée San Martino de Naples)

Murat roi de Naples (musée de Montauban)

Murat en uniforme des gardes du corps napolitain (tableau par Joseph Franque. Malmaison)

Ingres a travaillé en 1814 à un portrait de la famille Murat qu'il n'a pas achevé (*cf.* Bulit, « Ingres et Murat », *Cavalier et roi*, 1990, p. 19).

Dans le domaine de la sculpture, Canova a sculpté un Murat en février-mars 1813 (*cf. L'Opera completa di Canova* par Giuseppe Pavanello).

Nombreux portraits sur des camées (*cf.* l'étude de M. Duchamp dans *Cavalier et roi*, 1997, p. 45).

Les représentations de Murat sur les monnaies ont été analysées par Serge Tardy, *Cavalier et roi*, 1982, p. 5.

ANNEXE VII

Murat héros cinématographique

On trouvera ici les principaux films où apparaît Murat.

1910. *Gioacchino Murat. Dalla locanda al trono.* Film de Giuseppe de Liguoro qui joue le rôle de Murat.

1912. *Una congiura contro Murat re di Napoli.* Metteur en scène inconnu. Giovanni Pezzinga est Murat qu'une jeune fleuriste sauve d'une tentative d'assassinat.

– *Le ultime ore di Murat.* Metteur en scène inconnu. Amleto Novelli est Murat. Évocation de Tolentino et des derniers jours de Murat.

1927. *Napoléon.* Film d'Abel Gance. Genica Missirio joue Murat. *El Dos de mayo.* Film de José Buchs. Julio Rodriguez est Murat.

1943. *Le Colonel Chabert.* Film de R. Le Hénaff. La charge de Murat à Eylau.

– *Kutuzov.* Film de Petrov. N. Brilling interprète le rôle de Murat.

1946. *Les Beaux Jours du roi Murat.* Film de Théophile Pathé. Alfred Adam est un Murat inattendu. Un complot est déjoué contre le roi de Naples qui pardonne.

1951. *Napoleone.* Film de Carlo Borghesio. Carlo Ninchi joue Murat.

1954. *Napoléon.* Film de Sacha Guitry. Henri Vidal tient le rôle de Murat.

1960. *Austerlitz*. Film d'Abel Gance avec Ettore Manni en Murat.

1994. *Le Colonel Chabert*. Film d'Yves Angelo. La charge de Murat à Eylau.

ANNEXE VIII

La postérité masculine de Murat

- Joachim Murat, Roi de Naples (1767-1815), ép. Caroline Bonaparte (1782-1839)
  - Achille, Duc de Clèves, Prince des Deux-Siciles (1801-1847), ép. Catherine Bird Willis, petite-nièce de George Washington
    - Joachim, 4e Prince Murat, Prince de Ponte-Corvo, général de brigade (1834-1901), ép. 1° Malcy Berthier de Wagram, 2° Lydia Harwey
      - Joachim, 5e Prince Murat, Prince de Ponte-Corvo (1856-1932), ép. Marie-Cécile Ney d'Elchingen
        - Joachim, 6e Prince Murat, Prince de Ponte-Corvo, Député du Lot (1885-1938), ép. Louise Plantié
          - Joachim, 7e Prince Murat, Prince de Ponte-Corvo, Député du Lot (1920-1944), ép. Nicole Pastré
            - Joachim, 8e Prince Murat, Prince de Ponte-Corvo (1944), ép. Laurence Mouton
              - Joachim (1973), Sans alliance actuelle
        - Pce Pierre Murat (1887-1887)
        - Pce Alexandre Murat (1889-1926), ép. Yvonne Gillois
          - Pce Napoléon Murat (1925), ép. Inès d'Albert de Luynes
            - Pce Alexandre Murat (1972)
        - Pce Charles Murat (1892), ép. Margareth Rutherfurd
        - Pce Paul Murat (1893-1964), ép. Solange de La Rochefoucauld
          - Pce Louis Murat (1920), ép. Isabelle d'Harcourt
            - Pce Pierre Murat (1949)
            - Pce Xavier Murat (1951-1951)
            - Pce Bernard Murat (1959)
            - Pce Jér M (1
        - Pce Louis Murat (1896-1916)
        - Pce Jérô (1. ép. de L
          - Pce An (1 ép. J Gu

Tableau de la descendance masculine de Joachim MURAT et de Caroline BONAPARTE

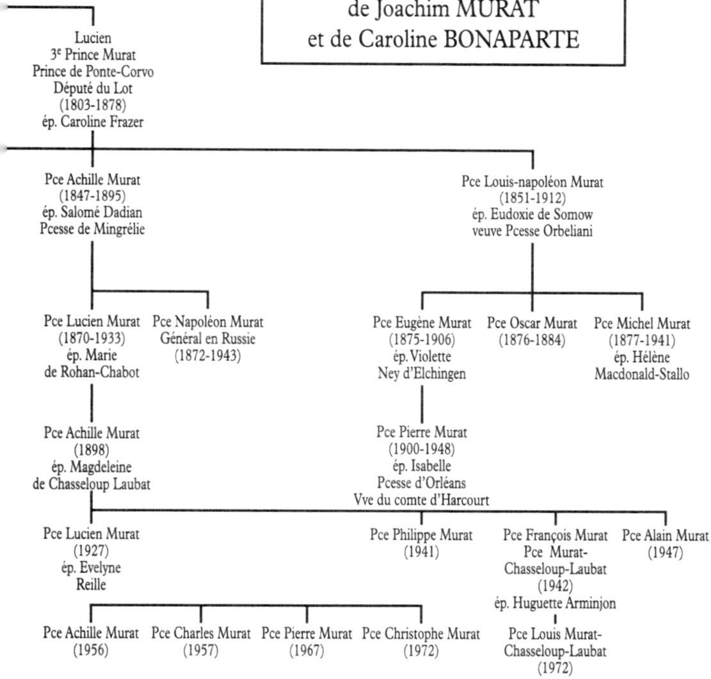

ANNEXE IX

Le statut de la famille Murat (exposé par cette famille)

Les titres de la famille Murat ont différentes origines et présentent ainsi un cas unique, ce qui peut expliquer nombre d'interprétations et nous conduit à faire le point sur le statut de cette illustre famille.

En effet il reflète une ascension fulgurante avec son cortège de dignités exceptionnelles qui devaient honorer Murat et sa postérité.

Nous en déclinerons les quatre fondements :

1. l'appartenance à la famille impériale ;
2. le prince grand amiral de France ;
3. le grand-duc de Clèves et de Berg ;
4. le roi de Naples et des Deux-Siciles [1].

1. L'appartenance à la famille impériale

Les statuts de 1804 (constitution de l'Empire) définissent la composition de la famille impériale en ce qui concerne les frères et sœurs de l'Empereur. Ce statut concerne la reine de Naples et ses enfants qui jusqu'à la fin du premier Empire sont membres de la famille impériale puis sont reconnus par Louis XVIII et par les puissances européennes au traité de Fontainebleau comme disposant du titre de prince en tant que parents de l'Empereur.

Sous les règnes de Louis XVIII, Charles X et Louis-Philippe, ces titres de prince n'ont jamais été mis en question et tout naturellement sous la république Louis-Napoléon est élu avec le titre de prince-président.

Sous le second Empire les statuts de 1853 reprennent les définitions du premier Empire en ce qui concerne la famille impériale.

On notera que l'empereur Napoléon III souhaitant une modernisation des monarchies européennes, esprit qui se vérifie de nos jours, a scindé la famille impériale du premier Empire distinguant un noyau immédiatement successible d'un noyau « en réserve », baptisé famille civile de l'Empereur.

Lors de la chute du second Empire par le vote de déchéance d'août 1871, tous ces statuts ont juridiquement disparu. A cette date le 4e prince Murat et ses deux frères ainsi que leurs enfants étaient membres de la famille impériale. La république d'ailleurs en 1886 les inclut dans certaines dispositions de la loi d'exil visant les membres des anciennes familles régnantes.

Les règles d'appartenance à la famille impériale sous son aspect de famille civile ne pouvant plus trouver à s'appliquer, on ne peut tirer aucune conclusion déniant aux Murat leur appartenance à cette partie de la famille impériale. L'usage veut que les Murat aient toujours été considérés par les chefs successifs de la famille impériale comme étant membres de leur parenté impériale, avec bien évidemment la dignité princière qui s'y rattache.

2. Le prince grand amiral de France

Joachim Murat fut nommé le 1er février 1805 prince, grand amiral comme grand dignitaire de l'Empire.

3. Le grand-duc de Clèves et de Berg

En 1806, Joachim Murat accède à une souveraineté européenne en Allemagne, tout en conservant le rattachement de sa famille à la famille impériale, et sa qualité de prince grand amiral, qui par une disposition spécifique est rendue héréditaire, ce qui est tout à fait unique pour une grande dignité par définition non héréditaire.

Il devient en effet, par décret du 15 mars 1806, duc de Clèves et de Berg puis au traité de création de la confédération du Rhin il est élevé à la dignité royale comme son altesse royale le grand-duc de Clèves et de Berg.

Il faut noter que cet État faisant partie du Grand Empire a comme souverain un Français demeurant français, et conservant à titre héréditaire des titulatures et dignités françaises.

4. Le roi de Naples et des Deux-Siciles

Par le traité de Bayonne du 30 juillet 1808, Joachim Murat accède au trône de Naples et des Deux-Siciles sous le nom de Joachim-Napoléon Ier.

Par un parallèle avec les dispositions de 1806 pour Clèves et Berg, Joachim-Napoléon Ier :

– demeure français, comme le seront ses successeurs,

– conserve à titre héréditaire la dignité de prince grand amiral de France,

– demeure rattaché à la famille impériale.

La perte, le 22 mai 1815, de son royaume, la tentative infructueuse de sa reconquête en octobre 1815, sa mort tragique n'obèrent en rien le fait qu'il a été pleinement souverain et que ses descendants sont les héritiers de cette souveraineté.

Les Murat aujourd'hui ont à assumer une lourde tradition et un imposant héritage incarnés par la carrière d'un homme exceptionnel, qui, venu du peuple français, fut roi français et souverain à Naples et mourut fusillé en cette qualité.

Tous les princes aujourd'hui se réclament de cette tradition populaire et royale, leur titulature étant « son altesse royale le prince N. Murat » et le chef de famille étant « son altesse royale monseigneur le prince Murat, huitième prince Murat » pour le titulaire actuel, Joachim Louis Napoléon, né le 26 novembre 1944.

N.B. Le second fils du roi de Naples, le prince Lucien-Napoléon, 3e prince Murat, fut nommé prince de Ponte-Corvo le 5 décembre 1812 par décret impérial.

NOTES

PREMIÈRE PARTIE
LA GLOIRE DES ARMES

CHAPITRE PREMIER
Un jeune révolutionnaire

1. On suit ici le remarquable article de J. VANEL, « Les origines de la famille Murat » dans *Cavalier et roi*, 1970, p. 17.

2. Reproduit par J. VANEL dans l'étude citée en note 1.

3. L. PFISTER, « Où en est la question d'une prétendue ascendance savoisienne de Joachim Murat ? », *Cavalier et roi*, 1969, p. 47.

4. Onze enfants et non douze, comme le montre J. VANEL, art. cité, p. 35, n. 40.

5. J. VANEL, art. cité, p. 35, n. 39.

6. J. LUCAS-DUBRETON, *Murat*, p. 10.

7. J. BERTAUT, *Le Ménage Murat*, p. 8.

8. Dans *Cavalier et roi*, 1981, p. 73.

9. Sur ces questions, *cf.* J. LÉONARD, *L'Armée et ses problèmes au XVIIIe siècle*, 1958.

10. Prince MURAT et P. LE BRETHON, *Lettres et documents pour servir à l'histoire de Joachim Murat*, t. I, p. 4.

11. J. VANEL, « Les débuts de Joachim Murat dans la carrière militaire », *Cavalier et roi*, 1978, p. 26.

12. *Ibid.*, p. 35.

13. *Ibid.*, p. 29.

14. *Lettres et documents...*, *op. cit.*, t. I, p. 5.

15. L. Grasilier a fait précéder son édition des *Mémoires* de LANDRIEUX d'une longue notice sur ce curieux personnage. Tous les documents relatifs à l'affaire d'Amiens ont été retrouvés et analysés par F. BEAUCOUR, « Murat devant le comité révolutionnaire d'Amiens en l'an II », *Rivista italiana di studi napoleonici*, 1966.

16. *Lettres et documents*, *op. cit.*, t. I, p. 13.

17. *Cf.* les importants documents réunis par J. VANEL, « La destinée de Murat », *Cavalier et roi*, 1980, p. 5.

18. Baron FAIN, *Manuscrit de l'an III*, p. 193 ; G. TONNESSON, *La Défaite des sans-culottes*, p. 288.

19. J. LUCAS-DUBRETON, *Murat*, p. 17, et Baron THIÉBAULT, *Mémoires*, t. I, p. 525.

CHAPITRE II
Première rencontre avec l'Italie

1. Dossier Murat, Arch. Guerre. MARMONT, *Mémoires*, t. I, p. 95.

2. *Correspondance* de NAPOLÉON Ier, n° 174.

3. *Ibid.*, n° 203.

4. NAPOLÉON, *Lettres d'amour à Joséphine*, éd. Bonazzi-Tulard, p. 67.

5. *Correspondance* de NAPOLÉON Ier, n° 537.

6. *Mémoires* de BOURRIENNE, t. III, p. 285.

7. J. CHAVANON et G. SAINT-YVES, *Joachim Murat*, p. 21.

8. NAPOLÉON, *Lettres d'amour à Joséphine, op. cit.*, p. 96.

9. J. LUCAS-DUBRETON, *Murat*, p. 21.

10. NAPOLÉON, *Lettres d'amour à Joséphine, op. cit.*, p. 107.

11. J. CHAVANON et G. SAINT-YVES, *op. cit.*, p. 23.

12. J. LUCAS-DUBRETON, *op. cit.*, p. 23. C'est Lavalette

qui serait à l'origine de l'indiscrétion : *Mémoires de Mme la duchesse d'Abrantès*, éd. Garnier, t. II, pp. 235-241. B. GAVOTY dans *Les Amoureux de l'impératrice Joséphine*, p. 235, cite une lettre de Bonaparte à Kilmaine du 30 septembre : « Vous devez avoir reçu l'ordre pour restituer au général Murat sa brigade de cavalerie », et s'interroge : « Doit-on supposer que Murat avait été relevé du commandement qu'on lui avait donné le 16 septembre ? Doit-on seulement entendre que, remplacé provisoirement durant son congé à Milan, celui-ci lui était rendu ? » Cette dernière hypothèse paraît la plus vraisemblable.

13. STENDHAL, *Œuvres intimes*, « Bibliothèque de la Pléiade », pp. 465, 829, 863 et 1063.

14. Dossier Murat, Arch. Guerre.

15. *Correspondance* de NAPOLÉON Ier, n° 1 596.

CHAPITRE III
L'aventure égyptienne

1. J. GODECHOT, *La Grande Nation*, p. 231.

2. Prince MURAT et P. LE BRETHON, *Lettres et documents pour servir à l'histoire de Joachim Murat*, t. I, p. 20.

3. Cette mission a été mise en doute, mais on trouvera des preuves qui semblent devoir emporter l'adhésion dans *Lettres et documents...*, t. I, p. 21.

4. *Ibid.*

5. A. FUGIER, *Napoléon et l'Italie*, p. 82.

6. *Lettres et documents...*, t. I, p. 22.

7. *Ibid.*

8. C. DE LA JONQUIÈRE, *L'Expédition d'Égypte*, t. I, p. 543.

9. LAVALETTE, *Mémoires et souvenirs*, éd. de 1905, p. 174.

10. *Lettres et documents...*, t. I, p. 23.

11. J. CHAVANON et G. SAINT-YVES, *Joachim Murat*, p. 33.

12. C. DE LA JONQUIÈRE, *op. cit.*, t. II, p. 121.

13. *Ibid.*, p. 126.

14. *Ibid.*, p. 130.

15. *Ibid.*, p. 165.
16. *Ibid.*, p. 352.
17. C. DE LA JONQUIÈRE, *op. cit.*, t. III, p. 170.
18. *Ibid.*, p. 174.
19. *Ibid.*, p. 175.
20. *Ibid.*, p. 177.
21. BERTHIER, *Relation des campagnes du général Bonaparte en Égypte et en Syrie*, p. 38.
22. C. DE LA JONQUIÈRE, *op. cit.*, t. IV, p. 59.
23. J. LUCAS-DUBRETON, *Murat*, p. 33.
24. C. DE LA JONQUIÈRE, *op. cit.*, p. 359.
25. *Ibid.*, p. 360.
26. J. MIOT, *Mémoires pour servir à l'histoire des expéditions en Égypte et en Syrie*, p. 181.
27. *Mémoires d'outre-tombe*, éd. LEVAILLANT, t. II, p. 353.
28. C. DE LA JONQUIÈRE, *op. cit.*, p. 540.
29. J. MIOT, *Mémoires..., op. cit.*, p. 258.
30. C. DE LA JONQUIÈRE, *op. cit.*, t. V, p. 413.
31. P. MARTIN, *Histoire de l'expédition française en Égypte*, t. I, p. 389.
32. *Lettres et documents...*, t. I, p. 26.
33. *Ibid.*, p. 28.

CHAPITRE IV
Brumaire ou les premiers signes de la fortune

1. A. VANDAL, *L'Avènement de Bonaparte*, t. I, p. 277.
2. *Ibid.*, p. 333.
3. *Ibid.*, p. 339.
4. *Ibid.*, p. 386.
5. J. TURQUAN, *Caroline sœur de Napoléon*, p. 8.
6. J. LUCAS-DUBRETON, *Murat*, p. 26.
7. *Mémoires* de la reine HORTENSE, t. I, p. 55.
8. J. TURQUAN, *op. cit.*, p. 13.
9. BOURRIENNE, *Mémoires*, t. III, p. 292.
10. Prince MURAT et P. LE BRETHON, *Lettres et documents*

pour servir à l'histoire de Joachim Murat, t. I, p. 32 (on y trouvera le contrat de mariage entièrement reproduit).

11. *Ibid.*, p. 34.

CHAPITRE V

L'expérience italienne

1. J. DE CUGNAC, *Campagne de l'armée de réserve en 1800*, t. I, p. 382.
2. *Ibid.*, t. II, p. 75.
3. *Ibid.*, p. 203.
4. *Ibid.*, p. 198.
5. J. CHAVANON et G. SAINT-YVES, *Joachim Murat*, p. 65.
6. J. DE CUGNAC, *op. cit.*, p. 233.
7. *Ibid.*, p. 401.
8. Prince MURAT et P. LE BRETHON, *Lettres et documents pour servir à l'histoire de Joachim Murat*, t. I, p. 42.
9. *Ibid.*, p. 55.
10. Cette lettre ne figure pas dans *Lettres et documents...* Doit-on douter de son authenticité ?
11. *Lettres et documents...*, p. 73.
12. *Ibid.*, p. 101.
13. *Ibid.*, p. 108.
14. *Ibid.*, p. 115.
15. A. FUGIER, *Napoléon et l'Italie*, p. 107.
16. *Lettres et documents...*, p. 125.
17. *Ibid.*, p. 126.
18. *Ibid.*, p. 129.
19. J. CHAVANON et G. SAINT-YVES, *op. cit.*, p. 81.
20. J. LUCAS-DUBRETON, *Murat*, p. 55. *Lettres et documents...*, p. 198.
21. *Cf.* sa lettre à Bonaparte du 28 avril 1801 dans *Lettres et documents...*, p. 324.
22. *Ibid.*, p. 263.
23. *Ibid.*, p. 389.
24. *Ibid.*, t. II, p. 49.

25. A. FUGIER, *op. cit.*, p. 113.
26. *Lettres et documents...*, t. II, p. 313.
27. *Ibid.*, pp. 336 et 430.

CHAPITRE VI
Les honneurs et l'argent

1. *Mémorial de Sainte-Hélène*, éd. Dunan, t. I, p. 626.
2. J. LUCAS-DUBRETON, *Murat*, p. 63.
3. Notamment P. MARMOTTAN, « Le maréchal Murat à Neuilly », *Bulletin de la commission municipale historique de Neuilly*, 1910.
4. A. N. 31 AP 15 88.
5. Ne pas se fier pour cette partie aux *Mémoires de Mme la duchesse d'Abrantès*. On a beaucoup parlé d'une liaison entre Junot et Caroline.
6. Baron THIÉBAULT, *Mémoires*, t. I.
7. Alexandre DUMAS, *Mémoires*, éd. Josserand, t. I, p. 175. Que vaut son témoignage ?
8. Prince MURAT et P. LE BRETHON, *Lettres et documents pour servir à l'histoire de Joachim Murat*, t. III, p. 72 (sur les conflits d'attributions).
9. *Ibid.*, p. 28.
10. *Ibid.*, p. 74.
11. *Ibid.*, p. 82.
12. *Ibid.*, p. 94.
13. PASQUIER, *Mémoires*, t. I, p. 191.
14. Dossier Légion d'honneur.
15. P. MARMOTTAN, *Murat à l'Elysée*, tiré à part, 1919.
16. F. MASSON, *Napoléon et sa famille*, t. II, p. 46.
17. *Ibid.* p. 52.
18. *Lettres et documents...*, t. III, p. 172, 232, *passim*.
19. F. MASSON, *op. cit.*, p. 49.

CHAPITRE VII
Austerlitz

1. Prince MURAT et P. LE BRETHON, *Lettres et documents pour servir à l'histoire de Joachim Murat*, t. IV, p. 6.
2. *Ibid.*, p. 251.
3. V.-B. DERRÉCAGAIX, *Le Lieutenant général comte Belliard*, p. 305.
4. *Lettres et documents...*, p. 70.
5. J. CHAVANON et G. SAINT-YVES, *Joachim Murat*, p. 111.
6. *Correspondance* de NAPOLÉON Ier, n° 9 416.
7. V.-B. DERRÉCAGAIX, *op. cit.*, p. 319.
8. *Ibid.*, p. 322.
9. *Ibid.*, p. 323.
10. *Ibid.*, p. 324.
11. *Correspondance* de NAPOLÉON Ier, n° 9 461.
12. *Ibid.*, n° 9 470.
13. *Ibid.*, n° 9 472.
14. V.-B. DERRÉCAGAIX, *op cit.*, p. 326.
15. *Lettres et documents...*, p. 153.
16. *Correspondance* de NAPOLÉON Ier, n° 9 497.
17. V.-B. DERRÉCAGAIX, *op. cit.*, p. 332.
18. *Lettres et documents...*, p. 168.
19. A. VANDAL, *Napoléon et Alexandre*, t. II, p. 242.

CHAPITRE VIII
Le grand-duc de Berg

1. M. DUNAN, *L'Allemagne de la Révolution et de l'Empire*, t. II, 1re partie, p. 14. E. D'HAUTERIVE, *La Police secrète du premier Empire*, t. II, p. 220.
2. DUVERGIER, *Recueil*, t. XV, p. 324.
3. *Correspondance* de NAPOLÉON Ier, n° 9 716.
4. *Ibid.*, n° 9 944.
5. *Ibid.*, n° 9 948.
6. Ch. SCHMIDT, *Le Grand-Duché de Berg*, p. 9.

7. M. Dunan, *op. cit.*, p. 15.
8. *Lettres et documents...*, p. 187.
9. M. Dunan, *op. cit.*, p. 15.
10. *Ibid.*, p. 17.
11. V.-B. Derrécagaix, *Le Lieutenant général comte Belliard*, p. 343.
12. *Ibid.*, p. 355.
13. *Ibid.*, p. 356.
14. *Ibid.*, p. 357.
15. *Correspondance* de Napoléon Ier, no 11 121.
16. V.-B. Derrécagaix, *op. cit.*, p. 360.

CHAPITRE IX
La Pologne

1. V.-B. Derrécagaix, *Le Lieutenant général comte Belliard*, p. 362.
2. *Ibid.*, p. 363.
3. Proclamation de Posen, 2 décembre 1806.
4. Handelsman, *Napoléon et la Pologne*, p. 1.
5. Nous suivons la chronologie de V.-B. Derrécagaix, *op. cit.*
6. *Traditions et souvenirs touchant le général Auguste Colbert*, p. 494.
7. *Ibid.*, p. 495.
8. V.-B. Derrécagaix, *op. cit.*, p. 369.
9. *Ibid.*
10. J. Tulard, *Napoléon Bonaparte : proclamations, ordres du jour, bulletins de la Grande Armée*, p. 84.
11. Reproduction dans J. Mistler, *Napoléon et l'Empire*, t. II, p. 13.
12. J. Tulard, *Napoléon Bonaparte : proclamations...*, p. 88.
13. V.-B. Derrécagaix, *op. cit.*, p. 380.

CHAPITRE X
Retour à Berg

1. M. DUNAN, *L'Allemagne de la Révolution et de l'Empire*, t. II, 1re partie, p. 19.
2. Il n'existe pas de biographie d'Agar. *Cf.* sa notice dans le *Dictionnaire des parlementaires français*.
3. Cité par M. DUNAN, *op. cit.*, p. 21.
4. Ch. SCHMIDT, *Le Grand-Duché de Berg*, p. 333.
5. *Ibid.*, p. 337.
6. J. TURQUAN, *Caroline sœur de Napoléon*, p. 89 (description des fêtes).
7. L'une de ses nièces avait épousé un Hohenzollern-Hechingen.

CHAPITRE XI
Dos de mayo

1. Comte MURAT, *Murat, lieutenant de l'Empereur en Espagne*, p. 110.
2. *Correspondance* de NAPOLÉON Ier, n° 13 588.
3. *Ibid.*, n° 13 591.
4. G. DE GRANDMAISON, *L'Espagne et Napoléon*, t. I, p. 139.
5. *Correspondance* de NAPOLÉON Ier, n° 13 632.
6. *Ibid.*, n° 13 675.
7. L'authenticité de cette lettre ne paraît pas contestable. Elle absout Murat, rendu souvent responsable de la suite des événements.
8. G. DE GRANDMAISON, *op. cit.*, p. 148.
9. La lettre est reproduite et analysée de façon remarquable dans l'édition critique du *Mémorial de Sainte-Hélène* de M. DUNAN, *op. cit.*, t. I, pp. 899-900.
10. J. R. AYMES, *La Guerre d'indépendance espagnole*, p. 18.
11. Comte MURAT, *op. cit.*, p. 318.

12. Idée qu'il essaie d'accréditer immédiatement avec la proclamation qu'il fait placarder, le 2 mai (dans comte MURAT, *op. cit.*, p. 325).
13. *Ibid.* p. 324.
14. *Correspondance* de NAPOLÉON Ier, n° 13 801.
15. J.-P. GARNIER, *Murat roi de Naples*, p. 7.
16. A.N., 31 AP 26.

DEUXIÈME PARTIE
LE RÊVE ITALIEN

CHAPITRE PREMIER
Naples

1. A. FUGIER, *Napoléon et l'Italie*, p. 186. Nombreux documents dans Ch. AURIOL, *La France, l'Angleterre et Naples de 1803 à 1806*, t. II.
2. *Cf.* la biographie de Marie-Caroline par BONNEFONS. On lira aussi avec profit le *Journal* de Marie-Amélie publié en 1981 par Mme S. d'Huart.
3. J. TULARD, *Napoléon Bonaparte : proclamations, ordres du jour et bulletins de la Grande Armée*, p. 68.
4. A. FUGIER, *op. cit.*, p. 194.
5. JOSEPH, *Mémoires*, t. II.
6. *Cf.* la conclusion de J. RAMBAUD, *Naples sous Joseph Bonaparte.*
7. *Mémoires d'outre-tombe*, éd. LEVAILLANT, t. II, p. 387.
8. JOSEPH, *op. cit.*, p. 491.
9. Prince MURAT et P. LE BRETHON, *Lettres et documents pour servir à l'histoire de Joachim Murat*, t. VI, p. 226.
10. Cette lettre est absente du recueil de LE BRETHON.
11. Ch. SCHMIDT, *Le Grand-Duché de Berg*, p. 66.
12. *Lettres et documents...*, t. VI, p. 246.
13. J.-P. GARNIER, *Murat roi de Naples*, p. 41.

CHAPITRE II
Les réformes

1. Sur son rôle à Naples, *cf.* la communication de Milton FINLEY dans les *Actes du colloque sur l'Europe révolutionnaire* d'Athens (Georgie), 1976.

2. Nous suivons ici un cours polycopié de J. GODECHOT, *La France et les pays sous domination française : l'Italie*, 1967, qui résume les travaux de Jean-Claude WIDMAN, *Le Déclin et l'abolition du régime féodal dans le royaume de Naples*, D.E.S., 1958, et F. VILLANI, *Feudalita, Riforme, Capitalismo agrario*, 1968.

3. A. FUGIER, *Napoléon et l'Italie*, p. 224.

4. Cité par J. GODECHOT, *op. cit.*, p. 110.

5. Sur Briot, *cf.* J. GODECHOT, *Regards sur l'époque révolutionnaire*, pp. 371-382.

6. P. CARLES, *L'Organisation militaire du royaume de Naples*, thèse dactyl., t. I, p. 9.

7. *Correspondance* de NAPOLÉON Ier, n° 10 043.

8. *Ibid.*, n° 10 118.

9. S. DE GIRARDIN, *Mémoires*, t. I, p. 375.

10. DEDEM, *Mémoires*, p. 128.

11. P. CARLES, *op. cit.*, p. 149.

12. *Ibid.*, p. 157.

13. *Ibid.*, p. 159.

14. *Lettres et documents...*, t. VI, n° 3 618, lettre du 23 novembre 1808.

15. *Ibid.*, n° 3 591, lettre du 10 novembre 1808.

16. J. RAMBAUD, *Naples sous Joseph Bonaparte*, p. 317.

17. P. Murat, « Titres et majorats conférés par le roi Joachim Murat », *Cavalier et roi*, 1996, p. 7-18.

18. L. BULIT, « Les peintres autour de Caroline et Joachim Murat », *Cavalier et roi*, 1981, p. 45.

19. L. BULIT, « Murat et la musique », *Cavalier et roi*, 1996, p. 5.

CHAPITRE III
Les succès

1. Cité par J.-P. GARNIER, dans *Murat roi de Naples*, p. 27. On trouve une lettre du même ton, en date du 5 avril 1809, dans *Lettres et documents pour servir à l'histoire de Joachim Murat*, prince MURAT et P. LE BRETHON, t. VII, p. 137.
2. J.-P. GARNIER, *op. cit.*, p. 83.
3. *Correspondance* de NAPOLÉON Ier, n° 14 339.
4. *Lettres et documents...*, t. VI, p. 339.
5. J. CHAVANON et G. SAINT-YVES, *Joachim Murat*, p. 190.
6. *Ibid.*, p. 187.
7. *Lettres et documents...*, t. VII, *passim*.
8. Cité par J.-P. GARNIER, *op. cit.*, p. 91.

CHAPITRE IV
Premiers orages

1. PASQUIER, *Mémoires*, t. I, pp. 354-360.
2. L. MADELIN, *Fouché*, t. II, p. 81.
3. Sur le rôle de Miollis, *cf.* sa biographie par H. AUREAS.
4. *Correspondance* de NAPOLÉON Ier, n° 15 018.
5. *Ibid.*, n° 15 225.
6. *Ibid.*, n° 15 271.
7. *Ibid.*, n° 15 384.
8. J. TURQUAN, *Caroline sœur de Napoléon, passim*.
9. Comtesse RASPONI, *Souvenirs d'enfance d'une fille de Joachim Murat*.
10. *Mémorial de Sainte-Hélène*, éd. de M. DUNAN, t. I, p. 627.
11. Mme DE CAVAIGNAC, *Mémoires d'une inconnue*, p. 260.
12. GODECHOT, « Saliceti ministre du royaume de Naples », *Regards sur l'époque révolutionnaire*, p. 357. *Cf.* aussi J. RAMBAUD, « La fin de Saliceti », *Revue des études napoléoniennes*, 1910.

13. J.-P. GARNIER, *Murat roi de Naples.*

14. *Ibid.*, p. 98.

CHAPITRE V

L'expédition de Sicile

1. *Journal* de MARIE-AMÉLIE, éd. S. d'Huart, 1980.

2. Cité par J.-P. GARNIER, *Murat roi de Naples*, p. 122.

3. Les archives de la police (F^7) ne permettent pas d'éclaircir cette affaire.

4. *Correspondance* de NAPOLÉON Ier, n° 16 773.

5. J.-P. GARNIER, *op. cit.*, p. 136.

6. *Correspondance* de NAPOLÉON Ier, nos 17 042 et 17 079.

7. J.-P. GARNIER, *op. cit.*, p. 135.

CHAPITRE VI

La crise

1. *Cf.* la statistique de 1811 ; *Napoleone e l'Italia*, Colloque de l'Accademia dei Lincei 1969, 1973 : « Economia e societa nel regno meridionale dei Napoleonidi », t. II, pp. 171-211 ; l'étude de F. VILLANI sur l'économie italienne dans le n° spécial des *Annales historiques de la Révolution française*, 1977.

2. Cité par F. VILLANI, art. cité, p. 615.

3. *Correspondance* de NAPOLÉON Ier, n° 17 546.

4. Cité par P. CARLES, *L'Organisation militaire du royaume de Naples.*

5. Lettre de Murat, fonds Murat des A. N. J.-P. GARNIER, *Murat roi de Naples*, p. 155.

6. J.-P. GARNIER, *op. cit.*, p. 157.

7. L'affaire est parfaitement exposée dans la thèse inédite de GOASQUEN, *Les Français au service de l'étranger sous le premier Empire.*

8. A.N. 31 AP 46.

9. *Ibid.*

10. A.N. 31 AP 20.
11. Archives Affaires étrangères, fonds Naples, 1812.

CHAPITRE VII
La Russie

1. DARTIGUENAVE, « Murat et la campagne de Russie », *Cavalier et roi*, 1992, p. 52.
2. A. DE CAULAINCOURT, *Mémoires*, t. I, p. 338.
3. J. CHAVANON et G. SAINT-YVES, *Joachim Murat*, p. 210.
4. *Ibid.*, p. 213.
5. V.-B. DERRÉCAGAIX, *Le Lieutenant général comte Belliard*, p. 499.
6. *Mémoires* du général RAPP, p. 214.
7. A. DE CAULAINCOURT, *op. cit.*, t. II, p. 18.
8. V.-B. DERRÉCAGAIX, *op. cit.*, p. 511.
9. Souvenirs de J.-P. BARRAU dans *Rivista di studi Napoleonici*, 1979, pp. 112 et 120.
10. L. FUSIL, *Souvenirs d'une femme sur la retraite de Russie*, 1910, p. 277.
11. Cité dans *Cavalier et roi*, 1975, p. 48.
12. CASTELLANE, *Journal*, t. II, p. 142.
13. COIGNET, *Cahiers*, éd. Mistler, p. 244.
14. J.-P. GARNIER, *Murat roi de Naples*, p. 189.
15. J. CHAVANON et G. SAINT-YVES, *op. cit.*, p. 224.
16. *Correspondance* de NAPOLÉON Ier, t. XXXI, p. 391.
17. A. DE CAULAINCOURT, *op. cit.*, p. 389.
18. Dans J. MISTLER, *Napoléon et l'Empire*, t. II, p. 215.
19. La date varie entre le 15, le 16 et le 17 quant au départ de Murat, selon que l'on considère l'intention, la remise du commandement à Eugène ou le départ réel.
20. *Correspondance* de NAPOLÉON Ier, no 19 490.
21. A. ESPITALIER, *Napoléon et le roi Murat*, p. 198.
22. *Ibid.*, pp. 192-193.

CHAPITRE VIII
Premiers contacts officiels avec l'ennemi

1. A.N. AP, fonds Murat.
2. J.-P. GARNIER, *Murat roi de Naples*, p. 218.
3. *Ibid.*, p. 213, et J. ROSSELLI, *Lord William Bentinck and the British Occupation of Sicily, 1811-1814*, 1956.
4. Affaires étrangères, Naples, 1813. Rapport de Durant.
5. BÈQUE-CLAVEL, dans *Histoire secrète de la franc-maçonnerie*, 1843, croit aux liens entre Charbonnerie et maçonnerie.
6. J. GODECHOT, *Regards sur l'époque révolutionnaire*, p. 371.
7. A.N. AP, fonds Murat.
8. J. CHAVANON et G. SAINT-YVES, *Joachim Murat*, *op. cit.*, p. 248.
9. L. MADELIN, *Fouché*, *op. cit.*, t. II, p. 243.
10. J. CHAVANON et G. SAINT-YVES, *op. cit.*, p. 249.

CHAPITRE IX
L'alliance avec l'Autriche

1. A. FUGIER, *Napoléon et l'Italie*, *op. cit.*, p. 311.
2. J.-P. GARNIER, *Murat, roi de Naples*, *op. cit.*, p. 229.
3. *Ibid.*, p. 231.
4. J. CHAVANON et G. SAINT-YVES, *Joachim Murat*, *op. cit.*, p. 255.
5. *Correspondance* de NAPOLÉON Ier, *op. cit.*, n° 20896.
6. L. MADELIN, *Fouché*, *op. cit.*, t. II, p. 279.
7. J. CHAVANON et G. SAINT-YVES, *op. cit.*, p. 264.
8. *Ibid.*
9. *Ibid.*, p. 267.
10. *Ibid.*, p. 268.
11. Proclamation reproduite dans toutes les biographies de Murat.
12. *Ibid.*

13. J.-P. GARNIER, *op. cit.*, p. 245.
14. A.N. 31 AP 46.
15. J.-P. GARNIER, *op. cit.*, p. 247.
16. *Ibid.*, p. 248.
17. A.N. 31 AP 46.

CHAPITRE X
Viva l'Italia

1. A. FUGIER, *Napoléon et l'Italie*, p. 326.
2. François COLLAVERI, *La Franc-Maçonnerie des Bonaparte*, chap. III : « L'Italie ».
3. J. RATH, *The Provisional Austrian Regime in Lombardy-Venetia, 1814-1815.*
4. R. LACOUR-GAYET, *Talleyrand*, t. II, p. 438.
5. J.-P. GARNIER, *Murat, roi de Naples*, p. 264.
6. *Ibid.*, p. 269.
7. BOURRIENNE, *Mémoires*, t. X, p. 292, et BELLIARD, *Mémoires*, t. II : « Ma mission à Naples ». Dans une lettre du 16 mai, Joseph l'invite à prendre les armes comme « Français, bon parent et homme de la Révolution ». A.N. 31 AP 20 335.
8. Cité par A. ESPITALIER, *Napoléon et le roi Murat*, p. 490, d'après Orloff. Mot probablement apocryphe mais qui résume bien l'état d'esprit de la reine.
9. A.N. 31 AP 20 336.
10. Cette proclamation est reproduite dans toutes les biographies de Murat sans variantes notables.
11. V.-B. DERRÉCAGAIX, *Le Lieutenant général comte Belliard*, p. 602. Les lettres de créances de Belliard sont dans le fonds Murat des Archives nationales, 31 AP 20 338.

CHAPITRE XI

La fin

1. Selon BERTRAND, *Cahiers*, I, p. 23, Napoléon ne lui pardonnait pas d'avoir voulu devenir roi d'Italie sans son accord.

2. J.-P. GARNIER, *Murat roi de Naples*, p. 291.

3. Lettres publiées par F. MASSON, *Les Derniers Jours de Murat*, p. 221.

4. Pour tout l'épisode corse, *cf.* les *Mémoires* de FRANCESCHETTI, 1826.

5. J.-P. GARNIER, *op. cit.*, p. 301.

6. *Ibid.*, p. 305.

7. J. DE LA ROCCA, *Le Roi Murat et ses derniers jours*, p. 39 *sq.*

8. Sur cette curieuse mission, *cf. Interesting Facts Relating to the Fall and Death of Joachim Murat, King of Naples*, 1817.

9. Marquis de SASSENAY, *Le Guet-Apens de Pizzo*, p. 218.

10. Dans *Cavalier et roi*, n° 9, p. 27.

11. *Ibid.*, p. 30.

12. J.-P. GARNIER, *op. cit.*, p. 331.

13. Reproduite par J. VANEL dans *Cavalier et roi*, n° 8.

14. ROMANO, « *Ricordi Murattiani* », *Cavalier et roi*, n° 9, p. 38.

15. A. DUMAS, *Les Crimes célèbres*, éd. Fournier-Valdès, p. 177.

16. *Cavalier et roi*, n° 9, p. 54.

SOURCES ET BIBLIOGRAPHIE

I. – Sources

Un inventaire très complet des sources dispersées aux Archives nationales (AF IV, F^7 et surtout 31 AP 1 à 607), au ministère des Relations extérieures (principalement la correspondance diplomatique avec Berg et Naples), au Service historique de l'Armée (dossier Murat notamment), à la bibliothèque Thiers (manuscrits Masson) et dans les dépôts étrangers (en particulier l'Archivio di Stato di Napoli, très endommagé pendant la Deuxième Guerre mondiale) est donné dans *Les Archives Murat aux Archives nationales*, Paris, 1967.

II. – Bibliographie

Trois publications fondamentales

NAPOLÉON Ier, *Correspondance*, Paris, 1858-1869 (à compléter par les suppléments de Lecestre, L. de Brotonne, etc.)
MURAT (prince) et LE BRETHON (Paul), *Lettres et documents*

pour servir à l'histoire de Joachim Murat, Paris, 1908-1914, 8 vol. (inachevée, la publication s'arrête en août 1810).
Cavalier et roi. Bulletin des amis du musée Murat : 29 numéros parus depuis octobre 1969 (nombreuses études originales), revue publiée par Jean Vanel puis Louis Bulit.

Principaux Mémoires

Il convient de se méfier beaucoup des Mémoires sur la période et plus particulièrement touchant Murat. Nous n'avons pu consulter ceux de GALLO.

Mémoires de Mme la duchesse d'Abrantès, Paris, 1831-1835. (Malveillants et peu sûrs.)

Mémoires historiques sur la catastrophe du duc d'Enghien, Paris, 1824 (le fidèle AGAR, comte de Mosbourg, s'attache à justifier Murat. Des souvenirs de lui ont été publiés dans *Cavalier et roi*, 1977, pp. 62-69).

« Souvenirs de Barrau » dans *Rivista di studi Napoleonici*, 1979 (un portrait de Murat pris sur le vif).

Mémoires et correspondance politique et militaire du prince EUGÈNE (réservés sur Murat).

Mémoires du comte BELLIARD, Paris 1842 (à compléter par Derrécagaix, *Le Lieutenant général comte Belliard*, 1909).

Mémoires de M. DE BOURRIENNE, Paris, 1829 (venimeux et douteux).

Mémoires du général de CAULAINCOURT, Paris, 1933 (essentiels pour les rapports entre Napoléon et Murat en 1812).

Mémoires d'une inconnue par Mme CAVAIGNAC, Paris, 1894 (plusieurs allusions précises à Murat).

Mémoires d'outre-tombe par CHATEAUBRIAND, Paris, éd. du Centenaire, 1948 (entre l'épopée et la caricature).

Mémoires du comte Roger DE DAMAS, Paris, 1912 (intéressants pour les premières négociations de Murat avec Naples).

Mémoires du général DESVERNOIS, Paris, 1898 (beaucoup

de détails sur le royaume de Naples dans l'édition Dufourcq).

Mémoires d'Alexandre DUMAS, éd. Josserand, t. I, Paris, 1954 (anecdotiques).

Souvenirs militaires d'ESPINCHAL, Paris, 1901 (l'Italie en 1813).

Mémoires de FOUCHÉ, éd. Madelin, Paris, 1945 (à n'utiliser qu'avec précaution).

Mémoires sur les événements qui ont précédé la mort de Joachim Ier roi des Deux-Siciles par FRANCESCHETTI, Paris, 1826 (témoignage précieux, encore que fort arrangé, d'un témoin de la fin).

Mémoires sur les événements qui ont précédé la mort de Joachim Murat, par Carlo GALVANI, Paris, 1843 (utile relation du secrétaire intime).

Mémoires de Jean LANDRIEUX, t. I, 1893 (hostiles).

Mémorial de Sainte-Hélène, éd. Dunan, Paris, 1951 (rapporté par Las Cases, le jugement de Napoléon à Sainte-Hélène, à compléter par les *Cahiers* de BERTRAND).

Mémoires et souvenirs du comte de LAVALETTE, Paris, 1831 (malveillants envers Murat).

Faits intéressants relatifs à la chute et à la mort de Joachim Murat... par François MACIRONE, Gand, 1817 (essentiels et curieux).

Souvenirs du maréchal MACDONALD, Paris, 1892 (critique l'armée napolitaine).

Journal de Marie-Amelie, reine des Français, éd. S. D'HUART, Paris, 1980 (par l'épouse de Louis-Philippe, une exacte reconstitution de la cour de Marie-Caroline).

Napoléon et Marie-Louise. Souvenirs historiques de M. le baron de MÉNEVAL, Paris, 1844 (quelques propos sur Murat).

Mémoires du comte MIOT DE MÉLITO, Paris, 1858 (l'organisation du royaume de Naples).

Mémoires... sur le royaume de Naples, par M. le comte Grégoire ORLOFF, Paris, 1819 (très suspects).

Histoire de mon temps. Mémoires du chancelier PASQUIER,

Paris, 1893 (des indications sur les intrigues de Murat avec Fouché).

Mémoires du général PÉPÉ (Mémoires discutés mais intéressants, notamment sur les projets de débarquement en Sicile).

Souvenirs d'enfance d'une fille de Joachim Murat par la comtesse RASPONI (la piété filiale explique le caractère hagiographique de ces souvenirs).

« Journal inédit de Rossetti », Revue de France, 1931-1932 (la cour de Naples).

Mémoires du duc de ROVIGO..., Paris, 1828 (Savary essaie de rejeter sur Murat une partie des responsabilités dans l'affaire du duc d'Enghien).

Mémoires du prince de TALLEYRAND, Paris, 1891 (appellent sur Murat, comme sur le reste, la plus grande méfiance).

Mémoires du général baron THIÉBAULT, Paris, 1893 (très malveillants).

Principales études biographiques

ATTERIDGE (A.H.), *Joachim Murat Marshal of France and King of Naples*, Londres, 1911, 316 p.

BARTOCCINI (Fiorella), *Il Muratismo*, Milan, 1959, 275 p.

BERTAUT (Jules), *Le Ménage Murat*, Paris, 1958, 223 p.

CHAVANON (Jules) et SAINT-YVES (G.), *Joachim Murat*, Paris, 1905, 308 p. (première biographie scientifique de Murat).

COLE (Hubert), *The Betrayers : Joachim and Caroline Murat*, Londres, 1972 (utilise les archives Murat).

COLLETTA (Pietro), *Histoire des six derniers mois de la vie de J. Murat*, trad. Gallois, Paris, 1821 (témoignage de première main).

DUFOURCQ (Albert), « Murat et les questions de l'unité italienne en 1814 », *Mélanges de l'École française de Rome*, 1898, 113 p.

DUPONT (Marcel), *Murat*, Paris, 1934, 315 p. (rééd. avec ill. en 1981).

ESPITALIER (Albert), *Napoléon et le roi Murat*, Paris, 1910, 520 p. (des documents alors inédits).

GALLOIS (Léonard), *Histoire de Joachim Murat*, Paris, 1828.

GARNIER (Jean-Paul), *Murat roi de Naples*, Paris, 1959, 352 p. (bien que défavorable, la meilleure biographie de Murat, mais limitée à Naples).

GUARDIONO (Francisco), *J. Murat in Italia*, s.l.n.d.

HELFERT Von, *Joachim Murat, seine letzen Kämpfe und sein End*, Vienne, 1878.

HULOT (Frédéric), *Murat*, Paris, 1998, 318 p.

JOURQUIN (Jacques), *Dictionnaire des maréchaux de Napoléon*, Paris, 1986, 172 p.

LACOUR-GAYET (Michel), *Joachim et Caroline Murat*, Paris, 1996, 384 p. (insiste sur Caroline).

LA ROCCA (Jean de), *Le Roi Murat et ses derniers jours*, Paris, s.d., 110 p.

LUCAS-DUBRETON (Jean), *Murat*, Paris, 1944, 301 p. (de seconde main).

LUMBROSO (Albert), *Muratiana*, trad. Esquieu, Cahors, 1899 (Lumbroso a édité de nombreux documents importants et inédits dans plusieurs publications).

MARMOTTAN (Paul), *Murat à l'Élysée*, Paris, 1919, tiré à part (inventaire des collections de Murat).

MASSON (Frédéric), *Napoléon et sa famille*, Paris, 13 vol. (documents inédits, mais l'ouvrage est très hostile à Murat. Compléter par *Revue d'ombres. Les derniers jours de Murat*, p. 121).

MURAT (comte), *Murat lieutenant de l'Empereur en Espagne*, Paris, 1897, 478 p. (nombreux documents familiaux).

OHNMEISS (E.) et BORROMEO (F.), *Gioacchino Murat*, Lugano, 1993 (histoire de Murat à travers les cachets postaux napolitains).

PALMAROCCHI, *La reforma di Gioacchino Murat nel primo anno di regno*, Rome, 1914, 47 p.

PRIEUR (Jean), *Murat et Caroline*, Paris, 1985, 344 p.

ROLLY (Mme), *Vie de Joachim Murat*, Paris, 1815, 98 p.
SASSENAY (marquis de), *Les Derniers Mois de Murat*, Paris, 1896, 306 p. (développe à partir de documents nouveaux la thèse du guet-apens).
SPINOZA (Antonio), *Murat*, Milan, 1984, 220 p.
TARLÉ (A. de), *Murat*, Paris, 1914, 166 p.
TRAVALLI (G.), *Documenti su la morte de re Murat al Pizzo*, Palerme, 1895, 62 p.
VALENTE (Angela), *Gioacchino Murat e l'Italia meridionale*, 2e éd., Turin, 1965, 444 p. (la meilleure étude en italien).
VALYNSEELE (Joseph), *Les Maréchaux du Premier Empire*, Paris, 1957, 334 p.
WATTEVILLE (Oscar de), *Un Murat inconnu*, Paris, 1894 (lettres de Murat à sa fille).
WEIL (M.-H.), *Le Prince Eugène et Murat, 1813-1814*, Paris, 1902, 5 vol. (importants documents).
– *Joachim Murat roi de Naples. La dernière année du règne*, Paris, 1909, 5 vol. (récit très détaillé et solidement documenté).

Rappelons que le comte de Mosbourg avait réuni tous les éléments pour la rédaction d'une grande biographie de Murat (A.N. 31 AP 44).

Études particulières

Sur les origines et les débuts de Murat, *cf.* les deux excellentes études de J. VANEL dans *Cavalier et roi* de 1970 et 1978, ainsi que « Murat devant le comité révolutionnaire d'Amiens » par F. BEAUCOUR dans *Rivista italiana di studi napoleonici*, 1966, pp. 9-36 (pénétrante analyse de documents inédits).

Sur le 13 vendémiaire, H. ZIVY, *Le 13 Vendémiaire*, 1898. Les documents essentiels sur la campagne d'Égypte sont dans la grande histoire de LA JONQUIÈRE, *L'Expédition d'Égypte*, 5 vol., 1900-1907. Sur la deuxième campagne d'Italie lire J. DE CUGNAC, *Campagne de l'armée de réserve*

en 1800, 1900, et sur celle de 1805 ALOMBERT et COLIN, *La Campagne de 1805*, 6 vol., 1902-1908.

Sur le grand-duché de Berg, l'étude fondamentale est celle de Ch. SCHMIDT, *Le Grand-duché de Berg*, 1905.

Pour Murat en Espagne : G. DE GRANDMAISON, *L'Espagne et Napoléon*, t. I, 1908 est la synthèse la plus claire et la plus objective. Les intrigues avec Talleyrand et Fouché sont évoquées dans les biographies classiques de G. LACOUR-GAYET et L. MADELIN.

Sur Naples avant Murat : AURIOL, *La France, l'Angleterre et Naples de 1803 à 1806*, 1904 ; J. RAMBAUD, *Naples sous Jérôme Bonaparte*, 1911, ACTON, *The Bourbons of Naples*, 1956, A. FUGIER, *Napoléon et l'Italie*, 1947 ; BONNEFONS, *Marie-Caroline reine des Deux-Siciles*, 1904 et surtout M. LACOUR-GAYET, *Marie-Caroline reine de Naples*, 1990.

En ce qui concerne Naples sous Murat, on peut négliger la médiocre biographie de Caroline par J. TURQUAN (s.d.), celle de Joan BEAR (1972) et l'ouvrage très hostile de G. MARTINEAU, *Caroline Murat* (1991). Les études de J. GODECHOT sur Saliceti et Briot ont été reprises dans *Regards sur l'époque révolutionnaire*, 1980. L'économie a fait l'objet de plusieurs monographies de VILLANI dont *La vendita dei beni dello stato nel regno di Napoli*, 1964, et « L'abolition de la féodalité dans le royaume de Naples », *Annales historiques de la Révolution française*, 1969, pp. 229-238. Pour l'organisation militaire, l'excellente thèse de P. CARLES demeure inédite. Sur les sociétés secrètes : JOHNSTON, *The Napoleonic Empire in Southern Italy and the Rise of the Secrete Societies*, 1904. Sur le jeu anglais : ROSSELLI, *Lord William Bentinck and the British Occupation of Sicily, 1811-1814*, 1956. *La Campagne de Murat en 1815* est étudiée par le général d'AMBROSIO, 1899, et par LUMBROSO la même année. Y ajouter les Actes du colloque organisé par l'association Tolentino 1815 le 27 septembre 1996, et F. BEAUCOUR, « Murat et l'unité italienne en 1815 », *Rivista italiana di studi napoleonici*, oct. 1967.

Les témoignages sur la capture et la mort de Murat ont été réunis par J. VANEL dans *Cavalier et roi*, octobre 1977.

Un CD-Rom a été établi par Louis Sampion Bouglione sur Murat en 1998 : un comédien y lit des lettres parfois inédites sur des musiques de l'époque.

Index des noms de personnes

Table des matières

DEUXIÈME PARTIE
LE RÊVE ITALIEN

Cet ouvrage, composé
par I.G.S. - Charente Photogravure
à L'Isle-d'Espagnac (16),
a été achevé d'imprimer en avril 1999
par G. Canale & C. S.p.A. - Borgaro T.se (TO)

Édition exclusivement réservée aux adhérents du Club
Le Grand Livre du Mois
15, rue des Sablons
75116 Paris
réalisée avec l'autorisation des Éditions Fayard

Imprimé en Italie

Dépôt légal : mai 1999
ISBN 2-7028-3524-4